Rethinking
Reconstructing
Reproducing

*

"精神译丛"
在汉语的国土
展望世界
致力于
当代精神生活的
反思、重建与再生产

*

Aesthetics and Politics

Theodor Adorno
Walter Benjamin
Ernst Bloch
Bertolt Brecht
Georg Lukács

精神译丛·徐晔 陈越 主编

［德］西奥多·阿多诺 ［德］瓦尔特·本雅明
［德］恩斯特·布洛赫 ［德］贝托尔特·布莱希特
［匈］格奥尔格·卢卡奇 著 谢俊 李轶男 译

美学与政治

西北大学出版社
·西安·

西奥多·阿多诺

瓦尔特·本雅明

恩斯特·布洛赫

贝托尔特·布莱希特

格奥尔格·卢卡奇

目 录

中文版序(张旭东) / 1

文论一 / 1
  讨论表现主义(恩斯特·布洛赫) / 16
  悬而未决的现实主义(格奥尔格·卢卡奇) / 35

文论二 / 83
  对格奥尔格·卢卡奇的反驳(贝托尔特·布莱希特) / 99
  与布莱希特的对话(瓦尔特·本雅明) / 125

文论三 / 147
  给本雅明的信(西奥多·阿多诺) / 167
  给阿多诺的回信(瓦尔特·本雅明) / 206

文论四 / 219
  强迫之下的和解(西奥多·阿多诺) / 236
  论介入(西奥多·阿多诺) / 276

作为结语的反思(弗雷德里克·詹姆逊) / 307

索引 / 333

译后记 / 355

中文版序

谢俊、李轶男合译的《美学与政治》即将出版,嘱我为之作序。这样一本重要而基础性的文献合集至今尚没有中译本,令人颇感意外。不过,就本书今天的出版而言,对于它为之服务的"预想的读者"来讲,"好饭不怕晚"这句俗话倒是恰如其分的。

本书是由论文、书信构成的论争文集,作者包括卢卡奇、布洛赫、阿多诺、本雅明和布莱希特。文集最初由英国《新左翼评论》(New Left Review)杂志和新左出版社(NLB/Verso)编辑部辑录、翻译,主要编辑人员为罗德尼·利文斯通(Rodney Livingstone)、佩里·安德森(Perry Anderson)和弗朗西斯·马尔赫恩(Francis Mulhern);后加上弗雷德里克·詹姆逊(Fredric Jameson)以"后记"形式所作的一篇"当代结论"性质的论文,一并于1977年由新左出版社出版;其中一些单篇则更早曾在《新左翼评论》杂志上发表。

对于任何关心当代美学、文学批评、文学理论、马克思主义哲学和文化批判,关心20世纪现实主义、现代主义和一般文艺及思想现象的读者,几位作者的名字都可谓如雷贯耳。他们中的每一位(包括布莱希特这位现代戏剧大师)都对20世纪文学理论、美学理论和哲学思维作出了独到而深刻的贡献。他们都是系统的思想者和批评家,虽然这种系统性往往以对系统的批判或"非系统"乃至"反系统"的思维方式和写作方式出现(这在本雅明身上体现得尤为明显)。他们在各自的写作中所追踪和剖析的现象、问题都具有深刻的历史性和时代关切性;他们用以处理这些现象、问题的方法和概念框架本身也同时在批评实践中得到检验、修正和加强,从而进一步显示出它们的适用性和典范意义。简而言之,他们都在对当代人存在状态、精神状态及其社会政治文化形态的持续追问中,在他们表述的理论强度和丰富性、复杂性中,表现出巨大的思想的创造性。

作为一个群体,这几位作者则可以说一同在某种特定意义上奠定了 20 世纪文学批评、文学理论和文化批判的基础,提供了概念和方法论的参照系,其影响力覆盖整个当代西方文化思想领域。在专业学科内部,他们的作品至今也仍然是必不可少的、最为关键的基础训练的核心文本。这个群像精神面貌的"家族相似"的总体特征无疑是鲜明的马克思主义,但其精神辐射力和形式感染力却远远超出狭义的立场、党派和政治倾向,甚至超越广义的现代西方知识谱系,而获得了普遍意义上的认可和思想权威。可以说,这几个名字代表了迄今为止马克思主义基本世界观方法论将自己强加于非马克思主义文化思想领域,并迫使对手和"中间地带"接受其学理分析和审美判断的最成功、最辉煌的例子。如今,离开这几个名字,当代西方批评理论、美学理论乃至整个文学研究和文化分析领域就会变得支离破碎、无从想象。不过,在这本文集里,这几位作者发言的方式不是彼此呼应和声援,而是相互间激烈的,有时甚至是水火不容的争论。

自这本文集诞生以来,它就成为英、美大学课堂和文艺创作评论领域有关现实主义与现代主义,艺术自律与社会介入,审美范畴与政治范畴,经济基础与上层建筑,马克思主义历史分析-意识形态批判与以符号学、精神分析等为代表的20世纪理论发展之间关系的分析、研讨、教学和训练的基本读物。但或许需要提醒读者的是,在所有这些"二元对立"关系中,书中每一位作者事实上都无法被简单地置于某一方或仅仅是作为另一方的对立面;毋宁说,所有这些关系、矛盾、冲突和难题,都同时活跃在他们的思想及其表述内部,它们只是在这些作者思想内容和思想风格的总体面貌上,形成了这样或那样的组合、构造、形态或概念的"星座",并经过这样内部的概念中介和批评中介,投入一场更为宏大的论争中去。

比如说,卢卡奇在这场论战中一般被视为代表现实主义的一方,而布洛赫、阿多诺、本雅明、布莱希特则是激进的现代派和先锋派。但事实上,凡读过卢卡奇本人著作的读者都知道,卢卡奇的现实主义概念本身包含了对现代主义的系统分析和全盘思考。他有关"小说是市民阶级的史诗"的概念、叙事结构同存在的集体命运或"社会本体论"最终同构的理论命题,可以说将现代主义作为一个"环节"包含在了其理论总体内部。卢卡奇对福楼拜、左拉等自然主义作家的分析已经表明现实主义概念的流动性和伸缩性;而他对托马斯·曼等现代主义作家的评论和分析,则在批评实践和文本解释的层面进一步说明了这一点。这或许就是卢卡奇可以在这场论争中"单挑"其他西方马克思主义美学大将而毫无惧色的原因;同时也是他尽管在现代派文艺批评的具体分析上不尽如人意,但在理论层面仍具有强大的启发性和指导意义的原因所在。西方马克思主义的后起之秀(和某种意义上的集大成者)詹姆逊在《马克思主义与形式》中把卢卡奇对现实主义的钟爱理解为一种个人审美趣味上的选择,这看似是一个简单的观察,但实际上却是意味深长的。这也让人想起马克思、恩格斯等经典作家:他们一方面能够在政治经济学、历史哲学层面对资本主义社会作出深入而具体的结构性分析,但另一方面,却在审美趣味上"脱离"了这个"当下",而迷恋从古希腊到文艺复兴的欧洲人文艺术(如但丁、莎士比亚)。

另一方面,本雅明、阿多诺等人固然对现代主义有着开创性的经典分析,对形式创新、技术-文化革新和审美领域内部自发的否定性、颠覆性、革命性也表现出极大的兴趣和期待,但他们对现代派文艺的形式分析,就其终极意义上的历史兴趣和政治兴趣而言,却又可以说符合现实主义的批评原则和叙事原则。这里的原因并不复杂,因为就马克思主义文化理论、社会分析和文艺批评的终极关怀而言,他们同卢卡奇一样致力于在现代历史经验及其叙事表现中挖掘和阐发"史诗性智慧"(本雅明本人的文学研究历史范围至少可以上推至19世纪德国浪漫派和17世纪德国巴洛克时代;阿多诺则在《启蒙的辩证法》和其他著作里表现出他对希腊史诗的熟悉);在资本主义异化和商品化的"第二自然"深处寻找"救赎"和自由的可能性;在艺术和审美这个深陷布尔乔亚(甚至此前的贵族阶级)生产方式、生活方式和趣味方式的领域发现能够推动社会变革的想象、希望和创造性能量。布莱希特虽然在形式创新和戏剧理论层面对自法国古典主义、莎士比亚甚至亚里士多德所定义的古典悲剧和喜剧以来的西方戏剧传统带来最为深刻的冲击,同时由于戏剧制作、表演的特殊性而带有某种纯形式的特点(比如关于"史诗剧"的一系列导演和制作说明),但这种激进的形式实验在整体和哲学意义上，却遵循唯物辩证法和历史唯物论的"再现"原则，并公开地宣称为劳动者、生产者和试图改变现实社会权力关系的人群服务，帮助他们在剧场环境中认识和思考（而非为他们提供移情、宣泄或升华的所谓"审美享受"），通过"陌生化"的戏剧效果"把颠倒的世界再次颠倒过来"。因此，尽管布莱希特现代主义戏剧艺术具有十足的反现实主义色彩，但这种现代主义却在"美学与政治"的关系上，完全站在现实主义立场一边：它是"为人生"的、带有鲜明的"政治性"和"阶级性"的。可以说，在这场论战中，攻守双方一同颠覆了对于"美学与政治"之关系的庸俗社会学和庸俗马克思主义认识，从而使读者清晰地看到：这种关系的理论含义并不在于泛泛地为"艺术的政治性"议题辩护，而在于揭示文艺生产活动本身，就其技术发展和社会组织而言，是如何已经存在于社会历史情景总体的政治性内部，而且是作为这种政治性的表象、征候、象征和寓意组织起来的。

这篇序文无须涉及这些基本原理在学理上的具体方面，读者大可以通过对本书的阅读自行了解和掌握。我在这里只想强调，就学习这些问题、关系、矛盾和"难题性"的经典表述而言，本书其实并不是一个短小精悍的"导言"，更不是这些问题或难题的"简写本"，而是进入这些问题、开启对这些问题的长期且持续的追踪、思考和再解读的提示和钥匙。换句话说，读者能够从这本书中获得的最宝贵的东西，并不是双方或多方在争论和论战中表现出来的立场、态度和结论，而是"理论与实践"意义上的持续的辩证运动，以及这种运动所包含并不断展开的种种矛盾及其具体性。正是出于对理论和方法的哲学上的严肃性，出于对现象的具体性、客观性和其中不言而喻的道德审美意志的尊重和体察，这些各自对现代世界及其文艺表象有着精深的、融会贯通的理解和研究的人物,才会在大体一致的方向和立场上展开这样一场深入而尖锐的、影响深远的辨析和论争。因此,这本书可以作为一种"索引",把读者带入更多的问题领域,让他们自己走得更远,考察得更具体,思考得更深入。

在"索引"的意义上,这本小书的"内容"十分庞大而惊人,并且在它涉及的所有问题上,都不是蜻蜓点水地带过,而是作出了系统而完整、具有穿透力和说服力的分析和解释,并且往往是在不同的、有时是针锋相对的分析和解释的竞争面前作出的。在短短的篇幅里,几位作者或论战各方反复提及了巴尔扎克、狄更斯、托尔斯泰、亨利希·曼等现实主义作家(以及他们之前的经典作家,如但丁、塞万提斯、莎士比亚、歌德;和他们之后的苏联作家,如高尔基、马雅可夫斯基),也涉及波德莱尔、兰波、特拉克尔、陀思妥耶夫斯基、普鲁斯特、贝克特、纪德、霍普特曼、易卜生、乔伊斯、卡夫卡、马拉美、里尔克、托马斯·曼、穆齐尔、瓦莱里,以及超现实主义、达达主义等现代主义作家和流派。在文学之外,这场争论对20世纪现代派美术、音乐和戏剧表现出深入的观察,涉及塞尚、马奈、毕加索、立体主义(Cubism)、康定斯基、保罗·克利、马勒、勋伯格、斯特拉文斯基、贝克特和布莱希特,在音乐领域还涉及19世纪的肖邦、奥芬巴赫,特别是瓦格纳。在这场争论的理论核心即哲学领域,本书更是涉及几乎所有重要的理论资源和思想脉络,将它们聚焦在20世纪"美学与政治"问题上:读者在这里会反复同黑格尔、马克思、恩格斯、列宁、斯大林相遇,也会看到叔本华、尼采、克尔凯郭尔、柏格森、韦伯和海德格尔等人投下的长长的身影。而如果我们"下沉"到具体涉及的作品,这份"索引"

清单就会变得更长。

　　事实上,这场争论虽然是在哲学和理论的高度和抽象层面进行的,但却可以说是在具体的作品分析、批评实践和个别的审美判断的层面展开,并在此基础上具体地形成的。这反过来也提示读者,这本论争集的设计不是为当代读者提供一份简单的立场指南和摘句集锦,而恰恰是邀请读者重访这场争论甚至滞留其中,以便在问题的具体性、针对性和论辩过程中,在重构思想的历史和实践场域及空间中,再一次激发理论话语的活力和相关性。无论对20世纪70年代末80年代初英语世界的读者来说,还是对在21世纪初第三个十年面对这个文本的中国读者来说,这个意图都应该说是用心的,也是可以收到实效的。

　　由此话题转到了不同历史境遇中理论阅读的"时间差",它也许能为我们阅读这部在20世纪80年代中国"理论热""方法论热"和"文化热"中被遗漏的文本,提供一个迟到的"期待视野"。理论(在此特指文艺理论、美学理论以及文化分析和文化批判理论)从来不是可以被仅仅当作技术、技巧和技能"拿来"或"习得"的方法和操作程序,尽管技能、技巧的训练同基本知识的掌握一样是重要的、必不可少的。理论从来都来自认识、解释和社会变革的实践;同时它也来自理论资源和知识思想脉络内部的社会性的、道德的,归根结底是政治性的冲突、较量和综合。也就是说,理论生成和理论传播与吸收过程在本质上都是具体社会现实、社会思想和文化生产出于其"内部"的需要去汲取、整理、建构和创造的特殊的语言方式。没有任何理论在其理论性的根基上是可以被简单地移植、嫁接或"模仿"的;它只能作为思想共鸣沿着看不见的客观的物理共振波在历史时空中传导运行,再由不同的

"在地化"的具体历史情景和社会矛盾的"共鸣箱"感知并转化为具体可感的、客观的物理振动。因此,单纯技术化、教科书化、非政治化的、"自我指涉"的种种为理论而理论的理论,无论其姿态多么"正确",词汇多么"专业",在学院时尚意义上多么"前沿",其实在根本的意义上,都是不具备理论性质的,严格来讲只能是"前理论"、反理论的。

从"什么是理论"或"理论何为"这个问题出发去看"理论旅行"和理论的"时间差",也把我们带回到当代中国文化理论、文艺理论和美学理论的原始情景。想来各种理论在20世纪80年代大举进入中国,并非国人当时的天真烂漫或单纯好奇使然。事实上,时代的、集体的感受、情绪、渴望和问题始终推动着思考,即布莱希特在同本雅明的对话中称为 Plumpes Denken (Crude Thinking,即朴拙地思考)的那种质朴的思考。它之所以质朴(饱满、粗糙、未经加工、原始、直接),是因为它始终是指向实践的,或者说是从实践中来,到实践中去的理论;但唯其如此,它也是辩证的、具有历史客观性的思维,而不能为任何纯粹的主观性或形式主义所困。这里的具体所指,就是在奔向"现代化"路上的中国人内心涌动的确信与惶惑,理想与忧郁,对于未来"美丽新世界"的希望和向往,以及对于即将与之告别的传统家园(包括共同体文化习俗传统和社会主义工业化、集体化传统)的怀旧的留恋。这种前进中的矛盾心态在20世纪80年代知识分子内心视野里的投射,类似19世纪末20世纪初欧洲"人文科学"或"精神科学"的基本问题,即在科学技术、物质生产、商品交换和以大城市经验为蓝本的个人与集体的疏离化环境中,内心世界如何得以保全,如何安稳,如何能够通过自身的理解活动继续生产形象、意义、故事和价值,并在这个象征性的世界里安放个人经验和集体经验。回头看,正是这个"质朴思维"的原点把"当代中国文化意识"(甘阳)同魏玛时代德国犹太人/西方马克思主义文艺思想、美学思想和哲学思想联系在一起;它也是推动种种近于狂热的阅读、翻译、讨论的内在驱动。而"质朴思维"在翻译实践和翻译理论上的对应物,正是鲁迅所谓"硬译":它是为回答为改变自己命运而斗争的阶级与民族的根本性问题和疑问而从事的艰苦的努力和斗争;它不仅仅是"盗火"行为或简单的"启蒙",而是为改变自己的认识、思维和语言而进行的自我革命。同这种思想革命和语言革命的迫切性和利害关系相比,翻译是否需要避免重译而一定要从原作语言直接翻译,是否给予"雅"或入乡随俗意义上的"顺"以优先考虑,都变成了相对次要的事情。事实上,20世纪80年代最有意义的翻译作品,同五四时代最有意义的翻译作品一样,大多是"硬译",即"有条件要上,没有条件创造条件也要上"的翻译,它们也都是作为集体性呼唤,回应着同时代其他的集体性呼唤。无论具体翻译文体、风格、修辞和目标语言内部的合规范性如何,这种"硬译"在本质上都是由时代性、集体性问题及其政治强度决定的。

在这个意义上,这本译作的姗姗来迟,其实倒有助于中国读者在一个更长的历史时间段和更为复杂宏大的社会文化发展过程中反思其中所包含的批评锋芒、理论旨意和方法论启发,包括思考它们中的"活东西和死东西"(借用克罗齐讨论黑格尔留给20世纪的思想遗产时的说法)。这里面要反思的自然包括长期以来一直悬而未决的西方马克思主义历史经验和思想方法对于中国语境的意义、价值和局限性,包括从西方马克思主义基本立场、观点和方法出发所作的有关生产方式、社会发展阶段、社会意识形态矛盾结构的分析论述的一般有效性和局部偏差,包括这一思想理论传统内在的历史化和历史叙述倾向的适用性和非适用性,最后当然也包括这些作者作为个别的、独立的文艺批评家和理论家在文艺形式、风格和美学-社会学本体论领域为当代中国文学研究带来的阅读经验、学理系统和分析技能方面的贡献。在所有这些方面中,我想特别列举以下两点提请读者注意:它们一个在抽象层面,一个在具体层面。

在抽象层面,我们看到西方马克思主义对西方发达资本主义社会的"总体性"分析必然带有一个"普遍的特殊性"悖论。从《资本论》问世以来,西方思想传统和历史意识内部越是对资本主义经济-上层建筑结构整体作全方位的、系统的、理论性的分析,客观上也就越将这一结构整体在其"否定性的自我意识"之中变成一种封闭的历史地平线,甚至变成一种绝对的人类社会存在和一切价值的前提条件。必须说明的是,这仅仅是一种"阅读效果",而不是西方马克思主义批判意识的初衷或价值认同,更不是它的政治立场。但当经典马克思主义所期待的资本主义总体性危机必然带来该系统的总体性崩溃,掌握生产资料和生产工具并具有高度技能、觉悟和组织性的无产阶级随即在资本主义社会内部颠覆并接管高度发达的生产力和社会组织系统,使之为一个新的社会-价值系统服务这样的政治愿景一再推迟时,一个日益退出阶级政治领域(因为这种阶级政治的社会土壤和对抗性结构在西方发达资本主义社会中业已消失)、退入文化和"审美"领域的"西方马克思主义",就其客观社会存在和社会功能而言,往往就转变为一种附着甚至"寄生"于发达资本主义社会肌体和文化生产模式上的"否定的精灵",作为这部"强大的机器"的一部分(虽然是一个最具批判性的部分)而为其工作。而这部机器在西方发达资本主义社会的经济、政治、军事、文化边界之外(准确说,在这个帝国内部的"边疆"和"战线"上),对于作为其"对象""客体"和"他者"而存在的不同经济、社会、政治、文化群体来说,带来的仍旧是支配与抵抗意义上的"生死搏斗"(a life-and-death struggle,参看詹姆逊《处于跨国资本主义时代中的第三世界文学》)。

在此状态下,西方马克思主义批评理论历史视野内的"终极问题"或许是:"在今天,是否想象人类的终结要比想象资本主义的终结更容易?"这个问题本身带有它的思考的深刻性、乌托邦意味乃至悲剧色彩,但对于事实上仍旧哪怕仅是部分地处在资本主义生产方式的政治-文化主权形态治理-管辖范围内的民众、社会或"生活世界"而言,这个问题却未免带有一种"超前性",甚至一种提前从"左边"宣布历史终结的意味。这个结构性偏差必然带有种种价值观、生活方式、意识形态(比如民族主义、文化中心主义)甚至宗教的因素,本身不是不能被置于马克思主义批判分析的考察范围之内,但它所挑明的历史复杂性,的确溢出了西方马克思主义乃至整个马克思主义思想传统的思维定式和思维习惯。在19世纪后期和20世纪前期的历史中,这个思维盲区往往在具体的政策、策略和社会斗争实践中表现为正统马克思主义者对于民族问题、宗教问题、地域性不均衡发展问题的忽视(中国革命历史经验正是在将"马列主义普遍真理"同"中国实际"结合起来,拒绝共产国际的遥控或"二十八个半布尔什维克"这样的红色假洋鬼子的本本主义的意义上才是成功的)。在20世纪后期和21世纪初,这种"批判思维"传统同种种在具体历史时空中进行着的社会建构、文化建构和制度建构之间的冲突,则主要体现在审美趣味、价值观和历史-时间叙事结构的差异性层面上。如果想象某种中国语境里对西方马克思主义"终极之问"的本能的(也就是说,在理论上未免有简单粗暴之嫌的)回答,那么它大概会是"将人性定义同资本主义混淆起来不过是一种特殊西方历史经验局限性的表现"。这并不是说西方社会没有自身的前资本主义的漫长的发展史(事实上西方社会有着可以同中国的文明相媲美的历史源流、文化传统和内部多样性),而是说近代以来,严格说是资本主义现代性条件下,不同社会、区域、民族和群体历史经验内部的不均衡发展,不能不在集体记忆、伦理、价值、社会发展道路及人类愿景等范畴内带来结构性的、"半永久化"的差异和冲突。这种差异性,在一个最根本但也最抽象的意义上,影响着中国读者对西方马克思主义文艺批评理论的"再解读"。这种"再解读"不应该以一种自我中心主义和本土主义去排斥西方马克思主义的历史经验及其艰巨的理论化工作,也不应该把它简单轻率地一笔勾销在"西方特殊性"的范畴内,而是应该带着一个放在括号中的问号去认真地梳理那种历史经验和理论化工作,以便将其中的智慧、经验和能力化为己有。换句话说,这个问号不仅是针对他人的,也是针对自己的。

在具体层面上,我认为《美学与政治》在批评的方法论意义上带给中国读者的核心问题是现实主义的表现能力和历史有效性问题。表面上看,这是现实主义同现代主义的关系问题,但若在理论意义上把这个问题推到极致,同时将它"中国化",则可以说是现代主义之后的现实主义生命力和审美形态的问题。在一个广阔的世界文学发展历史框架和理论框架里看,西方马克思主义决定性的美学成就和分析方法论示范,在于它对西方现代主义文艺的阐释和历史理解。同时,由于马克思主义理论自身原理性的历史兴趣和批判倾向,西方马克思主义文学批评对现代派这样高度发达的审美、形式、技巧和心理系统的分析,本身也呈现出一种极为有力、有效的对风格与历史予以综合考量的能力。换句话说,在这里,现代主义的审美判断,本身又是在一个叙事、阶段化(periodization)、深度模式(上层建筑-经济基础之关系与互动)和整个社会系统的结构再现、意识形态表象和价值判断等"史诗性"层面上作出的,因此在更高、更技术化、更综合的意义上带有(保留甚至发展了)现实主义文艺批评的基本特点。事实上,所有西方马克思主义文艺批评重镇的代表作,都表现出一种强烈的历史分析、历史叙事和历史建构的总体倾向;甚至可以说,正是这种强烈的历史主义驱动了作为西方马克思主义文艺批评标志的"形式分析"(包括对"无意识"和"非理性"范畴的审美分析)。如果用詹姆逊"马克思主义与形式"这个书名作例子看,那么毫无疑问,"马克思主义"是第一性的指导原则,而"形式"则是为这个指导原则服务的方法、技术和手段:"形式"空间的破译和批判性重构,不过标志着"马克思主义"历史分析的深入和具体化,标志着它随资本主义生产方式一同进入了对象化和异化劳动的新领域。西方马克思主义文艺批评和理论活动的基本方式,不过是在这个新领域内将自身的理论工作建立在同资产阶级"对生产工具,从而对生产关系,从而对全部社会关系不断地进行革命"(《共产党宣言》)的"创造性破坏"相匹配的技能水准上。

这实际上就将现代主义研究"现实主义化"了,也就是说,通过为它在形式批评的层面上确立一种风格的同时,又在历史批评的意义上将它"还原"为现实表现和生产方式-意识形态的编码。在本雅明的波德莱尔研究里,法国象征主义诗歌成为"第二帝国"经济、政治特别是"商品化"和"物化"过程的历史表象和寓言风格;在阿多诺的音乐批评中,无调性"纯音乐"是对现代社会的商业化大众消费倾向的抵抗;布莱希特"教育剧"或"史诗剧"的理论和实践,是对资产阶级审美趣味和意识形态幻觉的理性思考和道德批判;而在詹姆逊的现实主义-现代主义-后现代主义阶段论中,"现代派"已经不再是一种"重新发明宇宙"的自我指涉的形式实验,而是资本主义文化逻辑历史演化的一个特殊环节,一个"自行消失的中间物"(the vanishing mediation)。对于当代中国文学和文学批评而言,与西方文艺和批评历史发展潮流之间存在的"时间差",不但在文学史意义上解释了为何新文学以来的文学发展的现实主义总倾向自有其正当性,更重要的是,它提示我们,在"国际现代主义风格"成为历史之后,当先锋派实验和高峰现代主义运动的技巧和审美创新手法早已在文艺创作的常态模式中被充分吸收和同化之时,当代中国文艺创作面临的其实是在自身历史实践中创造出一个新的现实主义的审美综合和理论综合的考验。这不但意味着当代中国文艺和批评需要一劳永逸地通过现代主义的大考,而且意味着它们必须也必然在"现代主义之后"和"(欧洲)现实主义之前"(比如在中国古典文学和俗文学传统的源流意义上),回到一种仍然在路上的现实主义的"永恒的当下"。

因此,詹姆逊为本书论争文献所作的"后记"中的一些段落,无论在当时(20世纪70年代末,或作为这本书"最应当"被介绍给中国读者的时间即20世纪80年代),还是在当下,都带有某种

双关的寓言意味。比如下面这段:

> (布洛赫)他扩大了论战的框架,使得各种各样的艺术都得以被包括进来,无论是通俗艺术还是农民艺术、前资本主义艺术还是"原始"艺术。这需要在特定语境下来理解:布洛赫正在进行某种意义深远的尝试,他试图为马克思主义重新发明乌托邦的概念,并试图将这一概念从马克思和恩格斯对圣西门、欧文和傅立叶等人的"乌托邦社会主义"的正确批评中解放出来。布洛赫的乌托邦原则旨在震动社会主义思想,将它从狭隘的自我定义中松绑,那种明确的定义本质上反而延伸了资本主义自身的范畴,无论通过否定还是接纳的方式[像工业化、中心化、进步、技术甚至生产这样的术语,都倾向于将它们自身的社会局限性和既有选项强加于使用它们的人身上]。在卢卡奇的文化思考那里,他强调了资产阶级秩序和从其中发展而来的社会秩序的连续性,而在这些地方,布洛赫则认为更有必要从彻底的差异性方面——从与资本主义这个特定的过去更加绝对的断裂的方面,或者从更新和恢复某种更加古老的社会形式的真理性(truth)的方面——去思考"向社会主义过渡"这一问题。确实,更新的马克思主义人类学研究提醒我们——从我们的"总体系统"内部出发——更古老的部落社会和前资本主义社会与资本主义社会之间有着根本性的差异;在这个对非常久远的过去的兴趣似乎不太能再引发令人感伤的、民粹的神话的历史时刻——在19

世纪末20世纪初,马克思主义还不得不与这种神话斗争——对前资本主义社会的回忆现在可能成为布洛赫的乌托邦法则以及对未来进行发明的重要元素。从政治上讲,在社会主义过渡时期,马克思主义关于"无产阶级专政"的必要性的经典观点——也就是收回那些试图复辟旧秩序的既得利益者的实际权力——当然没有变得过时。但是一旦我们把它与文化革命——其中包含了对所有阶级的集体再教育——的必要性放在一起思考时,它就可能会在概念上发生转化。从这个角度来看,卢卡奇对伟大的资产阶级小说家的强调看起来是最不足以应对这一任务的,但是,那些伟大的现代主义作品里的反资产阶级锋芒同样也显得不合时宜。于是,布洛赫关于"遗产"的思考,关于历史上被压抑的文化差异的思考,关于发明一个完全不同的未来的乌托邦法则的思考,将在现实主义与现代主义之争逐渐隐退到我们身后之时第一次获得它应有的承认。①

这样的思考既是西方马克思主义美学理论"内部"的思考和辩论,也因其"总体论"和辩证法的历史视野和理论系统性而预设了中国这样的新的对话参与者和发言人。在此,"现代化"问题(包括20世纪80年代种种关于"小说形式现代化""电影语言现代化"的"质朴"的讨论)在它自身的历史复杂性和社会文化可能性意义上,就已经成为世界历史范围里有关"人类/人性和资本主

---

① 见本书第327—328页。

义哪个能活更久"的问题。在这个问题中,中国自身残存的古老社会形式和未来指向的乌托邦理想,都客观上成为如何批判地发展社会主义文化现代性和文化革命的理论问题,并通过这种语言、概念、理论框架和分析论述的转化而获得其新的普遍意义和特殊意义。

在更关涉文化意识形态上层建筑内部斗争的文学批评和审美领域,这种理论和提问方式的变化或丰富,也为我们阅读和分析当代中国文学艺术生产提供了"长时段"(longue durée)的理论和方法论框架。也就是说,在中国特殊语境下的"资本主义与社会主义""中国与西方""传统与现代"问题,都在具体而更富于辩证意味的层面上变成了"现实主义与现代主义"问题,准确地讲,变成了"现代主义之后的现实主义"如何可能的问题。这个问题一旦在当代中国文学中获得它具体的能量、创造性和历史关联域,也就必然可以作为中国故事去讲述世界历史的故事,而这个故事必然在其极端的当下形态中包含(无论多么模糊隐晦的)悲剧和史诗意味。只是这种史诗意味并不仅仅属于中国当代文学和中国当代艺术,而是已经具有下面这种清晰的分析性的、普遍的理性语言:

> 在这些条件下,一种新的现实主义的功能就非常清晰了;去抵抗消费社会中的物化力量,去重新发明总体性的范畴——这一范畴遭受了如今存在于生活和社会组织的各个层面中的碎片化状态的系统性破坏,只有它才可以在逐渐成形的"世界体系"中投射出阶级之间的结构性关系和其他国家的阶级斗争。这样一个现实主

义的概念将会吸收它的辩证对立概念——现代主义的概念——中最具体的那个要求：它强调在一个经验已经固化为大量习惯和自动反应的世界里，对感知进行猛烈的更新。而新的美学所要破坏的习惯，也不再是那些传统现代主义术语视为主题的东西——"去神圣化"或"非人化"的理性，通常意义上的大众社会、工业城市或技术；而是作为商品体系和晚期资本主义的物化结构的功能。①

这个问题当然也同时成为包含、容纳种种新老问题及其当代变体的风格空间和形式框架，比如基本的商品化时代艺术的可能性问题，比如"高雅"与"通俗"、"先锋"与"大众"的问题，比如全球化、后现代条件下民间形式或民族形式的具体含义问题，比如形式创新所需的颠覆性、陌生化倾向同读者需要的"生活在自己家园"的熟悉感、亲切感和认同感之间的矛盾问题。因此，詹姆逊在本书"后记"中的这段话，就"再一次"像是为当代中国文学批评和美学理论量身定制：

> 我们自己的处境与 20 世纪 30 年代的一个根本不同，就在于晚期垄断资本主义最终浮现出一种充分成熟而确定的形式，它被称为消费社会或后工业社会。……这个世界被日益严密地组织进一张由媒介技术、跨国公司和国际官僚机构控制组成的密不透风的网络。无论

---

① 见本书第 331 页。

"总体系统"的观念有多少理论价值……我们至少会同意阿多诺的看法,即在文化领域,无处不在的系统连同它的"文化工业"或〔恩岑斯贝尔格的变体〕"意识工业",给一切更早的、更简单的反抗性艺术制造了一种极不适宜的环境,无论它是卢卡奇提出的,还是布莱希特创造的,或是本雅明和布洛赫以各自的方式所赞美的。这个系统有力量去收编、平息即使是最具潜在危险性的政治艺术形式,将其转化为文化商品〔……〕。另一方面,也不能说阿多诺对这一论争的令人惊异的"解决方案"更令人满意——他提出将高峰现代主义自身的古典阶段视为最"纯正的"(genuine)政治艺术的原型〔"这不是政治艺术的年代,但政治已经转移到了自律艺术的领域,这个看上去政治已经销声匿迹的地方,恰恰是政治最突出的地方"〕,并提名贝克特为我们这个时代最具真正革命性的艺术家。诚然,阿多诺最卓越的一些分析——比如,他在《现代音乐的哲学》中关于勋伯格和十二音系统的讨论——记录了他的主张,即最伟大的现代艺术,即使表面上是最"不政治"或"反政治"的,也实际上竖起了一面镜子,映照出晚期资本主义的"总体系统"。然而回过头看,在如今这个政治和历史的低迷让对立双方都陷入苦恼,并且使得实践自此变得不可想象的时期,这似乎又成了对卢卡奇式美学"反映论"最出乎意料的复兴。而对于现代主义意识形态的这次新的、最终却再一次陷入反政治的复兴来说,最致命的不是阿多诺对卢卡奇的攻击中的含糊修辞,或是他在阅读布莱希特时的党派偏见,而恰恰是在消费社会中现代主义自身的命运。现代主义在 20 世纪早期曾是反抗性的、反社会的现象,在今天却成了商品生产中的主流风格,以及商品生产自身愈发快速、愈发高要求的再生产机制中不可或缺的组成部分。①

正如詹姆逊在"后记"结尾所说的那样,重访一个过去时代的伟大理论争论并不能直接带给我们为今天的批评和解释活动所急需的概念、方法和结论,但这从来不应是理论阅读的方法和目的。《美学与政治》并未因此而过时,恰恰相反,因为"它在自身的结构之中包含了我们尚未越过的历史症结"②(詹姆逊),它在为我们提供理论斗争的历史经验的同时,激励和督促我们去"重新发明"诸如"现实主义"那样的概念,去继续前人尚未结束的思考和辩论。在这个意义上,这本书的翻译出版又是及时、适时的。两位译者在繁忙的教学工作之余把它认真翻译出来,应得到我们的感谢和祝贺!

张旭东

2021 年 8 月 18 日于纽约

---

① 见本书第 325—326 页。
② 见本书第 332 页。

文论一

Presentation I

1938年在布洛赫和卢卡奇之间的关于表现主义的争论,恐怕是现代德语文化界的最意味深长的一段掌故了。它之所以能激起如此巨大的反响,部分是由于这两位主角在思想发展的进程里及在政治命运上的错综交叉的状况。卢卡奇的生涯主线在英语世界已广为人知,但对于布洛赫,这位卢卡奇的亲密朋友和确切的同时代人,人们恐怕还是知之甚少。布洛赫1885年出生在莱茵兰地区的路德维希港,是一位铁路官员的儿子,后来在巴伐利亚州的维尔茨堡和慕尼黑受教育。他学习哲学、物理和音乐,很快就展现出多才多艺的天赋。二十岁出头的时候,在柏林,他在齐美尔的聚会上第一次遇见卢卡奇,之后在他访问布达佩斯时又和卢卡奇有了接触。不过直到1912—1914年间,在这两人在海德堡共同居住的这一段时间里,他们才在哲学思考上有了相当紧密的合作。从他们之后的发展来看,以下情况颇有些吊诡:正是布洛赫从根本上影响了卢卡奇,引起了后者对黑格尔的认真研究,而卢卡奇引起了布洛赫对基督教神秘主义,特别是对克尔凯郭尔和陀思妥耶夫斯基著作的兴趣。① 对于这两个年轻人来说,他们和其他当时在海德堡的马克斯·韦伯圈子里的年轻人一样,革命前夜的俄国对于他们有着磁石般的吸引力。第一次世界大战的爆发标志着两人分道扬镳的开始:卢卡奇应征加入匈牙利的军队,这让布洛赫大感不解,布洛赫对战争持一种更彻底的拒斥态度,所以他去了瑞士,并且保持着一种革命失败主义的姿态。即便这样,在四年以后卢卡奇依然建议和布洛赫在美学上合作,他觉得布洛赫可以在音乐方面贡献力量。而布洛赫在他的第一部重要著作《乌托邦精神》(*Der Geist der Utopie*)——一本对宗教-神启与原始社会主义思想作大胆综合的书里,对他的朋友表达了热烈的敬意。

战争结束以后,卢卡奇加入了匈牙利共产党,为建设公社而奋斗;他在流亡期间,在整个20世纪20年代成为政党的组织者和第三国际内部的马克思主义理论家。相反,布洛赫并没有加入德国共产党,没有被征召为革命战士,他始终保持着一个革命的同情者的异端角色——他是一个革命浪漫主义的呼唤者,这一点他从来没有否认过。同时,布洛赫也和魏玛德国的一些实验性

---

① 关于布洛赫早年和卢卡奇的交往情况,可参看米歇尔·罗伊(Michael Löwy):《通向革命知识分子的社会学:卢卡奇的政治进化(1909—1929)》(*Pour Une Sociologie des Intellectuels Révolutionnaires*,Paris,1977),第292—300页。

的小圈子文学团体关系密切。① 此时这两位昔日好友的哲学轨迹已经日渐分离,卢卡奇赞颂后期黑格尔的现实主义,而布洛赫则捍卫反对黑格尔的叔本华的非理性主义。由于纳粹在德国掌权,这两人都从德国离开了,布洛赫去了布拉格,而卢卡奇则到了莫斯科。但这两人对法西斯主义上台的反应,很快就被证实在侧重点上完全不同。1934年,流亡中的布洛赫出版了他的著作《这个时代的遗产》(*Erbschaft dieser Zeit*),这本书以一种万花筒似的格言警句的形式,对20世纪20年代德国的世俗生活和文化生活作出了一系列沉思和召唤。德国的小资产阶级后来被法西斯主义俘获,该书却试图去理解曾出现在他们的反叛当中的一些因子——这些因子不管在表面看来多么不理性,却依然是真挚诚恳的反抗因子。布洛赫争辩道,将这些反抗因子从法西斯主义中解救出来,将目前已贫困化的众多小资产阶级争取到工人阶级这一边来,这是德国革命的一项重要任务,其重要性正如俄国革命赢得俄国的农民阶级。卢卡奇却走向另一个方向,从1931年开始,也就是从第三国际的"第三阶段"的极端宗派主义时期开始,他发展和形成了预示着后来第三国际的"人

---

① 比如说布洛赫是本雅明的朋友,而在卢卡奇秘密地生活在维也纳的时候,布洛赫曾让本雅明充当他联络卢卡奇的秘密信使。在20世纪20年代后期,布洛赫和本雅明一起吸食麻醉毒品,还互相评说这种经验给他们带来的感受与印象——这是这个时代的旋涡的一个典型缩影。

民阵线"(Popular Front)①时期的文化政策的文学立场。其中的要点是:尊重启蒙运动的经典遗产,拒绝任何非理性主义对启蒙主义的玷污,将文学的现代主义潮流视为非理性主义,并将非理性主义和法西斯主义等同起来。在纳粹上台以后,卢卡奇的第一篇重要文章所做的工作,即是对作为德国文学中一个现象的表现主义发起严厉控诉,这篇文章发表在 1934 年 1 月出版的《国际文学》(*Internationale Literatur*)杂志上。

卢卡奇在这篇文章里提出,威廉二世时期的德国越来越变成一个寄生的食利者的社会,它被一些哲学思想〔新康德主义、马赫主义、活力论〕②统治,这些哲学以令人迷惑的方式切断了意识形态和经济或政治的联系,禁

---

① 在 1933 年纳粹在德国占据政权、德国共产党遭到严重挫败之前,共产国际遵行的是极左的"第三时期"理论和政策。这一政策主张 1928 年以后资本主义国家进入全面崩溃时期,这一时期共产党需要与其他一切非共产主义政党作斗争。由于德国共产党在德国的失败,同时在吸取了法国等欧洲其他地区实际斗争的经验和教训以后,从 1934 年 5 月开始,共产国际的斗争策略转移到"人民阵线"上来。这一政策在 1935 年 7 月共产国际七大后被正式推行,它主张各国共产党和其他反法西斯主义的政党形成统一阵线即"人民阵线"。在文化方面,一些"左"倾的小资产阶级知识分子也被吸纳到无产阶级文化运动中来。1939 年 8 月,在苏联和纳粹德国签订《苏德互不侵犯合约》以后,第三国际终止了这一政策。——译注

② 此处为原文内容,英文版放在圆括号里,本译本将它们放入六角括号中,以区别于译者添加的补充说明,后者用圆括号或方括号标注。以下类似情况都这样处理。——译注

止对帝国主义社会进行整体观察或批判。而表现主义正是这样的昏聩状况在文学上的一种表现。它的"创造性方法"是在用一种风格化和抽象化的方式去追寻实质。尽管表现主义作家们宣称他们把握了现实的要核,但既然他们的语词不是以指涉的方式而是以"表现"的方式被使用,那么实际上他们就不过是以一种接近唯我主义的主观主义方式宣泄了自己的激情而已。在政治上,表现主义者反对战争;但从另外的方面来看,他们在政治上的混乱观点恰是独立社会主义者(Independent Socialists,德国独立社会民主党 USPD)的政治意识形态在文化上的对应物。表现主义者们对市民社会成员有一种笼统的敌意,但是他们不能将市民社会的罪恶定位在任何特定的阶级群体上。因此他们会在工人身上看到资本主义的症候,并且会去构想一个纯粹外在于阶级斗争的、在市民社会成员和非市民社会成员之间的"永恒"的冲突。他们将非市民社会成员看作应该统治这个民族的精英,这样一种幻觉最终导向了法西斯主义。

在纳粹胜利之后,布洛赫和卢卡奇采取了以上两种对立的介入社会的方式,这成为两人以下意见纷争的背景。1935 年,第三国际的政策转变为人民阵线战略。7月,在巴黎召开的"国际作家保卫文化大会"(International Writers Congress for the Defence of Culture)作出了一个决定,即要创建一个流亡群体的德语文学杂志①,作为反法

---

① 《言论》(Das Wort)杂志。——译注

西斯主义的作家和批评家的一个阵地。杂志有三个名义上的编辑,而遴选这三个编辑的本意是要显示出一个具有不同的代表性意见的光谱:布莱希特,一个没有政党所属的马克思主义者;德国共产党(KPD)的布莱德尔①;以及福伊希特万格,一个来自资产阶级的苏联的追慕者。这个杂志是在莫斯科出版的,既然以上三位作家都没能在莫斯科久居,他们对这个杂志的贡献和影响也就有显著差异。福伊希特万格展露了最大的热忱;布莱希特一直保持着不咸不淡的态度,只是将自己的诗歌和戏剧的摘选登在杂志上,算作自己的贡献;而布莱德尔在莫斯科待了六个月以后,就离开去参加西班牙内战了。最后,对杂志的有效控制权落在了埃尔彭贝克手上,他是个记者,也是个曾在皮斯卡托②的剧场里活跃过的演员。他的观点在所有实质性的方面都与卢卡奇一致。

尽管曾引起争议,但卢卡奇的见解同时也获得了持续增长的影响力。1937年,在第三国际的第七次世界代表大会两年之后,《言论》杂志对德国表现主义发起了一次步调一致的攻击。这次攻击的信号是由库莱拉③发出

---

① 维利·布莱德尔(Willi Bredel,1901—1964),德国左翼作家,创作的作品多为社会主义现实主义风格。——译注

② 艾尔温·皮斯卡托(Erwin Piscator,1893—1966),德国戏剧家,和布莱希特一样倡导"史诗剧"。——译注

③ 阿尔弗雷德·库莱拉(Alfred Kurella,1895—1975),德国作家,曾加入德国共产党,后加入苏联共产党,并于1934年移居莫斯科。——译注

的。他是卢卡奇的信徒,后来在德意志民主共和国地位显赫,他当时对表现主义的遗产发起了猛烈的攻击,而这个攻击明显是受了卢卡奇三年前的长篇论文的影响。库莱拉的文章激起了大量的反馈,不过只有其中一些被发表了。在那些可以被看到的文章里,我们看到了来自先前的表现主义作家的声音,比如说来自瓦根海姆、莱施尼策,及最重要的瓦尔登的声音,后者是《风暴》(*Der Sturm*,1910—1932)杂志的编辑,在刊登表现主义者的作品及诸如立体主义(Cubism)这样的外国流派的作品上起到过关键作用。另外一些文章是布莱希特的一些亲密朋友写的,比如汉斯·艾斯勒,还有另外一些现代主义的捍卫者,包括贝拉·巴拉兹。然而,最尖锐的反驳来自布洛赫。布洛赫忽略了库莱拉,直接和卢卡奇交锋,将后者看作这一时期针对表现主义的攻击的主要思想资源。正是布洛赫的文章将卢卡奇带入这场争吵中,卢卡奇作了一个长篇的回应。

为何表现主义能在德国流亡者中引起一场如此尖锐的争论?表现主义作为一场运动的繁荣期是从1906年到20世纪20年代早期。它是由一系列关系复杂的小团体组成的,艺术活动涵盖了视觉艺术、音乐和文学领域。"桥社"(Die Brücke)和"蓝骑士"(Der Blaue Reiter)实质上都是战前的文艺组织,尽管其中不少成员在30年代还活着。然而,表现主义的大多数领袖诗人要么在战争中甚或在战前就离世了〔海姆、施塔德勒、特拉克尔、斯特朗姆〕,要么已经离开了表现主义运动〔韦尔弗、贝恩、德布林]。表现主义最后的主要成就是一部回顾性的诗选《人类的黎明》(*Menschheitsdämmerung*, 1920),以及托勒尔和凯泽的戏剧。如果我们稍微拓展一下对表现主义的常规定义,我们也可以把卡尔·克劳斯的《人类最后的日子》(*The Last Days of Mankind*)以及布莱希特的早期作品算进来。众多因素决定了这场运动的终结。其中一个就是战争,表现主义者们一开始预言了它,随后又反对它,而战争的最后结局使得表现主义者们显得多余。在他们通过建立"国际联盟"(League of Nations)而建设一种新人类的梦被摧毁以后,一个对后来影响深远的幻灭感就紧接而来。同时,表现主义也被一些诸如达达主义(Dadaism)运动和超现实主义(Surrealism)运动这样更"激进"的运动抢了风头;但同时在德国,反对革命的情绪以及"新客观主义"(Neue Sachlichkeit)运动的愤世嫉俗的"现实主义",也使表现主义的理想主义看上去更像一种天真的做作。最后,纳粹的掌权使得那些活下来的表现主义者或者沉默,或者逃亡,或者入狱。不过,尽管它以这样一种失败的形式逐渐消亡,表现主义还是令人记忆深刻且无可辩驳地代表了第一个德国版本的现代艺术。所以,总的来说在布洛赫和卢卡奇以及他们各自的支持者之间的这场争论,究其实质是一场关于现代主义的历史意义的争论。布洛赫对表现主义的辩护是从一个有力的反击开始的,他首先指出卢卡奇对这场运动的实际成果不了解,特别是对绘画领域的成果不熟悉,而正是在这个领域表现主义获得了它最持久的成绩〔马克①长期受到布洛赫的推崇〕②,而也正是在这个领域,卢卡奇式美学最固有的缺点显示出来了。布洛赫接下来重新肯定了表现主义的合法性:在意识形态上,表现主义是反对帝国主义战争的;在艺术上,它是对一个过渡时代的危机的回应,在这个过渡时代,资产阶级社会的文化世界已经开始解体,然而革命的无产阶级却尚未发展成熟。最后,布洛赫试图洗脱一项针对表现主义的反复出现的指控,即对它的精英主义和文化虚无主义的指控。布洛赫的做法是强调它隐含的人道主义,强调它的支持者也对民众的、传统形式的艺术和装饰感兴趣。然而卢卡奇依然保持原来的看法。在回应布洛赫所反思的当代社会经验的碎片化特点时,他坚持认为资本主义依然形成了一个统一的整体,而且这一点在那些敦促着布洛赫去谈碎片化的危急时刻可以被看得更清楚。表现主义艺术的主观主义特性使得它拒绝承认这个最重要的真理,并且弃绝了一切重要的艺术的客观属性,拒绝对现实的忠实反映。并且,卢卡奇继续争论说,艺术的"大众性"(popularity)远比表现主义者们的怪癖式的热情要意味深远得多。真正的大众艺术以确认民族的最进步经验为显著特征,而且因它与

---

① 弗兰茨·马克(Franz Marc),"蓝骑士"社团的艺术家。——译注
② 布洛赫后来重述说,他曾经向卢卡奇透露过自己对1916年的"蓝骑士"展览的热情,但是卢卡奇却回应他说,这像一个"心烦意乱的吉卜赛人"的倾诉。

现实主义的紧密联系,它是一种真正能够接近"人民"的美学形式。

恐怕很少有人会不同意布洛赫对他的对手的批评方法的意见。卢卡奇的批评的惯常步骤是,面对他所要质询的那类作品,他先建立一个可视为这类作品的意识形态基底的理想典型,然后在他自己所坚持的政治的、意识形态的立场上,对这个艺术类型作一个整体的评判。这样做的结果往往是严重的混淆与简化,而当卢卡奇偶尔冒险去分析个别作品时,这种笼统判断的方法也会导致一种彻底的盲视——关于这些,阿多诺因为不像布洛赫那样受着与卢卡奇的友谊的束缚,在后来以更明确的方式指了出来。这样一种方法上的分歧并不仅仅是技术的问题。对于卢卡奇来说,文学历史构成了一个井然有序、含义明确的过去,而这个文学历史的意义与价值也被一个决定着它的、更宽阔的历史所确定;而过去的"进步"时期所传承下来的传统,则是一系列不可抗拒的规范,这是一份不动产,它的继承人必须以此为荣,如果不能接收到它,继承人就会因遗产被剥夺而深感痛苦。但对于布洛赫来说,情况则完全是另一面,历史是遗产,是一个蓄水池,在那里没有什么东西是永远可以简单地、明确地被认为是过去的,与其将这份遗产视为一个由规则构成的体系,不如将其视为一堆可能性的总和。因此,没有作品可以仅仅因为意识形态方面的交换价值就简单地被另一个作品替代,或者因为它远离了这个或那个审美标准而贬值。如此被激发的批评的合适的焦点应是具体的、单个的艺术作品,而这恰恰是卢卡奇式的批评最明显的盲点。然而在同时我们也应该说,卢卡奇的批评方法是其著作所具有的强大的一致性和阐释抱负的一个组成部分,卢卡奇的著作生产出了叙事性散文体(prose narrative)的系统历史的各个元素,并且对意识形态和文学形式的关系作出了持续的说明,同时代没有谁可以用他们的毕生之作做到这点——他在反驳布洛赫的同一时期写就的著作《历史小说》(*The Historical Novel*)可能是一个最有力的明证。

这场争论最核心的问题是表现主义艺术和社会现实之间的关系,这个问题不容易被轻易裁断。布洛赫对表现主义的捍卫回避了与卢卡奇的攻击所倚赖的美学前提进行直接对抗。布洛赫避开了他的对手的理论假设,这个假设认为艺术的正当功能是在有机的、具体的作品里描绘客观现实,在这样的作品里,一切异质的材料,特别是观念上的陈述,都应被排除在外。相反,布洛赫选择的立论基点是强调作为表现主义基底的那些经验的历史本真性。布洛赫这样的立论就使得卢卡奇可以简单地去提醒他说,碎片化这样的主观印象,在理论上是没有根基的,并得出结论说,表现主义艺术非常典型地歪曲表征了社会整体的真实性质,因而是无效的。布洛赫的回应策略所达到的效果是使得卢卡奇和他本人的注意力从他们之间争论的最核心问题上离开了。布洛赫的辩护带有"印象主义"(Impressionism)的特征,受此影响,卢卡奇强调了社会整体的统一性,这导致卢卡奇没能说明他论点的一个更实质的要点,即这个统一是一个不可化约的、矛盾的统一。于是,一个去争论艺术在表征矛盾时的种种问题——这是布洛赫评论蒙太奇时的不在场的语境,也是卢卡奇现实主义美学中顽固的难题——的机会,在这场交锋中错失了。

这场争论的明晰的政治文化语境是"人民阵线"。事实上我们也可以这样说,这场争论代表了这个时期与"人民阵线"相关的文化争论的高峰中的一个。但我们同样应该注意到,这两篇文章最薄弱的地方恰恰也在这一点上。如果说卢卡奇正确地指出了布洛赫所罗列的"表现主义对民众的兴趣以及所获遗产是相当武断的"这一点,并且指出了现代主义总体上客观来说是精英主义的,因此在任何实践的意义上都与"人民"疏离,那么同样很清楚的是,卢卡奇自己对民族的大众传统的召唤,特别是那些关于德国传统的召唤,至多也是牵强附会的,甚至可以说是乏味无聊的。如何定义一种"大众"的文学实践这个问题也许不一定完全无解,比如布莱希特的例子就显示了解决这个问题的可能。然而要想对这场布洛赫和卢卡奇之间的争论作最后评判,我们可能需要更进一步去探究人民阵线主义自身在文化和政治上的局限性。[1]

---

[1] 关于这个方面的一个有创见的研究,参看弗朗哥·弗尔蒂尼(Franco Fortini)的《作家授权及反法西斯主义的终结》("The Writers' Mandate and the End of Anti-Fascism"),载《银幕》(Screen)第15卷第1期(1974年春),第33—70页。

从那样的视角出发,这两个人在那个年代的角色或可在另一个角度被呈现。尽管我们看到卢卡奇文章的结论有些令人惋惜——这个结论的水准远在他的主要观点之下,而且症候性地呈现了与人民阵线时期第三国际的官方文化相类似的管控口吻——但如果我们就此假设布洛赫比卢卡奇更能自由地超脱于对这个时代的最糟糕的扭曲,则也是一个错误。事实上,就在抵抗这次针对表现主义的讨伐的同时,当时身在捷克斯洛伐克的布洛赫自愿为莫斯科的一些清洗审判提供证词,这些证词完善了"在布尔什维克党内有纳粹-日本的阴谋"这样的官方故事;①而此时在苏联的卢卡奇却不被这些故事所蒙骗,他在任何可能的地方都会回避去谈这个主题——这就使他的名誉受损要比布洛赫小得多。不管在美学上还是在政治上,这个时期的真实历史都没能给那些回顾历史时的轻率矫正提供安慰。

---

① 特别请看,现收入布洛赫《从赌博到灾难:政治论文集(1934—1939)》(*Vom Hasard zur Katastrophe. Politische Aufsätze aus den Jahren 1934 - 1939*, Frankfurt, 1972)一书中的《对审判的批评》("Kritik einer Prozesskritik")和《关于布哈林的后记》("Bucharins Schlusswort")两篇文章。

讨论表现主义

恩斯特·布洛赫

人们应该再一次开始讨论这个问题,这再好不过了。在不久之前,这样的讨论似乎是不可想象的;"蓝骑士"①已经死了。现在我们又一次听到了唤起这些记忆的声音,而且不仅仅是带着敬意。更重要的是,现在还有人如此努力地去整理一个早就过去了的运动,好像这个运动依然存在,好像它依然妨碍着什么似的。可以很确信地说表现主义已经不属于目前这个时代了,不过如果说它依然显示着生命的迹象,这是可能的吗?

齐格勒将表现主义描绘为一种最多只在一些老人那里还会萦绕于记忆的东西。② 这些人曾经因年轻的热情而脸红兴奋;现在他们虽宣称忠诚于古典文学传统,却依然受到早年所信仰的东

---

① "蓝骑士"1911年成立于慕尼黑,是德国表现主义绘画继"桥社"之后第二重要的艺术门派。它的杰出成员有瓦西里·康定斯基、弗兰茨·马克和奥古斯特·麦克。

② 贝恩哈德·齐格勒是阿尔弗雷德·库莱拉的笔名,库莱拉的文章《现在这份遗产耗尽了……》("Nun ist dies Erbe zuende…")发表于《言论》1937年第9期。

西的副作用的影响。贝恩——一个特别引人注目的表现主义的拥护者——最终投向了法西斯主义的怀抱。齐格勒注意到他的演变路径并总结道:"这样一种发展是不可避免的。其他表现主义者没有到达这同一个目的地,只不过是他们不太按逻辑行事。现在我们已经可以清晰看出表现主义是一个怎样性质的现象了,而且我们也看出如果按照它的逻辑发展,它最终会到达哪里:它将导向法西斯主义。"

由此可以看出,最近一段时间由表现主义者所引起的愤怒不仅仅是一种私人性的情绪,它同时也有文化政治的层面,有一个反对法西斯主义的面向。《人类的黎明》(*The Dawn of Mankind*)①结果成了希特勒能掌权的先在条件之一。可惜对齐格勒来说非常不幸的一个情况是,就在他发表这个对于法西斯主义先驱的研究②几周前,希特勒在慕尼黑的演讲和展览上完全没有承认表现主义艺术家。③ 事实上,很少有一个错误的推论,一个草率的负面论断,能以如此快速且令人印象深刻的方式被证明是荒谬的。

但是这个观点的荒谬性,在今天真的以让我们信服的方式得

---

① 《人类的黎明》(*Menschheitsdämmerung*)由库尔特·品图斯编辑,在1920年出版,是表现主义抒情诗最有影响的一个选集,包含了特拉克尔、贝恩、韦尔弗、贝歇尔、拉斯克-许勒、海姆和施塔德勒的诗作范文。标题里的"Dämmerung"是一个词义含混的词,既意味着在世界大战中遭受失败的人类的暮光,也意味着人类的新的、得到了拯救的开始。

② 指对于表现主义艺术家的研究。——译注

③ 1937年6月,纳粹分子在慕尼黑组织了一个"堕落艺术展览"("Exhibition of Degenerate Art"),在那里,从德国博物馆抢夺出来的著名的现代主义作品受到了嘲弄。

到彻底证明了吗？和希特勒一同诋毁表现主义，这对齐格勒来说一定是一个重大打击，这种一致对任何人来说都会是致命的。不过，也可能那个在慕尼黑演讲的江湖骗子是出于自己的一些原因〔尽管这些是什么我们很难看出〕才去故意掩藏法西斯主义的踪迹的。所以如果我们要直击这个问题的核心，就不应该过多聚焦齐格勒这个在发言时间上的不走运，甚至也不应该太在乎他的文章，而应该将我们的注意力转移到这整个讨论的先声，即莱施尼策在他较早时候讨论表现主义抒情诗的文章里引用的那篇文章，我们指的是卢卡奇在四年前发表于《国际文学》的文章《表现主义的伟大和衰亡》("The Greatness and the Decline of Expressionism")。正是这篇文章为最近针对表现主义的送葬演说提供了概念框架。在本文接下来的部分，我们应该将注意力集中在这篇文章上，因为卢卡奇同时给齐格勒和莱施尼策的文章提供了思想基础。卢卡奇在写结论部分时事实上要比这两位小心谨慎得多；他强调表现主义"意识上"的倾向不是法西斯主义的，而且在他最终的分析里，表现主义也"只能成为法西斯主义综合体的一个次要要素"。但是在总结处他同样观察到，"如果说法西斯主义者在表现主义中发现了他们可使用的一份遗产，这也不是完全没有正当理由的"。戈培尔已经说过了，在表现主义这里有"合理的思想的种子"，①这是因为"既然这个文学模式和整个发达帝国主义时代相对应〔！〕，表现主义的基底就是一个非理性主义的神话学。它的创造性风格趋向于情绪化的、修辞性的、空洞的宣言，一个

---

① 1933年，戈培尔曾说："表现主义包含着一些合理的思想的种子，因为有一些表现主义的东西是关于整个时代的。"

慷慨激昂的伪行动主义……表现主义作家们想要的东西毫无疑问是和原始返祖相反的东西。但是既然他们不能从思想上摆脱在帝国主义时代的寄生状态,既然他们和帝国主义的资产阶级意识形态的堕落保持着共谋关系,而没有对其批判或者抵抗,事实上只是偶尔表现出先锋姿态,那么他们的所谓创造性的方法就可以无须歪曲地直接服务于堕落和返祖的综合,而这正是法西斯主义煽动家的方法"。我们可以立刻从这里看到,认为表现主义和法西斯主义是同一个模子浇筑出来的,其根源正在这里。将表现主义和古典的遗产——我们权且也这么说吧——对立起来,这在卢卡奇那里与在齐格勒那里一样僵化。不过卢卡奇这么做有一个概念上的基础,而不徒然是些新闻体的华丽辞章。

然而客观地讲,这组对立并不能如此轻易地得到论证。任何人只要真正看了卢卡奇的文章〔我非常建议大家从卢卡奇的文章看起,原文往往是最有启示意义的〕,都会从一开始就发现,在那篇文章里从来没有单独讨论过任何一个表现主义画家。马克、克利、柯科施卡、诺尔德、康定斯基、格罗兹、迪克斯、夏加尔,这些人都没有被提出来讨论——就音乐而言相应的表现主义作曲家也没有被提到,比如说勋伯格的当代作品。如果考虑到在那时绘画和文学的关系是非常密切的,而且相比于文学,表现主义的绘画对这个运动来说更具有代表性,那么我们就会看到卢卡奇的这个忽略是如何令人吃惊了。此外,提及这些画家的另外一个好处是使我们不至于这么绝对地贬低表现主义,这是因为其中一些画家的画作确实是有着持续的重要意义和伟大影响的。然而即便是那些被提到的文学作品,也没有得到它们本应得到的重视,不管是从质量上说还是从数量上说——它们的批评者满足于作一些相当局限又非常不典型的"选择"。特拉克尔、海姆、埃尔莎·拉斯克-许勒根本没有出现;韦尔弗的早期诗歌只是被简略地提到,提到它们只是因为这是他写的一些和平主义的诗歌;艾伦斯坦和哈森克勒费尔的诗作也被以同样的方式对待。约翰尼斯·贝歇尔①早期的那些通常被认为非常重要的诗歌,也只是因为它们"逐渐成功地抛弃了"表现主义方式而引起了评论者的注意,同时文章却又引用了路德维希·卢宾勒这样的蹩脚诗人的大量诗作,而这么做仅仅是为了加强对抽象的和平主义的指控。颇具意味的是,从热内·席克勒那里来的一处引用也在这样的语境下获得介绍,即便席克勒根本不是一个表现主义者,而只是一个抽象的和平主义者而已〔就像其他一些值得尊敬的作家和诗人一样,比如赫尔曼·黑塞和斯蒂芬·茨威格〕。

那么,卢卡奇到底用了哪些材料来详细论述他对这些表现主义者的意见呢? 他使用文集的序言或后记,比如品图斯所作的介绍性文字,莱昂哈德、卢宾勒和希勒的报刊文章和其他一些类似材料。这就是说,实际上卢卡奇并没有直击最核心的材料,即那些在时间和空间里制造了具体感受的想象性的作品,那些能够让观察者自己去重新经验的现实。但卢卡奇从一开始就利用二手材料,这只是些关于表现主义的文献,可是他却以这些二手文献为依据,作出了自己的文学的、理论的和批评性的判断。卢卡奇的目的是要去探索"这场运动的社会基础和在这个基础上建

---

① 约翰尼斯·贝歇尔(Johannes Becher,1891—1958),德国政治家、小说家和诗人。他是文学先锋派的一员,以表现主义风格写作。——译注

立起来的意识形态前提",这一点不容置疑。但是因为上述原因,卢卡奇的工作在方法论上受到了限制,以至于他的评论只提供了就一系列概念而言的概念、关于一系列短评的短评,并且甚至用了更小的片段。因此这个批评几乎完全只是对表现主义的潮流和发展进程的批评——主要是对那些即便不能说是评论者加在这场运动上的,也最多不过是他们所提炼出来的东西的批评。

卢卡奇在这样一个串联中作出了很多准确的、有着微妙洞察力的观察。比如说他让我们注意到"抽象的和平主义",注意到关于"资产阶级"的一种波希米亚式的观念,注意到"逃避主义的特质"——事实上就是表现主义里的"逃避主义意识形态"。此外,他揭示出表现主义的反抗本质上不过是主观主义的,还揭示了这种努力在试图揭示对象的"本质"时,因为以表现主义的方式描述而内含的一种抽象的神秘化倾向。但即便是在这个问题上,即表现主义反抗的主观主义性质这一问题上,他也没能公平地对待这些诗人,他仅仅以那些序言为证据,就指责这些表现主义者"卖弄性的炫耀",以及他们的"纤细的恢宏"。同样的问题也存在于他的如下断言中:所有这些表现主义创作的内容所展示的都只是"小资产阶级困厄于资本主义车轮之下的无望困惑",或只是"在资本主义的拳打脚踢下,小资产阶级的贫弱无力的抗议"。就算是表现主义者没有提供其他东西,就算表现主义者在这次伟大的战争中除了要求和平、要求结束独裁之外没有表达什么更多的信息,卢卡奇也无权去诋毁他们的斗争,去说这不过是打空拳,或将他们的工作描述为不过是"伪批评的、误导性的抽象的、**帝国主义的**虚假对立的神秘化形式"〔重点是我加的〕。

确实在战争**结束后**,韦尔弗他们一类人把抽象和平主义变成了玩具喇叭一样的东西;也确实在革命的语境里,"非暴力"的口号会成为一种明显的反革命的格言。但是并不能因此就否定了"和平主义"这个口号在**战争本身期间**、在战争可能发展成内战之前那个时段所呈现出的根本的革命特性;当时即便是那些决意要战斗苦熬到底的政治人物,也是将和平主义看作革命的。此外,并不缺少准备走出来支持"武力的德性"的表现主义者,基督不也是通过一顿鞭打才把商人赶出神庙的吗?所以实际像兄弟之爱这样的理念远没有它看上去那么天真。事实上,断言表现主义从来没有放弃"德国帝国主义的总体的意识形态设想",说它的"辩护式的批判"最终只是推进了帝国主义,已经不仅仅是片面和歪曲的问题了:它如此曲解问题,以至于它几乎成了一个教科书般的烙着社会学主义(sociologism)的图式的范例,而这正是卢卡奇自己一直反对的东西。不过正如我们已经注意到的,这些说法甚至从未触碰到真实的**具有创造性的**表现主义作品,而后者才是我们唯一感兴趣的东西。这样的说法本质上是属于《目标年鉴》①的,而类似的苛评,现在也理所当然地被忘掉了[即便在亨利希·曼的领导之下,但至少那里不会有帝国主义的战争呐喊]。但是显然没有必要再费力去谈这个问题了:在那个时代的艺术的充满感情的爆裂呼声中,伴随着半古旧半乌托邦的本质——和当时一样,这些本质现在对我们来说还是神秘莫测的,当然有比卢卡奇企

---

① 由库尔特·希勒编辑的《目标年鉴》(*Ziel-Jahrbücher*)在 1915—1920 年间发行[在 1916 年因为和平主义见解被禁止了]。这些年鉴是希勒自己的乌托邦式行动主义的表达通道,希勒希望以此建立思想贵族的霸权。

图将表现主义简化成的"德国独立社会民主党①意识形态"更多的东西。当然,当这些富有感情的呼声在自身之外没有任何目标时,相对于它们的神秘莫测,它们更是可疑的。但将他们说成对"小资产阶级无望的困惑"的表达就很难是一种充分的说明。它们的内容是有差异的,它们部分是远古的图景,也有部分是对革命的狂想,而后者则是具有批判性的,并且总是相当独特的。任何有耳朵能听到这些呼喊的人都不大可能错失对其中所包含的革命元素的感知,即便这些情感是没有被规训的,是没有被控制的,而且是"驱散了"数量可观的"古典遗产"——或者更精确地说是"古典重负"的。永远的新古典主义(Neo-classicism)②,或者说永远接受一种确信,即确信任何写在荷马和歌德之后的作品,如果没有按照这些先贤的形象去生产或作为一种对这些形象的抽象去生产就不值得考虑。这种确信是不可能给一个试图关注最近的先锋运动的观察者提供一个有利的视点的,或者说可以让他对此作出评判。

---

① 德国独立社会民主党(USPD, Independent Social Democratic Party)1916年以反对战争为宗旨,从社会民主党(SPD)里分离出来,成为一个独立党派。从1919年到1920年,它占据了在社会民主党和共产党之间的一个位置。1920年,它的党的议会投票决定和共产党合并,但是实践中很多它的领导和它的成员回到了社会民主党。

② 布洛赫是比较随意地用"新古典主义"这个词的,未必锚定某个历史时期或某个艺术思潮。在德语文学的语境里,这个词自然会和由歌德、席勒形成的古典主义风格有关,不过布洛赫后文也将卢卡奇对巴尔扎克、海涅的推崇放入他的古典主义倾向里,甚至会扩大到指涉19世纪上半期的资产阶级现实主义文艺整体。请注意对卢卡奇的"古典主义"或"新古典主义"的指控是布洛赫这篇文章最核心的指控。——译注

在这样一种态度下,有什么最新的艺术实验能逃避审查呢?它们都只能被笼统地指责为资本主义堕落的方面——如果仅仅是说一部分呈现了堕落,这恐怕并不是没道理的,但是现在这种审查说是全部、百分之百堕落。这个结论就是说在晚期资本主义社会不能有叫作先锋艺术的东西了;这些在上层建筑领域里有着前瞻性的艺术运动,现在被取消了任何通向真理的资格。这个手法的逻辑就是这样,把所有东西涂成非黑即白的——这种方法很难对现实作出公正的判决,事实上连回应宣传的需要也不可能。几乎所有的那些不属于共产主义但反对统治阶级的形式,都从一开始就被同统治阶级捆绑在一起了。这个结论始终被坚持着,即便卢卡奇也会不怎么符合他逻辑地承认,表现主义从主观来说很明确是反抗的,它的支持者是作为即将到来的法西斯主义的敌人而感受、绘画与写作的。在人民阵线时期,还用这种黑白分明的方法去作判断,恐怕就要比以前更不合适;这种方法是机械的,不是辩证的。所有这些控诉和指责都来自一个思想源头,即认为哲学发展从黑格尔通过费尔巴哈到了马克思这个终点,除了技术和自然科学,资产阶级就已经没什么可以再教我们的了,其他的东西最多只会引起我们"社会学"上的兴趣。正是在这样的思路的推动下,这些批评者才会宣判:表现主义这样一个独特的、前所未有的现象从一开始就是假革命。这种思维允许——事实上是迫使——我们将表现主义者构思为纳粹的先驱角色。施特莱彻的家族谱系图现在发现自己以一种不可思议的、令人困惑的方式被更新了。齐格勒事实上描绘了一个声音渐强的名字序列,而这些人本来完全属于不同的世界——他只用逗号隔开他们,把他们像兄弟一样排列起来,放在同一个"不断被挑出来"(carping)的团体之中:"巴霍芬,罗德,布克哈特,尼采,张伯伦,鲍姆勒,罗森堡。"基于同样的理由,卢卡奇甚至怀疑塞尚作为一个画家有什么实质意义;而且就像他笼统地讨论西方的堕落一样,卢卡奇对**所有**伟大的印象主义艺术家〔不仅是表现主义者〕都作出一概而论的判断。"内容的空乏……这显示出它在艺术上累积着一种非实质的、只在主观上有意味的表面细节",在卢卡奇的文章里除了这样的判断外什么也没有。

相对照地,新古典主义者在卢卡奇的著作里是作为真正的伟大人物出现的。只有他们的遗产才是遗产。齐格勒甚至将温克尔曼对古典的思考也加入了进来,这种古典有着高贵的单纯和静穆的伟大,这是尚未解体的资产阶级文化,一个多世纪以前的世界。面对这样一种简单化的处理,我们需要提醒注意新古典主义的时代不仅仅见证了德国资产阶级的兴起,而且也见证了神圣同盟的兴起;所以新古典主义所推崇的古典廊柱和"古朴的"庄园风格是和神圣同盟的反动有关的;温克尔曼的古代本身不会和封建的那种消极态度全然无关。当然,这些**追摹古典的人**并不将他们的追摹局限于荷马和歌德。卢卡奇对巴尔扎克推崇备至,将海涅看作有民族高度的诗人,而有时他又如此远离古典主义,以至于在关于海涅的文章里他会将莫里克形容为一个"迷人的小人物",而我们知道莫里克一直被喜欢早期诗歌的人视为最本真的德国抒情诗人之一。但总体上,在卢卡奇那里古典被认为是健康的,浪漫则是病态的,表现主义最是病入膏肓的,而这种判断也不仅仅是简单地对照了体现古典主义典型特征的高纯度的客观现实主义。

这里不是详细讨论这个如此关键的问题的场合,这个问题如此关键,以至于只有一个非常彻底的分析对它才是公正的;因为这里包含了辩证唯物主义的反映论(Abbildlehre)的所有问题。我只在这里谈一点。卢卡奇的思考想当然地认为现实是封闭的、整合在一起的，于是就在事实上排除了唯心论中的主体性问题，而在包括那些经典的德国哲学在内的唯心主义的体系中，这样一种严丝合缝的"总体性"并不总能成长得最好。是否这样的"总体性"事实上构成了现实，这是一个存疑的问题。如果答案是肯定的，那么表现主义用扰乱性的、增补性的技术所做的那些实验，就无非是一些空洞的**奇思妙想**，而更新近的使用蒙太奇技术和其他呈现断裂的装置所作的尝试也是如此。但如果卢卡奇的现实——一个连贯的、无限地被中介了的总体性——究其根本并不是那么客观呢？万一他关于现实的概念并没有将自己完全从古典体系里解放出来呢？要是真正的现实同时也是非连续的现实呢？正因为在卢卡奇那里运转的是一个封闭的、客观主义的现实概念，所以他在检视表现主义时，才会坚决拒绝和表现主义艺术家站在一起，拒绝去和他们一起击碎关于世界的、哪怕是资产阶级世界的整体图像。任何艺术，但凡想努力去勘探表面的相互关系里的**真实**裂缝，并试图在裂缝里发现新的东西，在卢卡奇的眼里都仅仅是一些任性的破坏行为。他由此将旨在拆毁的实验和一个堕落的状况等同起来。

在对这个问题的思考上，即便是卢卡奇的才智最终也显得乏力了。毫无疑问，表现主义者们利用了或者说加剧了晚期资产阶级文明的堕落。卢卡奇所愤恨的是，他们"和帝国主义时期的资产阶级意识形态的堕落合谋，既不提出批评也不坚持反抗，事实上有时候还成为其先锋"。但是首先"合谋"这个粗鲁的说法就基本上不是真实的；卢卡奇自己也承认表现主义"在意识形态上并非反战运动里一个无足轻重的因素"。其次，就"合谋"的积极层面即进一步在事实上加剧文化衰败而言,我们必须要问:难道在发展和衰败(decay)之间没有一种辩证的关联吗?难道困惑、不成熟、不可理解性要一直处处被认作资产阶级的堕落吗?难道它们不可以同时也是——作为与那些过度简单化的和绝对非革命的观点形成对照的东西——从旧世界向新世界过渡的一个部分?或至少是为推动这个转变而进行的斗争的一部分?这类问题只有通过对作品自身展开具体的考察才能得到解决,它不可能被一种全然笼统的**先入之见**所处理。就算表现主义者们是堕落的"先锋",他们难道就应该反过来去立志在资本主义的病榻边做医生吗?他们难道就应该去涂抹现实的表象,也就是说,本着新古典主义者的或新客观主义①运动的代表们的精神去涂抹现实,而不是相反去固执地努力破坏?齐格勒甚至用了"颠覆的颠覆"这样的修辞来斥责表现主义者们,却没有能在他的痛恨之中认识到表现主义已经负负得正了。齐格勒在相当程度上无力去领会新古典主义终结的重要意义,他甚至也不大能去理解在旧的表象现实坍塌后出现的奇特现象,更不要说去理解蒙太奇的问题了。在他的眼中,所有这些不过是"粗陋的垃圾黏合在一起",是废物,为此,他不能原谅带来这些的法西斯主义者们,即使事实上法西斯主义者们没有使用这些技术,甚至法西斯主义者们还完全分享了齐格勒的观点。

正是在齐格勒指责表现主义的地方,有着表现主义的重要意

---

① 新客观主义(Neue Sachlichkeit,或者 Neo-Objectivity),代表了从表现主义的充沛感情那里的一个非政治的后撤。它的代表性支持者包括从埃里希·卡斯特纳到恩斯特·荣格尔等一系列人。就强调冷静的超脱这一点来说,布莱希特也留有新客观主义的痕迹。

义:它侵蚀着图解僵化的路径和学院主义的作风——作品的艺术价值往往被化约为这些路径和作风,不再是对艺术作品作永恒的"形式分析"。表现主义在追求对可能的最真实的表达中,将注意力转移到人类和他们的实体(substance)上。当然,可能会有一些骗子去利用表现主义不确定的、易于模仿的率直调子,而表现主义不大恰当的、在主观主义方向上的突进以及它模糊的呈现形态,也使它不是总能或者说事实上几乎从未能成就一个持续的权威。但无论如何,一个公正和冷静的评判必然要依据真实的表现主义作品,而不是为了使批评变得更容易就去依据一些歪曲的说法,更不要说只是依据那些错误的回忆性的材料。作为一个现象,表现主义在历史上没有过先例,但这不意味着它也认为自己缺乏传统。恰恰相反,正如"蓝骑士"群体证明的,他们遍寻历史去发现相似志趣的见证,他们认为可以在格吕内瓦尔德的作品、在原始艺术甚或在巴洛克艺术里看到相应的东西。如果说有什么问题的话,那恰恰是它发现了太多的而不是太少的对应物。它在 18 世纪 70 年代的"狂飙突进"运动(Storm and Stress Movement)里看到了文学上的先行者,它在青年的和老年的歌德的幻想类作品里——在《漫游者的风暴之歌》(Wanderers Sturmlied)、《冬游哈尔茨山》(Harzreise im Winter)、《潘多拉》(Pandora)和《浮士德》(Faust)的第二部分里——发现了值得敬仰的范例。另外,说表现主义者因他们压迫性的傲慢与普通人疏远了,这也是不对的。事实恐怕又一次呈现出相反的情况。"蓝骑士"模仿了穆尔瑙①的

---

① 穆尔瑙是巴伐利亚的一个小乡村,"蓝骑士"的一个领导人康定斯基在那里拥有一所房子,从 1908 年直到一战爆发,他都会在那里度过夏天。

玻璃彩饰,事实上是他们第一次让人们看到了这种不断变动、妙趣横生的民间艺术。以同样的方式,他们将注意力投向孩子和囚犯的绘画,关注到了精神疾病患者的令人困惑的作品以及原始艺术。他们重新发现了"北欧日耳曼装饰艺术"(Nordic decorative art),即直到18世纪依然出现在农民的椅子、箱子上的那些奇特的复杂雕刻,并将它阐释为第一个"有机的-心灵的风格",还将它定义为一种隐秘的哥特传统,认为它比埃及那些缺少人的气息的纯净的贵族气的风格更有价值,甚至比新古典主义也更有价值。这里我们几乎没必要补充说,这"北欧日耳曼装饰艺术"是来自艺术史的一个技术术语;也没有必要再补充说,不管是表现主义者所欢迎的这种风格类型,还是这类型所特有的庄严热情,都与罗森堡对日耳曼欺骗性的崇拜全然不同,而日耳曼也并非"北欧日耳曼装饰艺术"的一个"源头"。事实上,这些日耳曼雕刻受到了东方很大的影响;而挂毯以及大体上的线状装饰也是表现主义后来的一个发展要素。还有更进一步,也是最重要的一点,表现主义者对"原始野蛮艺术"充满喜爱,但他们最终的目标是人性的;他们所创作的主题几乎全部是关于人之伪装和人之神秘的人的表达。和他们和平主义的情况很不一样,这一点甚至由他们的漫画艺术以及他们对工业主题的使用所证实。"人"是当时表现主义论调的一个共同特征,而作为对立面"美丽的野兽"则在今天成了纳粹的通调。这个主题也有被滥用的倾向。"坚定的人性"出现在一切地方,文集会被取名为《人类的黎明》或《人类的朋友》(*Kameraden der Menschheit/Friends of Mankind*)——这些概念毫无疑问是些无生气的东西,但这无疑是在法西斯主义蔓延之前的一个遥远呼喊。一个真正革命的、清晰的人道主义的唯物主义有无数理由拒绝这种无生气的修辞;没有人主张表现主义应该被看作一个典范或被视为一个"先驱"。表现主义老早就失去了价值,但现在希望通过再次刷新这场已经过时了的战斗,从而恢复对新古典主义的兴趣,也是没有道理的。就算说这场艺术运动不是什么东西的"先驱",但恐怕也正是由于这个原因,它可能与年轻艺术家更亲近,相比于①〔那种将自己称作并施行的"社会主义现实主义"②这一第三手的古典主义。社会主义现实主义被强加在革命

---

① 此后包含在"〔 〕"里的这段话是布洛赫在 1962 年重新发表此文的时候加入的。

② 十月革命胜利和苏联成立后的 20 世纪 20 年代是苏联左翼文艺团体百家争鸣的时代,但到了 1932—1934 年间,苏联开始将"社会主义现实主义"定为唯一的创作和批评准则。1934 年,日丹诺夫以斯大林的意见为基础,正式定义了"社会主义现实主义",提出艺术创作不仅要真诚地描写生活,而且要从革命发展中描写现实,并把艺术描写和用社会主义精神改造与教育人民的任务结合起来。社会主义现实主义方法是无产阶级文艺运动发展过程中的一个重要概念和方法,在苏联文艺界影响很大,对其他社会主义国家的文艺发展也有重要影响。但它在诞生之初在国际左翼文艺运动内部就引起过重大争议,而在它逐步成为苏联唯一的文艺创作和批评标准之后,也暴露出艺术审美单一、容易被概念化或公式化地使用、容易导致回避社会矛盾而背离现实主义精神等问题。我国一些左翼理论家在 20 世纪 30 年代就开始向国内介绍社会主义现实主义方法,新中国成立之初的几年它对我国当代文学产生过重要影响,但随着中苏关系的恶化及我国文艺界对"民族风格""民族气派"的日益强调,特别是在 1958 年毛泽东提出"革命现实主义和革命浪漫主义相结合"的方法以后,它的影响就开始迅速减弱。新中国成立后多次围绕现实主义问题的文艺论争,如"广阔的现实主义""写真实"等,也隐含着文艺界对这一方法的批评。——译注

的建筑、绘画和写作上,而这只能使这些创作沉闷窒息。它的结果不是一个着了色的希腊花瓶,而是类似维尔登布卢赫①之流的贝歇尔的后期创作〕。即便那种更真的古典主义毫无疑问是一种文化,但是现在被蒸馏过、被抽象化、被图解了,是一种看起来没有性情的文化②。

由上可见,上一个时代的激情依然还能在今天引起争议。所以也许表现主义终究还没有过时;是否有可能它依然留有一些生命力?几乎是不自觉的,这个问题让我们回到了这个反思开始的地方。今天我们听到的那些无理纠缠的声音显然无法保证就以上提问给出一个肯定的回答。而齐格勒在他的文章结论部分提出的三个问题也没能给我们提供任何新的启示。齐格勒问道(这些问题证实了他自己对表现主义运动的敌意):"古典:'高贵的单纯和静穆的伟大'——我们依然有理由这样看它吗?""形式主义:任何想获得伟大成就的文学的头号敌人——我们同意这个说法吗?""亲近人民,大众化的特征:任何真正伟大的艺术的根本标准——我们要毫无保留地接受它吗?"非常清楚的是,哪怕有人以否定形式回答了这些问题,或者因其不合理的表述拒绝回答它们,这也未必意味着在他心中依然隐隐拥抱着"表现主义的残余"。希特勒——真不幸,当面对以如此直接的方式提出来的这些问题时,我们很难不去想到他——已经毫无保留地以肯定形式回答了第一和第三个问题,但这并没有使他站到我们

---

① 维尔登布卢赫是威廉二世时代的一个不怎么知名的民族主义作家,擅长写作纪念碑式的历史剧。

② 这个表达暗指左拉将自然主义艺术定义为"带着性情看到的自然"。

一边。

　　让我们先把"高贵的单纯和静穆的伟大"这个问题放一放,这个问题涉及纯粹历史的、沉思的问题,以及对历史的沉思态度。让我们将讨论限制在"形式主义"和"亲近人民"这两个问题上吧,无论它们在目前的语境里是以多么模糊不清的方式被阐述的。不可否认的是,形式主义的问题是和表现主义艺术最无关的问题〔表现主义不应该和立体主义混淆起来〕。相反,表现主义恰是因为对形式的忽视而让自己受到损害,在它那里表达实在是过剩了,它们总是被粗鲁地、混乱地放射出来;表现主义的污点恰恰是它的无定形。但是,通过和人民的亲近,通过对民间文化的使用,表现主义还不只是弥补了它无定形的缺点。表现主义和人民的亲近,使得齐格勒关于它的看法失效了;齐格勒考虑的是温克尔曼关于古代的概念,以及由此而来的学院主义,齐格勒将这些看作艺术上的自然法。当然我们经常能看到那些低劣庸俗的艺术自身也是流行的、大众的——这是在糟糕意义上讲流行。19世纪的农民也会用他带有漆艺的大衣柜去换取一个工厂里生产出来的橱柜,会拿他有着绚烂色彩的旧玻璃去换一块着色的印刷品,并且认为自己赶上了时代的潮流。但不可能所有人都被误导,把资本主义有毒的果实错看成人民真正的表达;这些有毒的果实被看到曾在另一块完全不同的土壤里开花,一块将与这些有毒的果实一起消失的土壤。

　　然而新古典主义绝不是那些粗制滥造的流行艺术的解毒剂,它也并不包含真正的民众元素。它自身太过"曲高和寡"了,它站立其上的那个基座也使它显得过于造作。相反,正如我们已经看到的,表现主义者们确实回到了大众艺术(popular art)①,他们喜爱、尊重民间艺术——事实上就绘画艺术来讲,是他们第一个发现了民间绘画。特别是1918年独立的那些新国家如捷克、拉脱维亚、南斯拉夫王国的艺术家,都在表现主义艺术中找到了一种无限接近他们自己的大众艺术传统的途径,比起其他众多的艺术风格,表现主义确是一种与它们自己的大众传统无限亲近的方法,更不要提和那种学院主义相比了。如果说表现主义艺术对它的欣赏者来说总是显得有些不容易理解〔并不总是这样,想想格罗兹、迪克斯和年轻时的布莱希特②〕,这可能意味着它们没能实现自己的意图,但这也可能意味着是欣赏者的问题,可能这些欣赏者既缺乏没有被教育所毁坏的人民常具有的那种典型的直接感受力,也丧失了一种对鉴赏任何新艺术来说都至关重要的开放的态度。如果如齐格勒所想的,艺术家的意图是决定性的,那么表现主义就是通向大众艺术的一个真正的重大突破。但如果我们以取得的成就作为评判标准,那么固执地认为在艺术通向大众艺术的过程中,每个阶段都同样能被理解,怕是不符合事实的:毕加索是第一个绘制"黏合在一起的粗陋垃圾"的人,这对于有文化教养的人来说也是令人恐惧的。而在更低的层面上,哈特菲尔德

---

① popular art 是布洛赫和卢卡奇争论时的一个关键问题,此处将它翻译为"大众艺术"。在译者看来,"大众"和中国20世纪30年代的"大众语"运动的"大众"有类似的政治意味,和我们平常说的"大众文化"里的"大众"的意味不同。相应地,在这个意义上的 popular 单独使用的时候,译者多会选择译为"民众",people 则多译为"人民"。——译注

② 在1937年的文本里是贝歇尔,不是布莱希特。

的讽刺摄影(satirical photography)是一种和民众相当接近的艺术,事实上它如此被接受,以至于一些知识分子在这之后就拒绝去做和蒙太奇相关的工作了。如果说表现主义今天还能触发争论,或者说它无论如何还值得讨论,那么这就意味着它远比"德国独立社会民主党的意识形态"要包含更多的东西,而后者现在已丧失了它曾有的基础。表现主义的问题值得我们持续关注,直到它们被比表现主义的支持者提出的更好的方案所取代。但是那些想要忽略最近几十年文化历史的抽象的思考方法,那些对任何不是纯粹的无产阶级的东西都一并忽略的思考方法,是几乎不可能提供解决方案的。表现主义的遗产还没有消亡,因为我们甚至还没有开始去思考它。

英译者:罗德尼·利文斯通(Rodney Livingstone)

悬而未决的现实主义

格奥尔格·卢卡奇

在革命的资产阶级为了自己的阶级利益发起一场猛烈斗争的时候,会用尽一切手段,包括想象性文学这个武器。是什么使得骑士阶层的遗迹成了被普遍揶揄的对象?是塞万提斯的《堂吉诃德》(*Don Quixote*)。在与封建主义和贵族统治的斗争中,《堂吉诃德》是资产阶级的弹药库里最有力的武器。革命的无产阶级至少可以做一个小堂吉诃德〔笑声〕,用类似的武器武装自己〔笑声和鼓掌〕。

——格奥尔基·季米特洛夫在莫斯科"作家俱乐部"的反法西斯主义之夜的演讲

任何介入《言论》杂志上关于表现主义争论的后半段的人都会发现他自己面临着很多困难。许多人为捍卫表现主义进行了激烈的辩护。但是一旦我们的讨论到了有必要去具体指出到底是**谁**可以被我们视作一个表现主义作家的地步时,甚或当我们想决定表现主义这个范畴应包括什么的时候,我们就会发现这些意见的分歧如此尖锐,以至于没有一个名字可以期望获得普遍的赞同。人们有时候会有这样一种感觉,特别是当他在阅读着那些最动情的辩护词的时候,他会觉得或许就没有一种叫作表现主义作家的东西。

不过既然我们目前的争论所关心的不是对个体作家的评价,而是关乎整体的文学原则,那么解决以上问题就不是最重要的了。文学史无疑承认了有一个叫作表现主义的潮流,一个由它的诗人和它的批评家构成的潮流。而我下面的讨论,将局限在与总体原则相关的问题上。

一

首先,一个预备问题,关于我们要讨论的核心问题的性质:真的像不少攻击我的批评活动的作者所暗示的那样,现代文学和古典〔甚或新古典〕文学之间存在冲突吗?就此我想提出,这样一种设置问题的方式是根本错误的。它所内含的假设是认定现代艺术等同于如下特定文学潮流的发展:从自然主义和印象主义,经由表现主义到超现实主义。在费希尔提到的布洛赫和艾斯勒在《新世界舞台》上刊出的那篇文章①中,这样一种理论以一种特别清晰明白的方式被阐述出来。当这些作家谈起现代艺术,他们谈到的代表人物**毫无例外地**属于上面提到的这个艺术运动排列序列。

让我们在这个阶段先不要作判断。相反让我们提出这样的

---

① 布洛赫、艾斯勒:《艺术传承》("Die Kunst zu erben"),见《新世界舞台》(*Die Neue Weltbühne*),1938。

疑问:这个理论可以为我们这个时代的文学史提供一个充分的基础吗?

至少,有必要指出,一个完全不同的观点也是立得住脚的。文学的发展,特别是在资本主义社会里,特别是在资本主义的危机时期,是相当复杂的。然而就算只作一个粗糙的、相当简化的观察,我们还是能区分出我们这个时代文学的三个主要潮流;当然这些潮流之间的界限不是完全清晰的,在作家个体的具体发展过程中,这些潮流经常会重叠:

1.公开的反现实主义或伪现实主义文学,这些文学关心的是为现存的秩序提供辩解和维护。关于这组文学创作,我们无话可说。

2.从自然主义到超现实主义的所谓的先锋文学〔在下面适当的时候我们再去谈真正的现代文学的问题〕。这些文学总体上的要旨是什么?我们可以在这里预先简要地说出我们的观察:它主要的趋向是越来越远离现实主义,并逐步消解现实主义。

3.现今主要的现实主义作家的文学。他们中的大多数不属于任何文学派别;他们面对文学发展的主流逆流而动——事实上就是面对上面提到的两股潮流逆流而动。关于这个现实主义当代形式的主要情况的要点,我们只需要提到这些名字:高尔基,托马斯·曼,亨利希·曼,罗曼·罗兰。

在那些如此充满激情地捍卫现代艺术的权利以抗击所谓新古典主义的专横的声明里,上面提到的这些主要的当代文学作家甚至都不曾被提及。他们在现代主义文学和它的记录者那里根本就不存在。《这个时代的遗产》是布洛赫的一部颇有意思的著作,其中充满丰富的信息和思想,但如果我的记忆没错的话,在那里托马斯·曼的名字只出现过一次；布洛赫谈到了托马斯·曼〔还有瓦塞尔曼〕的"资产阶级的精致文雅"，并因此轻视托马斯·曼的作品。

像这样的一些观点使整个讨论本末倒置。现在是时候把问题重新颠倒过来，并站在那些最好的现代文学的立场上拿起武器，去反击它们无知的诋毁者了。所以这个争论不是古典主义者和现代主义者的争论；相反，讨论应该聚焦在这个问题上：在今天的文学中，哪一股潮流是进步的潮流？恰恰是现实主义的命运，正悬而未决。

二

对于我的一篇关于表现主义的旧文，布洛赫颇多微词，认为我过分关注这个运动的理论家。如果在这里我再一次重复这个"错误"，我想他可能会原谅我，这次我会将分析重心放在他关于现代文学的批评性见解上。这是因为，我不认为对艺术潮流作理论描述是不重要的——哪怕理论家作出的陈述在理论上是错误的。正是在进行理论描述的那些时刻，他们泄露了机密，从而揭露出那些本来被非常小心地隐藏着的与这个文学运动相关的"秘密"。既然作为一个理论家，布洛赫比起同时代的皮卡德和品图斯来，有着一个相当不同的地位，所以我想对他的理论多少作些更为深入的考察也不是不合理的。

布洛赫将他的攻击指向了我关于"总体性"的观点〔我们先略去讨论他到底在多大程度上正确地解释了我的立场。重要的问题不是我对不对，或他对我的理解是否正确，而是讨论的实际问题到底是什么〕。他坚信有一个原则必须被否定："体现古典主义特征的高纯度的客观现实主义。"根据布洛赫的说法,我的思考基于一个前提假设,即:"现实是封闭的、整合在一起的……是否这样的'总体性'事实上构成了现实,这是一个存疑的问题。如果答案是肯定的,那么表现主义用扰乱性的、增补性的技术所做的那些实验,就无非是一些空洞的**奇思妙想**,而更新近的使用蒙太奇技术和其他呈现断裂的装置所作的尝试也是如此。"

布洛赫认为我坚持统一的现实不过是古典唯心主义体系的残留,然后他继续表达了他的如下观点:"要是真正的现实同时也是非连续的现实呢?正因为在卢卡奇那里运转的是一个封闭的、客观主义的现实概念,所以他在检视表现主义时,才会坚决拒绝和表现主义艺术家们站一起,拒绝去和他们一起击碎关于世界的、哪怕是资产阶级世界的整体图像。任何艺术,但凡想努力去勘探表面的相互关系内的真实裂缝,试图在裂缝里发现新的东西,在卢卡奇的眼里都仅仅是一些任性的破坏行为。他由此将旨在拆毁的实验和一个堕落的状况等同起来了。"

在这里,我们看到了一个逻辑一致的对现代艺术发展的论证,而这个论证正击中了意识形态问题的核心。就这一点布洛赫绝对是正确的:对于这些问题的一个根本性的理论讨论"包含了辩证唯物主义的反映论的所有问题"。自不必说,在这里我们没有空间充分展开这样一个讨论,尽管我个人将非常愿意有机会去作这样的讨论。就目前的争论而言,我们关心的是一个更简单的问题,即"封闭的整体",资本主义体系与资产阶级社会连同其经济和意识形态的统一所形成的"总体性",是否真的形成了一个客观的整体,并独立于意识之外?

在马克思主义者中——在布洛赫最近的一本书里他坚称自

己忠于马克思主义——以上问题是没有争议的。马克思说:"每一个社会中的生产关系都形成一个整体。"①我们必须强调"每一个"这个词,因为布洛赫的立场实质上是在否认"总体性"可以应用于我们现在所处的这个资本主义时代。所以尽管我们之间观点的分歧看上去是直接的、形式的、非哲学的,这个分歧反而不过是围绕着对资本主义的一个社会-经济解释,然而既然哲学是对现实的一个思想上的反映,哲学上的重要分歧必然就隐含其中。

毫无疑问,我们所引的马克思的语句应以一种历史的方式被理解,换句话说,作为一个总体性的经济现实随历史的变动而变动。但是这些变动大体上是以这种方式发生的,即经济的各个方面被不断扩展、不断加强,于是这个"总体性"变得更加密实和坚固。毕竟按照马克思的思想,在历史上资产阶级决定性的进步作用就在于发展了世界市场,而因为世界市场的发展,全世界的经济成为一个客观整合起来的总体。原始经济只是创造了大的统一体的表面现象;中世纪早期的原始共产主义村落或市镇就是很明显的例子。但在这样的"统一体"中,经济单元只是通过相当少的线索与环境以及人类社会整体联系着。相反,在资本主义体系下,正如我们可以在贸易和货币领域看到的,经济的各条线索实现了一种前所未有的自治性——这种自治性是如此广泛,以至于金融危机可以直接由货币流通领域引发。经济体系形成这样一个客观结构,结果使得资本主义从表面来看被"分解"成了一系列各自追求独立的要素。显然,这会在生活于这个社会中的人的意

---

① 此处卢卡奇原文并未标明引文出处,英译本也未重新标注,所以我们也不再标注,下文还有几处也作类似处理,不再一一说明。——译注

识中反映出来,而且当然也会在诗人和思想家的意识中获得反映。

因此,个体要素不断走向自治这样一个运动成为资本主义经济体系的一个客观事实。然而,这样一个自治仅仅是整个总体过程的一个方面。在经济危机时期,资本主义体系潜在的统一性、总体性以及体系所有部分都客观地互相联系着这一事实最为明显地表现了出来。马克思对这个过程给出过如下分析,在这个过程中,那些组成要素必然会获得独立:"既然它们事实上是互相归属的,那么这些互补的部分借以独立出来的过程就必然不可避免地呈现为猛烈的和破坏性的。而那个使这些分离的对象的统一又一次被感受到的现象,就是危机时期的现象。这时那个由本来互相归属、互相补充的过程所假设的独立被猛烈地破坏了。因此,危机使得各个独立进程的统一显示了出来。"①

因此,这些就是资本主义社会的"总体性"的根本的客观组成要素。每一个马克思主义者都知道,资本主义的经济范畴总是会在人们的脑海里获得反映,这是直接的反映,但往往这种反映会以前后颠倒的方式出现。这应用到我们现在的讨论中,就意味着

---

① 参看《资本论》第 1 卷(Capital, vol I, London, Penguin/NLR Edition, 1976),第 209 页。

[根据英译者提供的页码,我们未找到完全与上面引文对应的段落,只有以下一段相当接近的论述:"说互相对立的独立过程形成内部的统一,那也就是说,它们的内部统一是运动于外部的对立中。当内部不独立(因为互相补充)的过程的外部独立化达到一定程度时,统一就要强制性地通过危机显示出来。"参看马克思:《马克思恩格斯全集》第 23 卷,北京:人民出版社,1972,第 133 页。正文中的引文参考了这段中文翻译。——译注]

在资本主义以一种所谓的常态运行的时期,在它的各个过程自身呈现为自治的时期,在资本主义社会里生活着的人们就会将它们思考和经验为统一的;然而在危机时期,当这些原先自治的元素都被聚集成一个整体,人们却又将它体验为一个解体的状况。于是在资本主义体系总体危机的情况下,关于解体的经验就在一个广泛的人群里被长期牢固地确立下来,他们通常都是以相当直接的方式经验资本主义的各式显现的。①

三

这些和文学有什么关联呢?

这些对那些否认文学和客观现实之间有关联的理论来说——比如表现主义和超现实主义的理论——自然什么关联都没有。但是对马克思主义的文学理论来说,这就意味着很多。如果文学是一种特殊的让客观现实得以反映的形式,那么将现实真正地捕捉到,而且不是仅仅复制那些直接显示的和表面的东西,就显得相当重要了。如果一个作家努力按照现实真正的那样去表征现实,比如说,如果他是一个真诚的现实主义者,那么不管这个作家事实上是怎么在他的理智中构思这个问题的,总体性的问题总会要担当一个决定性的角色。列宁就反复强调总体性范畴

---

① 卢卡奇的论述是清晰的,但是逻辑比较缠绕。在资本主义常态时期,虽然经济过程是总的,但是各个要素显示为独立的;而在危机时期,这种独立元素之间的总体性就显示出来了。但是这个状况在人们脑海里获得反映时又发生了颠倒,人们在脑海里把这个显示为总体的事实理解为一个解体过程。——译注

在实践中的重要性:"要真正地认识事物,就必须把握住、研究清楚它的一切方面、一切联系和'中介'。我们永远也不会完全做到这一点,但是,**全面性这一要求**可以使我们防止犯错误和防止僵化。"①〔重点是我加的〕

每一个真正的现实主义者的文学实践都证明了总体的客观社会语境的重要性,"全面性这一要求"也要求这些知识被给予充分的重视。伟大的现实主义作家所能达到的深度,他的成果可能获得的广度和持久性,都在很大程度上依赖于他作为一个创造性的作家能多么清晰地看到他所描绘的现象的真正意义。但这不会如布洛赫所设想的那样,妨碍他辨认出社会现实的表面可能展示出"颠覆性的趋向",这个颠覆性是会相应地在人们脑海里有所反映的。我那篇关于表现主义的旧文的题记正表明了我对以上问题并没有忽视。那个题记是来自列宁的一段引文,它是由这样的语词开始的:"就是说,非本质的东西,外观的东西,表面的东西常常消失,不像'本质'那样'扎实',那样'稳固'。"②

然而,这里的关键毕竟不是仅仅去认识到这样一个因素事实上是存在于总体性语境里的,更重要的是将它看作这个总体性的一个要素,而不是将它夸大为单一的情感的和思想的现实。所

---

① 列宁:《选集》(*Collected Works*)第 32 卷,第 94 页。

〔中译参看列宁:《列宁全集》第 40 卷,北京:人民出版社,1992,第 291 页。——译注〕

② 列宁:《选集》第 38 卷,第 130 页。

〔中译参看列宁:《列宁全集》第 55 卷,北京:人民出版社,1990,第 107 页。——译注〕

以,这个问题的关键在于理解表象和本质之间正确的辩证统一关系。真正重要的是,那个被艺术家所塑造、所描绘,并被读者重新经验的生命片段应该在不需要外在说明的情况下能够揭示出表象和本质的关系。我们强调"塑造"(gestalten)这个关系的重要性,因为不同于布洛赫,我们不认为左翼的超现实主义者的实践是对这个问题的一个可被接受的解决。我们拒绝他们所使用的方法,即将一些主题"插入"(Einmontierung)到与它们没有有机关联的现实碎片里。

为了作更好的阐发,就让我们比较一下托马斯·曼的"资产阶级的精致文雅"和乔伊斯的超现实主义吧。在这两个作家笔下的主人公的脑海里,我们都发现了对解体、不连续、断裂和"缝隙"的生动的唤醒,这也是布洛赫非常正确地认识到的、生活在帝国主义时代的很多人都有的一种典型的精神状态。布洛赫的错误仅在于他将这种精神状态和现实本身过于直接并且毫无保留地等同在一起了。他将在人们的精神中创造出来的高度歪曲了的形象等同于事物本身,而不是通过将它和现实进行比较,去客观地阐明这一歪曲的本质、源头和它所经历的各式中介形式。

以这种方式,布洛赫作为一个理论家,正好做了表现主义者和超现实主义者作为艺术家所做的事情。让我们仔细看看乔伊斯的叙事方法吧。为了防止我有敌意的评估会错看这个问题,就让我引用布洛赫自己的分析吧:"在这里,在流动的意识之中甚或在流动的意识之下,我们看到一张没有自我意识的嘴巴,它醉饮着,它喋喋不休,它倾吐着。语言演绎着坍塌的每一个方面,这不是一个充分发展了的、完成了的产品,更不要说是规范的了,这是一个开放的、令人困惑的产品。这种语义双关、口误频生的言语,你一般只能在衰弱疲惫的时分听到,在谈话的间歇,以及在做着梦的和懒散的人那里听到——在这里,所有的东西完全失控了。语言成为闲散的东西,它们被从它们的意义的语境里排斥出去了。语言不断向前移动着,有时候像一条蠕虫被切碎,有时候像在光学幻象里那样被缩短,而在另外的时候,语言就像一段滑索一样落到了动作上。"

以上是他的评论。而他最后的评价是:"一个空壳,一场最不可思议的演出;在皱巴巴的废纸上的一系列随意的琐碎笔记,一堆烦冗而难解的语言,一团滑溜溜的鳗鱼,胡言乱语的碎片,同时还有在混乱中建立一种学院体系的尝试……各种形式和规模的骗局,一个失去了根基的人的各种笑话;各种无路可走的死胡同却同时又到处是通途——没有目标,但又到处都是目的地。蒙太奇现在生产出各种惊异;在过去只有思想可以被肩并肩地安放在一起,①但是现在事物本身可以做到同样的事,至少在这些洪水泛滥的平原里,在这些虚空的神奇的丛林里。"

我们发现很有必要把这一长段引用都摘引出来,因为布洛赫在他对表现主义的历史评估里给了超现实主义的蒙太奇一个相当重要,甚至是最为关键的角色。在这本书的更靠前的一些段落里,我们发现,他和所有表现主义的辩护者一样,在表现主义者真正的和表面上的支持者之间作出了一个区分。根据他的说法,表现主义真正的抱负一直延续着。他写道:"即便是在今天,也没有

---

① 这里暗指席勒的《华伦斯坦之死》(*Wallensteins Tod*)里的著名诗句(第二场,第二幕):"世界是拥挤的,大脑却是开阔的——/思想轻易地肩并肩地居住着/事物却猛烈地在空间里冲撞。"

哪一个有着伟大天赋的艺术家没有一个作为表现主义者的过去，或者至少可以说没有哪一个未曾受到过它的相当丰富多彩的、承载着风暴般力量的效果的影响。'表现主义'最后的形式是由所谓的超现实主义者创造的；他们只是一个很小的团体，但是又一次的，那里就是先锋艺术存在的地方，而且不仅如此，超现实主义如果不是蒙太奇就什么也不是了……这是对我们真正经历的现实的混乱状况的一种描述，在这个混乱里包括所有休止的空隙，以及过去被拆毁了的结构。"读者可以很清晰地看到，在这里，在布洛赫对表现主义的支持里，看到他所认为的我们这个时代的文学主流。同样非常清晰的是，他是非常有意识地在那种文学中排除了任何一位现实主义作家的重要性。

我希望托马斯·曼能谅解我用他作为例子来作一个驳论。让我们想想他的《托尼奥·克勒格尔》(*Tonio Kröger*)，或者《布登勃洛克家族：一个家族的衰落》(*Buddenbrooks: Verfall einer Familie*)，或者《魔山》(*The Magic Mountain*)里的主要角色。并且让我们进一步假设，像布洛赫所要求的那样，这些人物是直接由他们自己的意识，而不是通过将意识与独立于意识之外的现实相对照而被建构出来的。很明显，如果我们直接面对这些人物脑海里流淌着的源源不断的联系，随之而来的对生命的"表象的扰乱"的结果恐怕会和乔伊斯作品中的人物所做的一样彻底。我们会看到与在乔伊斯的作品里看到的一样多的"缝隙"。反对这个看法，说这些作品是在现代性危机发生**之前**就已被生产出来的，这恐怕是错误的——比方说在《布登勃洛克家族：一个家族的衰落》里的客观危机，就导致人物经验了比乔伊斯的主人公所经验的更为深刻的精神困扰。而《魔山》是和表现主义同时代的。所以说如果托马斯·曼满足于直接像照相一样记录这些人物的思想和他们碎片一样的经验,并且用这些材料去建构一种蒙太奇,他可能很容易生产出一个和布洛赫如此高度尊崇的乔伊斯所生产的一样的、在"艺术上进步"的形象。

既然托马斯·曼有这些现代的主题,那么为什么他还要保持这样的"老套",这样的"传统"呢?为什么他没有选择去攀上现代主义的时髦潮流呢?这正是因为他是一个**真正的现实主义者**;这个术语在这里主要意味着,作为一个创造性的艺术家,他很明确地知道谁是克利斯蒂安·布登勃洛克,谁是托尼奥·克勒格尔,谁是汉斯·卡斯托普,谁是塞塔姆布里尼,谁是那夫塔。他没有必要像一个社会科学家一样去抽象地知道它;如果要那样的话他会很容易犯错误,正如之前巴尔扎克、狄更斯、托尔斯泰所犯过的。他是以一个创造性的现实主义作家的方式去知道它的:他知道思想和情感怎样来自社会中的生活;他知道经验和感受如何成为整个现实的复杂体的组成部分。作为一个现实主义者,他把这些经验和情感放在了与整体的生活语境相适应的地方。他展示了引起这些情感和经验的社会领域,以及这些情感和经验所要到达的地方。

所以,比如说当托马斯·曼说托尼奥·克勒格尔是一个"迷路的资产阶级"时,他并没有满足于只发现这一点:他展示了尽管他对资产阶级抱有敌意,他在资产阶级社会无家可归,他完全被资产阶级的生活排斥,但是他以何种方式是以及为什么依然是一个资产阶级。因为他做了这些,作为一个把握了社会本质的创造性的艺术家,他就远高于那些"极端激进分子",后者在他们的想象中认为,由于他们反对资产阶级社会的情绪,由于他们通常以纯美学方式对沉闷的小资产阶级生存境况的拒绝,由于他们对豪华沙发和建筑艺术中的假文艺复兴膜拜的鄙视,自己就已经转变为资产阶级社会无情的敌人了。

四

所有帝国主义时代的现代文学潮流,从自然主义到超现实主义,这些在短时间内一个接一个的潮流,都有一个共同的性质,即它们都将展现在作家自己和作家所创作的人物面前的现实原原本本地看作现实。当社会变化时,这样一种直接的展现形式也会发生变化。并且,这些变化都同时既是主观的也是客观的;既依赖于现实中资本主义的形变,同时也依赖于由阶级斗争和发生于阶级结构中的变化所生产出的对那个现实表面作出不同反映的方式。正是以上这些变动带来了文学流派的快速更替,以及在这些流派之间骤然发生的充满怨恨的攻讦和争吵。

但不管是在情感上还是在思想上,这些艺术流派都凝滞在它们自己的直接性中;它们都没有能够去刺穿表层,去发现潜藏的本质,比如,去发现真正使艺术家们的经验和生产这些经验的那些隐藏着的社会力量联系起来的因素。相反,他们都或多或少有意识地,将他们自己的艺术风格发展为一种对直接经验的自发表达。

这些现代流派对我们这个时代中极少量残留着的旧的文学传统和文学历史抱有敌意,这些敌意最后汇集到对某些批评家的傲慢的激烈抗议上,据他们所言,这些批评家禁止他们按照自己所想去写作。在这么做的时候,这些运动的支持者就会忽视这样一个事实:真正的自由,比如从帝国主义时代这些反动的偏见〔不仅仅在艺术领域〕里摆脱出来的自由,是不能仅仅通过自发的方式,或者被那些不能冲破自己直接经验限制的人所获得的。因为随着资本主义的发展,即使不说这些反动偏见的生产是被帝国主义时期的资产阶级有意识地推动着,对它们的持续的生产和再生产也确实在不断地加强和加快。所以如果说我们有一天能够理解这些反动思想渗透到我们脑海里的方式,能和这些偏见拉开一个批判性的距离,那就只能靠努力工作,靠抛弃和超越直接性的限制,靠仔细审查所有的主观经验并在社会现实的背景下衡量这些主观体验的方式来实现。简而言之,只有通过更深入地探索真实的世界,我们才能实现这些目标。

在艺术上,同时也在思想上和政治上,我们时代主要的现实主义作家持续地显示出他们承担这个艰巨工作的能力。在过去他们没有退缩,现在也不会。罗曼·罗兰、托马斯·曼、亨利希·曼的创作生涯正显示出这一点。尽管在其他方面他们的发展各不相同,这一点却是他们共有的。

尽管我们强调了各式各样的现代文学流派没能从它们的直接经验出发更进一步,我们也不希望被认为我们是在诋毁从自然主义到超现实主义的严肃作家所做出的成就。从他们自己的经验出发写作,事实上他们总是能成功地发展出一种一致的、有意思的表达方式,一种他们自己的风格。但是,当我们在社会现实的语境里看待他们的作品时,我们会发现他们确实从来没有从直接性的层面上跳脱出来,不管是在思想方面还是在艺术方面。

因此,他们所创造的艺术只能是抽象的和单面的〔在这个语境里,某个特定学派的美学理论是支持还是反对艺术的"抽象"并不重要。自从表现主义以来,抽象被持续赋予了越来越多的重要性,不管是在理论还是在现实中都是如此]。在这一点上,读者可能会在我们的论述中发现一个矛盾:难道直接性和抽象性不是互相排斥的吗?然而辩证方法的一个最伟大的成就——我们已经在黑格尔那里发现了这一点——正是发现并论证了直接性和抽象性是紧密相关的,更确切地说,那些从直接性出发的思考只能导向抽象。

也是在这个语境中,马克思使黑格尔哲学从头足倒立的状态重新站起来。他用具体的术语,在对经济关系展开分析时反复展示出,直接性和抽象性的亲缘关系是如何在对各种经济现实的反映中获得表达的。在这里,我们只能局限于下面这样一个简短的阐明。马克思展示出,货币流通和它的代理人即商业资本之间的关系涉及抹去所有中介,并因此代表了整个资本主义生产过程中最极端的抽象形式。而如果它们认为它们显现了自己,比如认为自己表面上独立于整个过程,它们实际上就是假设了一种纯粹自动的、拜物教化的抽象形式——"钱生钱"。这就是为什么那些从未越出资本主义直接的附生现象的庸俗经济学家会在他们周围抽象的、拜物教化的世界里感到自己的信念不断获得确证。他们就像鱼在水中一样对此感到满足,因此才如此激动地反对马克思主义批判的那个基本"假设",因为它要求他们看到社会再生产的整个过程。正如马克思在给亚当·穆勒所作的一个评论里谈到的,他们"在这里和在别处一样,他们的深邃在于感知到了表面的扬尘,并且由此获得了一种假设来确证这些扬尘是真正重要和神秘的"。正是从马克思这样的思考出发,我才在我的旧文里就这个方面评论表现主义,说它是一种"远离现实的抽象"。

当然毫无疑问的是,没有抽象就不会有艺术——不然的话,艺术中的任何东西如何还能有代表性的价值呢？但是正如任何运动一样，抽象必须有一个方向，而这个方向才是每个事物都依赖的。每一个重要的现实主义作家都会对其所经验的材料进行加工形塑，在这个过程中会使用各种技术，包括抽象技术。但是他的目标是去穿透统治着客观现实的律法，去揭示更深刻的、隐蔽的、被中介了的、并非立刻可见的结构社会的关系网。既然这些关系并不在表层上显示，既然那些潜在的规律只有以相当复杂的方式才能被感受到，只能像各种趋向那样以相当不均衡的方式才被认识到，现实主义作家的工作就显得格外艰巨了，因为这项工作同时具有艺术和思想两个方面的面向。第一，他必须用理智去发现这些关系并赋予这些关系一种艺术的外形。第二，尽管在实践中理智发现和艺术创造这两个过程是不可分割的，但实际上他是必须通过艺术形式隐藏他刚刚通过抽象过程发现的那些关系的——也就是说，他必须超越抽象过程。这样一种双重劳作创造了一种新的直接性，一种以艺术的形式作为中介的直接性；在这新的直接性中，就算生活的表象足够透明，从而使得潜在的本质能够被呈现出来〔在真实生活里，直接经验往往不是这样的情况〕，它依然将自己表现为直接性，就像生活实际上显现的那样。不仅如此，在这些作家的作品里，我们是在整个生活的表象里看到它所有的本质决定因素，而绝不仅是以抽象和过于强烈的方式从总体性中孤立出来的一个主观感知的瞬间。这就是表象和实质在艺术上的辩证法。这个辩证法越丰富、越多样、越复杂、越"狡黠"〔列宁〕，它就越能牢固地抓住生活中和社会中的矛盾，于是这样的现实主义就会越伟大、越具有深远意义。

和以上情况相反，谈论脱离现实的抽象意味着什么？当生活的表象仅仅以一种直接的方式被经验,那么它就依然是不透明的、碎片化的、混乱的和无法被理解的。既然客观的中介或多或少被意识所忽略、所放过,那么留在表面的那些东西就会凝滞起来,而任何企图站在更高的思想位置去观察它们的努力也都必须被放弃了。

在现实中没有保持惯性不动的状态。思想和艺术活动必然要么靠近现实,要么远离现实。也许我下面这么说看起来有点矛盾:自然主义已经给我们提供了艺术远离现实的例证。环境决定论对性格由遗传决定的观点奉若神明,一种抽象地精确定位生活的直接外在现实的表达模式,以及其他一系列因素,所有这些都阻碍任何想要真正达到表象和本质之间活的辩证统一的艺术突破。或者更确切地说,就是因为缺乏这样一种突破的努力,才导致艺术陷入了自然主义风格。这二者是互相作用的。

这就是为什么我们在自然主义里看到的像照相机或留声机那样对生活的精确模仿从来都不能成为活的生活;这就是为什么他们总是保持着静止的状态,并丧失了内在的紧张。这也就是为什么自然主义的戏剧和小说尽管在外在形式上表现出明显的多样性,却几乎都是可以相互替代的。〔这里可能是需要我们讨论这个时代一个重要的艺术悲剧的地方了:这就是格哈特·霍普特曼①虽有如此绚烂的开始,却没能成为一个伟大的现实主义作家的原因。但是在这里我们没有仔细探讨这个问题的空间。我们

---

① 格哈特·霍普特曼(Gerhart Hauptmann, 1862—1946),德国剧作家和诗人,自然主义文学在德国的重要代表作家,1912 年诺贝尔文学奖获得者。——译注

仅能顺带地作出这样的观察，就是自然主义阻碍而不是促进了这位《织工》(*The Weavers*)和《海狸皮大衣》(*The Beaver Coat*)的作者的发展，甚至在他抛弃了自然主义的时候，他也依然没能摆脱自然主义的意识形态假设。〕

自然主义在艺术上的局限很快就变得很明显。但是它们从来没有从根本上被予以批判。实际情况是，人们总是喜爱用一种抽象形式去对抗另一种明显对立却同样抽象的形式。所以整个过程中非常具有症候性的是，之前发生过的每一次艺术运动都只会将注意力放在刚刚过去的那个运动上；于是印象主义只注意自然主义，以此类推。因此不管是理论还是实践，都没有超越"抽象地对抗"这个阶段。这个问题就我们现在的关于表现主义的讨论来说也是一样。比如说莱昂哈德就这样来说明表现主义在历史中发生的必然性："表现主义的一个基础就是向无法再被忍受甚至不可能再被忍受的印象主义所发出的敌意。"他这么说是非常合逻辑的，但是并未能阐明另外的基础。在这种说法下，好像表现主义完全反对之前的运动，和之前的文学潮流完全不相容。毕竟，表现主义强调的是它们对本质的关注；这就是鲁道尔夫所说的表现主义的"非虚无主义"特性。

但是这些本质不是现实的客观本质，不是整个过程的本质。它们是纯粹主观的。我不再引用表现主义的那些老的、现在已经声誉不佳的理论家了。布洛赫自己，当他想把真正的表现主义与那些虚假的表现主义区分开来的时候，强调的就是主观性："表现主义最初的形式意味着打碎意象，意味着从一个独特的，比如说从主观的、视点的方向出发去打破表面现象，用这样的主观视角将事物拧开，让它们脱离原来的位置。"

对表现主义所作的这个定义不可避免地使本质从它们的语境里以一种意识的、风格化的、抽象的方式被撕裂开来,而且每一个本质都被孤立了起来。按照这样的逻辑发展,表现主义就会否定与现实的任何连接,会发动一场针对现实及其全部作品的主观主义的战争。我不想在这里插入关于是否,或在何种程度上,贝恩可以被认为是一个表现主义者这样的争论。但是我发现布洛赫在谈论表现主义和超现实主义时以如此生动的、如此令人惊叹的方式描述出来的生命感觉,在贝恩的《艺术与权力》(*Kunst und Macht*)一书里就有最直接、最坦率和最生动的表达:"从 1910 年到 1925 年,反对自然主义的风格在欧洲备受推崇,以至于几乎所有其他的艺术风格都被排斥了。因为,事实是根本没有什么叫作现实的东西,最多不过是对现实的歪曲模仿。现实——那是一个资本主义的概念……精神(Geist)没有现实。"瓦根海姆在他相当折中的对表现主义的辩护文章里,尽管使用了一个更少分析性、更多描述性的路径,也作出了相似的结论:"不可能期待任何成功的作品,因为没有现实与它〔即表现主义——卢卡奇注〕对应。……很多人作为表现主义者都想离开大地,一下子跳到空中,去抓住云朵,从而渴望去发现一个新世界。"

我们在亨利希·福格勒那里也可以发现一个清楚明晰的对这个情形及其影响的阐述。他对表现主义的抽象性作出的精确评估,使他获得了一个正确的结论:"它〔指表现主义——卢卡奇注〕是资产阶级艺术的死亡之舞……表现主义者们认为他们传达的是'事物的本质'(Wesen),然而事实上他们揭示的是事物本质的腐烂和消散(Verwesung)。"

这样一种疏离于现实或对现实充满敌意的态度所带来的不

可避免的结果,在"先锋"艺术里变得越来越明显:不断增长的内容上的贫乏,最后到达了这样一个程度——内容的缺失或对内容的敌意被奉为了一种原则。贝恩再一次对这个情形作了如下的概括:"内容这个概念,也变得颇成问题。内容——就现在来说这意味着什么呢,它被洗掉,被耗尽,成为一个纯粹的假面——只有感情的自我耽溺,各种硬化板结的情绪,一簇簇不名誉的元素,种种谎言,一些不规则的形状……"

  正如读者自己会看到的,这种描述和布洛赫对表现主义和超现实主义世界的描述密切相关。不必说,他们各自的分析得出了完全相反的结论。在布洛赫书中的很多地方,他清晰地看到了现代艺术的一些颇成问题的性质,这些性质来自他描述的那种态度:"因此主要的作家不再在主题内容上下功夫了,因为所有的实质内容在被他们触摸时就破碎了。主导的世界不再向他们展现一个前后一致的形象以供描绘,或让他们将这样的形象作为想象的起点。剩下的只有虚空,像陶瓷碎片一样等待着艺术家去拼贴在一起。"布洛赫进而探索了一直到歌德的资产阶级的革命时代,然后继续说道:"继承歌德的不是成长小说的进一步发展,而是法兰西的幻灭小说,所以现在就是一个完全的非世界、反世界,或者说巨大的资产阶级虚空这样的被毁灭了的世界,'和解'对作家来说既不是一个危险,也不会是一个选择。只有一个辩证的方法〔?!——卢卡奇注〕才是可能的:或者将这样的世界作为辩证的蒙太奇的材料,或者作为在这个世界里进行的一个实验。在乔伊斯手里,甚至尤利西斯的世界也成了一个万花筒一样的画廊,去展示今天正在解体或已经解体了的只能作为显微镜下的切片的世界——就只能是切片,因为人们今天缺少了什么东西,或者说缺少了最重要的那种东西……"

我们不想针对布洛赫的这些议论作琐屑的争论,比如指出他纯粹以任意的方式使用"辩证"这个词,或者指出他错误的逻辑以至于认定幻灭小说是直接继承自歌德的〔我早期的著作《小说理论》(The Theory of the Novel)可能也部分地要为布洛赫的这个**不合理推论**负责〕。我们在这里要关注一些更重要的问题,特别是这样一个事实:尽管布洛赫的评价和我们的正相反,但是他却表达出了这样一个概念,即作品的主题内容和文学作品的构思依赖于人和客观现实的关系。到这里为止都是不错的。但是在布洛赫试图去证明表现主义和超现实主义在历史上的合法性时,他就不再让自己去关心在我们时代里活动的人和社会之间的客观关系了,而正是这种关系,正如我们可以在《约翰·克利斯朵夫》(Jean Christophe)①那里看到的,才使得一个教育小说的写作成为可能。现在正相反,布洛赫以一个特殊的知识阶级的孤立思想状态作为出发点,自制了一种当代世界的模型,而这个世界也合乎逻辑地将自己呈现为一个"非世界"——很遗憾,这个概念已经和贝恩的概念很相似了。而那些采纳了与此类似的对待现实的立场的作家明显不再能有任何行动、任何建构、任何内容和任何"传统意义上的"对内容的构思。对于那些以这样的方式经验世界的人而言,说表现主义和超现实主义是进行自我表达的可行且仅有的形式就显得特别正确。这样一种对表现主义和超现实主义所作的哲学辩护的问题"仅仅"在于,布洛赫没能将现实作为他的检验

---

① 这是罗曼·罗兰的主要著作,一部十卷本的长篇小说,主题是一个德国音乐人的生活所折射出的法德关系。

标准,相反却不加批判地接受了表现主义和超现实主义对现实的态度,并且将这种态度转译成他自己的具有丰富想象色彩的语言。

尽管几乎布洛赫的所有判断我都很不同意,但我还是发现他对一些事实的阐述是正确而有价值的。尤其他是所有现代主义的辩护者中最坚持证明表现主义必然要通向超现实主义的人。在这个语境下,他认识到蒙太奇是这样一种发展过程中不可避免的表达模式,这一点也是值得赞许的。此外,他的见解的更杰出之处还在于,展示出蒙太奇不仅在现代主义艺术中十分重要,在我们这个时代的资产阶级哲学中也十分重要。

然而由此导致的一个后果是,比起和他立场相近的其他理论家,他最鲜明地指出了整个潮流的反现实主义这个单面性。这个单面性——关于这一点,很偶然地,布洛赫没有说什么——已经是自然主义的一个特性了。而与自然主义相对照,由印象主义带来的艺术的"精致化","纯化"了艺术,更彻底地剔除了复杂的中介,剔除了通向客观现实的曲折路径,以及剔除了存在和意识之间的客观辩证法。象征主义运动也从一开始就是清楚而自觉的一场单面性的运动,因为在它那里象征的感官载体与象征的意义之间有鸿沟,一个狭隘的、由主观联结的单轨过程锁住了两者,带来了这个鸿沟。

蒙太奇代表了这场运动的一个高峰,因此我们要感谢布洛赫选择将蒙太奇如此牢固地确立于现代主义文学与思考的中心。在它作为摄影蒙太奇的最初形式中,它是可以引起强烈效果的,而且有些时候它甚至可以成为一种有力的政治武器。这样一种效果来自一种将异质的、没有关联的、从语境里剥离开来的现实碎片并置在一起的技术。一个好的摄影蒙太奇和一个好的笑话有着同样的效果。然而，一旦这样一种单面性的技术——不管在笑话里它是如何的合理和成功——声称要为现实〔即便这个现实被看作非现实的〕、为一个充满各种关系的世界〔即便这些关系是徒有其表、似是而非的〕或为一个总体性〔即便这个总体性被看作一团混乱〕赋形，那么它最终的效果只能是一种极大的单调。细节可能因其缤纷多彩而令人炫目，但是作为整体却永远只能是无法解脱的灰色加灰色。毕竟泥潭即便可以包含彩虹的色彩，也不过是一潭脏水。

自从决定放弃任何反映客观现实的努力，放弃在艺术上努力形塑各种相当复杂却有着各自独特性和多样性的中介，放弃将这些中介放在文学作品里作为各色人物进行综合以后，这样一种单调就不可逆转地前进。这是因为它不允许任何创造性的构思，没有起伏，也不想从主题内容的真正特质那里去获得内生的成长。

每当这些艺术潮流被谴责为颓废的时候，总是会有一种愤怒的呼喊，反对说这种谴责不过是"中庸的专业人士的迂腐威吓"。所以，也许我应该被允许诉诸尼采，他是颓废问题的专家，而我的反对者在其他一些问题上也对他颇为推崇。他提问："任何一种文学上的颓废是以什么为标志呢？"他回答说："就是生命不再寓居于总体之中。词语变成独立的，跃出句子之外；句子漫无边际，使页面的意义变得晦暗不堪，页面则以牺牲整体来赢得生命——整体不再是整体了。可是，这是每一种颓废风格的方程式：每每是原子的无序，意志的分散……生命，相同的活力，生命的激荡和茂盛，被挤回极细小的结构之中，残余部分贫于生命。处处都是瘫痪、劳累、僵化,或者是敌意和混沌:在这两方面都是这样的,越是处在组织的等级结构的高处,结果就越是清晰。整体根本上死亡了:它是混合的,是人为的,是一小段精神活动,是一件人工制品。"①像布洛赫或贝恩作出过的说明那样,这个来自尼采的段落也正是对这些文学潮流的艺术内涵的一个真实说明。我想邀请瓦尔登——瓦尔登拒不接受任何对表现主义的批判性解读,并将这样的解读视作庸俗化的解读;瓦尔登还将任何用来阐明表现主义的理论和实践的例证都看作"庸俗表现主义"的例子,认为这些例证什么也证明不了——来对下面一段文字作一下评论,这段文字采用了尼采关于颓废的理论去理解总体上关于文学语言的理论:"为什么仅仅是句子被理解而不是语词被理解呢?……既然诗人希望去主宰他的语词,他们就一个接一个地写下句子,其间忽略了语词的权利。但是事实上是语词在统治。语词打散了句子,而艺术作品就是马赛克。只有词语能够联结。句子总是莫名其妙地就被组合起来了。"这样的"庸俗表现主义的"语言理论事实上正是来自瓦尔登自己。

毋庸说明,这样的原则从来没有被绝对地贯彻过,即便在乔伊斯那里也没有。因为百分之百的混乱只能存在于疯子的脑子里,这正如叔本华早就发现的,百分之百的唯我主义也只能在疯

---

① 在"意志的分散"之后,卢卡奇很有意味地省略了如下文字:"'个体的自由',用道德讲法——扩展为一种政治理论,即'人人都有相同的权利'。"选自尼采《瓦格纳事件》(*Der Fall Wagner*)。

[中译参考了孙周兴译本,在一些地方作了改译。参看《瓦格纳事件 尼采反瓦格纳》,北京:商务印书馆,2011,第29—30页。——译注]

人院里被找到。但是既然混乱正是现代主义艺术的思想基石,那么它所含有的任何能起到凝聚作用的原则就只能来源于那些外在于它的主题内容。所以才有叠加的评论,才有同时性理论①,等等。但是这些原则都不可能仅仅是替罪羊,它只能加剧这种艺术形式的单面性。

五

这些文学流派的出现可以用帝国主义时代的经济、社会结构和阶级斗争来解释。当莱昂哈德说表现主义是一个必然的历史现象时,他绝对是正确的。但是当他继续声称——并以此重复黑格尔的著名格言——"表现主义是现实存在的;所以如果它是现实存在的,那么它一定是合理的",那他就最多只获得一半的真理了。即便在黑格尔那里,尽管他确实也会偶尔设法将自己对现实的辩护暗中输入他关于理性的概念中,"历史的合理性"也不是如此直截了当的。而对于一个马克思主义者来说,"合理性"〔历史必然性〕毫无疑问是一个更复杂的东西。对于马克思主义来说,承认历史的必然性既不意味着对事实上已然存在之物的合法化〔这些东西哪怕在它存在的那个时代也不能因存在就被合法化〕,也不意味着它在历史事件的必然性问题上表达了一种宿命主义

---

① 这是罗伯特·德劳内发展出来的理论,他和康定斯基是抽象艺术的先驱。在他 1912 年起创作的伟大的"窗"系列绘画中,他试图在实践中应用他的"同时性"理论。他借用了塞尚后期的透明的渗透性色彩,并且将其和分析性的立体主义形式融合在一起,他声称这样做的结果是,通过两种或更多色彩的同时作用,给作品一种动态的活力。

的信念。再一次地,我们能用经济学的一个例子来很好地说明这个问题。毫无疑问,原始积累、小生产者和其生产工具的分离、无产阶级的诞生以及相伴随发生的所有非人道的灾难,这些的确是有历史必然性的。然而没有哪一个马克思主义者会想着去美化那一时期的英国资产阶级,认为他们的出现是黑格尔意义上历史合理性的体现。马克思主义者更不会在从资本主义到社会主义的发展中看到任何命定的必然性。马克思当时就不断反对他那个时代的一些人对俄国的看法,这些人坚持认为俄国唯一可能的发展道路注定就是从原始积累发展到资本主义。现在,我们看到社会主义已经在苏联建立起来这个事实,在这样情境下仍坚持不发达国家只有通过从原始积累到达资本主义再到达社会主义这个想法,就只能是反对革命的配方了。所以,如果说我们同意莱昂哈德,同意表现主义的出现有着历史的必然性,这并不意味着我们就认定它在艺术上是有效的,比如说认为它是将来的艺术的必要组成部分。

因为这个原因,当莱昂哈德发现在表现主义那里有"人的定义和物的巩固,并将这些看作通向一种新的现实主义的铺路石",我们就必须提出抗议。在这个地方布洛赫绝对是正确的,他和莱昂哈德不一样,他将超现实主义和占据主导地位的蒙太奇看作表现主义的一个必然的合乎逻辑的传承。而我们亲爱的老瓦根海姆,当他试图利用围绕表现主义的争论为自己辩护时,即试图拯救或保存他早期著作中存在的、常常抑制甚或压迫着他本然的现实主义的那个形式主义倾向时,他会出于维护的目的,将这些倾向都纳入一个广阔的、突破了条框的现实主义概念之下,而这样做就不可避免地达成一个完全折中的结论。他维护表现主义的目的是想为社会主义现实主义赎回一个无价的、永恒的遗产。他试图以这样一种方式去捍卫他的立场:"从根本上说,在表现主义的剧场里,即便在它显示出强大的艺术效果时,也只是折射了一个破碎的世界。而社会主义现实主义的剧场则在各种形式的多样性里折射出一个统一的世界。"这就是表现主义必须成为社会主义现实主义的一个实质的组成要素的原因吗?瓦根海姆没能给出任何一个在美学上或逻辑上的答案,他只给了一个传记上的理由,就是他将他早期的形式主义扔进垃圾堆时的不情不愿。

布洛赫以我的旧文里对表现主义所作的一个明确的历史评估为出发点,对我作出如下批评:"这个结论就是说在晚期资本主义社会不能有叫作先锋艺术的东西了;这些在上层建筑领域里有着前瞻性的艺术运动,现在被取消了任何通向真理的资格。"布洛赫的指责来自他的论述语境,即他将那条通向超现实主义和蒙太奇的道路看作通向现代艺术的唯一道路。现在,如果先锋艺术的作用被质疑,那么在他眼中不可避免的结论就是,任何在意识形态上对社会趋势的前瞻都被质疑了。

但这当然是错误的。马克思主义一直都承认意识形态的前瞻性功用。仅就文学领域来讲,我们只需要想起保罗·拉法格就马克思关于巴尔扎克的评论是怎么说的就行了:"巴尔扎克不仅仅是他自己所处社会的一个专栏作家,他同时也是预言性形象的创造者,这些形象在路易·菲利普的时代还只有雏形,他们要等到巴尔扎克死后,在拿破仑三世的时代才完全成熟。"但是这样一种马克思主义者的意见在今天还有效吗?当然是有效的。不过,这样的"预言性的"形象,只能在重要的现实主义作家的著作里才能被找到。在高尔基的长篇小说、短篇小说和戏剧中,这样的形象是很多的。任何一个留意追踪苏联的最近事件,并且能够保持一种冷静客观的态度的观察者,都会认识到在高尔基的《长腿蚊》(Karamora)、《克里姆·萨姆金的一生》(The Life of Klim Samgin)、《托斯契加耶夫等人》(Dostigayev and Others)等作品里,他创造了一系列典型形象,这些形象只有在今天才展示出他们的真正性质,所以它们正是马克思意义上"预言性的"形象。以同样的公正的态度,我们也要提到亨利希·曼的早期著作,比如《臣仆》(Der Untertan)和《垃圾教授》(Professor Unrat)①。谁能否认在这些作品里,大量德国资产阶级令人厌恶的、低劣的、野蛮的形象,以及那些被煽动者所蛊惑的小资产阶级,都被"预言性地"塑造出来,而他们要一直到法西斯主义时期才得以完全地展开呢?在这样的语境里,我们也不能忽视亨利四世②这个人物。一方面,他是一个历史中真实的形象,栩栩如生;另一方面,他也预示了那些只有在击败法西斯主义的斗争里,在反法西斯阵营的斗士那里才能得以完满地被展现的人道主义品质。

同样地,让我们也从我们这个时代找一个反面例子来继续说明。与战争作意识形态上的斗争是最优秀的表现主义者的主要主题之一。但是这些作家在预测这场在我们的世界里肆虐,并威

---

① 这两部作品在英文世界里分别被翻译成 Man of Straw(《稻草人》)和 The Blue Angel(《蓝色天使》)。

② 亨利四世是亨利希·曼在 20 世纪 30 年代发表的《国王亨利四世的青年时期》(Die Jugend des Königs Henri Quatre)和《国王亨利四世的成熟时期》(Die Vollendung des Königs Henri Quatre)这两部小说的同名主人公。

胁着吞噬整个文明的新帝国主义战争上又做了什么、说了什么呢？我很难想象在今天会有人否认如下这一点，即这些作品已经完全过时了，已和我们目前的问题毫不相关了。而在另一方面，现实主义作家茨威格却在《格里斯查中士之案》（The Case of Sergeant Grischa）和《凡尔登的教训》（Education before Verdun）中预言了一系列新战争的本质特性。他在这些作品里做的工作，就是去描述前线的战争和战线后方事件的关联，去显示战争如何展现了"常规"的资本主义野蛮性在个人和社会层面的延续和强化。

在这个问题上一点也没有神秘的或悖论的东西，这正是任何有重要意义的真正的现实主义的本质。既然这样的现实主义总是要关心创造典型〔从《堂吉诃德》到《奥勃洛莫夫》（Oblomov），到我们现在的现实主义创作，都是一样的〕，现实主义者就必须在人群里，在人和人的关系之中，在人们所行动的历史环境中，寻找出具有持久性的特征；他必须关注那些能够经历长时段考验的、客观上构成了社会的或事实上人类整体的、人的趋向的要素。

这样一些作家成为真正的意识形态上的先锋作家，因为他们描述了在客观现实中至关重要的、正在发生作用却又不是很直接很显而易见的那些力量。他们的工作是充满真理性的具有深远意义的工作，作为结果，他们想象的产物获得了后来的历史事件的确认——但他们做到的并不仅是像成功的摄影那样对本原事物作镜像式的反映，而是因为他们表达了现实的富足性和多样性，从而反映了尚潜藏于表象之下的力量，而这种力量只有在稍后的时期才会明显地获得发展。因此，伟大的现实主义不是去描绘现实的一个直接的、显而易见的面向，而是去形绘那个永恒的、客观上来说有更深远意义的面向,即人和真实世界的所有层面的关系,这是居于那些时尚和流行元素之上的、更为持久的东西。超越那些时髦的东西,它捕捉到了发展的趋向,而这个趋向在此时只以雏形的状态存在,尚未获得机会去展示整个人类和社会的潜能。去发现和形塑这样的潜在趋向才是真正的文学先锋派的伟大历史使命。一个作家是否属于先锋艺术家的序列,这个问题的答案只有历史能够揭晓,因为只有等到时间过去,我们才会清楚地看到他是否观察到了意义深远的特征和趋向,是否观察到了个体人物典型的社会功能,并给予这些典型以有效和持久的形式。在说了这些以后,我希望不再需要更多地去说明这一点,即只有主要的现实主义作家才能成为真正的先锋派。

所以,真正相关且起作用的不是主观的信仰多么相信自己属于先锋派并且渴望在文学发展的最前沿地带行进,不管这个信仰是多么真诚。关键的也不是最先发现某个技巧的创新,不管它有多么炫目。真正起作用的是先锋的社会内容和人性内容,是那些被"预言性地"前瞻到了的理念的广度、深度以及真理性。

简而言之,这里的关键问题不是我们是否拒绝承认在上层建筑领域中前瞻性运动的可能性。关键问题是:**什么被预言了**,以怎样一种形式,被谁预言了。

我们已经给出了不少例证,而且我们很容易扩大这些例证的数目,从而去显示我们时代主要的现实主义者用他们的艺术、用他们对典型的创造所作出的预言。所以现在让我们把问题反过来问,去问问表现主义预言了什么。即便从布洛赫那里,我们可能得到的唯一回答恐怕也只能是超现实主义了,但是这个文学流派在根本上说无法预测社会潮流这一点已经如水晶般清晰了;而关于这一点，没有比它的那些最伟大的崇拜者自己所作的描述更清晰的了。现代主义不能，也从未能创造"预言性的形象"，或对将来的发展作出真正的预测。

如果说我们至此已经成功地阐明了区分和定义文学上的先锋派的标准，那么现在再回答一些具体的问题就容易多了。在我们的文学中谁属于先锋派呢？像高尔基这样具有"预言性的"作家，还是已逝的赫尔曼·巴尔这样的作家？后者就像一个乐队指挥一样，总是骄傲地行进在从自然主义到超现实主义的每一个新潮流的前头，并总会在每一个潮流过时之前的一年匆忙丢弃它们。诚然，赫尔曼·巴尔只是一个漫画式的形象，我当然也不会把他和真诚的表现主义的捍卫者们放在一起。但是，他却是一些真实的东西的漫画像，就是作为形式主义的现代主义的漫画像，这种现代主义剥离了任何内容，与社会主流切断了联系。

马克思主义有一个古老的真理，即任何人的行动需要根据它在总体语境里的客观意义来被裁定，而不是由这个行动的代理人所相信的自己行为的重要性来裁定。所以，一方面，一个作家想竭尽全力地去成为一个自觉的"现代主义者"这并不是问题的关键〔我们也说巴尔扎克是一个保皇党人〕；同时在另一方面，即便有最充满激情的决心，最激烈地要彻底革新艺术，要创造一些"全新"东西的坚定信仰，也不能保证一个作家成为一个真正能够预言将来潮流的作家——如果他只有这样的决心或确信而已的话。

六

这个古老的真理也可以用一种老生常谈来表达：通向地狱的道路是由善意铺成的。对于任何严肃地对待自己的发展道路，并因此已准备好毫不留情地去客观地批判自己的人来说,这个箴言的有效性有时候就会呈现出一种逆耳忠言的力量。我很愿意从我自己开始进行反思和批判。在1914—1915年的冬天,我是一个主观上很激烈的反战主义者,我反对战争的徒劳和非人性,反对战争对文化和文明的毁灭,而当时社会上弥漫着一种悲观到绝望的情绪。当代资本主义世界看上去就像是费希特所说的"绝对的罪恶的年代"的顶点。我当时主观上决心反抗,是带着进步性质的。而我在这时产出的一个客观作品就是《小说理论》,但这个作品从每一个方面看都是反动的,它充满了一种唯心主义的神秘主义,而且对历史过程的各种评估也都是错的。然后到了1922年,我有了一种兴奋的情绪,心中充满着急躁的革命激情。我现在还能听到打响帝国主义的"红色战争"的子弹在我耳边呼啸;在匈牙利成为一个革命的亡命之徒的兴奋也依然在我心中回响。当时有一个说法是说第一次大革命的高潮已经过去,而共产主义先锋队的决心并不足以推翻整个资本主义,但我心里却无时无刻不想着反抗这个说法。因此当时我主观的心理基础就是一种缺乏耐心的革命狂热。而这个时候的一个客观作品是《历史与阶级意识》(History and Class Consciousness)——这本书也因为它的唯心主义,因为它对反映论的错误领会,因为它本质上否认辩证法,而成了反动的著作。当然无须再说明当时有这样经历的人不止我一个,情况正相反,这样的情形也在无数其他人身上发生过。我在我的关于表现主义的旧文里表达了如下见解,即我确认了表现主义在意识形态上和独立社会主义者的意识形态很接近,这个见解引起了很多反对的声音,但事实上我是基于上文提到的这个古老真理才提出这个说法的。

在我们关于表现主义的争论中，我们总会以一种好心的、表现主义的老习惯，把革命（表现主义）和诺斯克①放在相敌对的两个阵营里。但是如果没有独立社会主义者们，如果没有他们的犹豫和动摇使得工人议会不能掌握权力且容忍了反革命力量的组织和武装的话，诺斯克会成为胜利者吗？独立社会主义者以政党的形式有组织地表达了这样的事实，就算是在情感上已相当激进的德国工人也依然没有在意识形态层面上准备好进行革命。而斯巴达克同盟脱离独立社会主义者的行动则进行得太缓慢，并且它也没有能足够深刻地去批判独立社会主义者；而这两个方面的失败正是德国革命在主观方面薄弱和落后的重要标示，列宁在对斯巴达克同盟的批判中从一开始就挑选出了以上这些因素。

当然，整个情形绝不是简单明了的。比如在我原先的那篇文章里，我在独立社会主义者的领导者和跟随他们的群众之间作了一个明确的区分。群众是本能地革命的。同时他们在军工厂的罢工里，在前线所做的破坏工作里，在一月罢工所聚集的革命的、真诚的情绪里，都显示出他们在客观上也是革命的。尽管如此，他们还是处于困惑与犹豫之中，于是他们使自己陷入了他们领导者的煽动蛊惑里。这些领导中的一部分主观上就是反革命的〔考茨基、伯恩斯坦、希法亭〕，他们在客观上也明确说要保存资产阶级的律法，并且要和旧的德国社会民主党领导层合作。而另一些领导者则在主观上是真诚的，但当局势进入危机时他们却无法对破坏革命的行为作出有效的反抗。于是在右翼领导集团抬头的

---

① 古斯塔夫·诺斯克（Gustav Noske, 1868—1946），德国社会民主党的右翼领导人。——译注

时候这些人还是滑向了右翼,尽管这些人是真诚的,并且他们滑向右翼时很勉强,而且这种犹疑最终也导致了独立社会主义者内部的分裂并进而导致他们的解体。独立社会主义党内部的真正的革命元素是那些在哈雷会议①后促成这个政党解体并否认其意识形态的那些人。

那么那些表现主义者又是怎样的呢?他们是意识形态上的理论家。他们站在这场运动的领导者和群众之间。他们在很大程度上是真诚地持有着信念的,尽管这种信念同时也是相当不成熟和混乱的。影响了不成熟的革命大众的那些不确定性也同样深刻地影响了他们。此外,他们也被当时可以想到的每一种反革命偏见所深刻影响,而这也使他们特别易于被那些流传最广的反革命口号所捕获——抽象和平主义,非暴力的意识形态,对资产阶级的抽象批判,或者一切的疯狂的无政府主义观念。本来这个时期的思想意识仅仅是一个过渡性的思想意识,但是这些表现主义者作为这场运动的意识形态家,却把这种意识形态在思想和艺术两个方面上都固定下来了。从革命的观点看,在很多方面这一时期的情况比支持独立社会主义者的那些犹豫彷徨的群众自己感到的情况还要落后。但是这些意识形态的过渡阶段所具有的革命意义,恰恰在于它们的流动性,在于它们向前运动的趋向,在于它们不会造成凝固化。于是在这个问题上稳定化就意味着那些表现主义者和那些被表现主义影响到的人被阻止在革命的方向上再前进一步。这种消极效果,非常典型地在任何一次企图对

---

① 在1920年的哈雷会议上,德国独立社会民主党进行表决,多数票同意和德国共产党合并。

变动的意识情形作系统化处理的时候都会出现,而在表现主义问题上这种固化则更具备一种特别反动的色彩:第一,因为这些表现主义者在领导革命的问题上持一种夸张的自负态度,一种自命不凡的使命意识,于是就导致他们在革命的年代里高唱永恒真理;第二,因为表现主义运动尤其突出地具有反对现实主义的偏见,于是艺术家们就没能在艺术上紧紧扎根现实,无法在现实中矫正或中和他们的错误概念。正如我们看到的,表现主义者们坚持直接性的优先地位,并且他们通过给艺术和思想中的直接经验赋予一种伪深邃性和伪完美性,加剧了在对这个实质上是过渡阶段的意识形态进行稳定化处理时必然会带来的危险。

因此,就表现主义真正具有的意识形态影响来说,它的效果是阻碍而非促进向它的追随者阐明革命。在这里,它和独立社会主义者的意识形态也可作一个类比。而至于这两者都对同样的现实感到悲痛,这也一点都不是偶然的。表现主义者声称表现主义是被诺斯克的胜利摧毁的,这显然是一种过度简化的说法。一方面,表现主义是随着革命的第一次浪潮的消逝而溃败的,而独立社会主义者的意识形态需要为这个时期革命的失败负很大的责任。另一方面,随着革命的大众逐渐获得了对革命的清晰认识,当他们开始超越他们一开始接受的革命口号,并越来越有信心地前进时,表现主义者们就失去了原先的威望。

但是表现主义并不仅仅是因为第一次革命浪潮在德国失败就走下了神坛。苏联无产阶级革命的胜利果实的巩固同样扮演了一个重要角色。在无产阶级对形势有了更牢固的掌控以后,社会主义开始越来越多地渗入和影响到苏联经济的各个方面,并且文化革命在工人大众那里获得了越来越广泛的接受,这时苏联内部的"先锋"艺术也越来越发现自己正慢慢地,但不可避免地被越来越自信的现实主义学派逼退到了防守的位置,此时它不得不面对越来越自信的现实主义学派。所以,归根到底,可以说表现主义的失败是革命的大众成熟以后的一个结果。像苏联诗人马雅可夫斯基或德国的贝歇尔这些作家的创作生涯都已经清晰地展示出了这一点,这就是表现主义终结的真实原因必须被寻找和找到的地方。

七

那么,我们是在纯粹讨论文学问题吗?我想不是的。如果不是因为它的最终结果被认为会卷入我们所关心的政治问题,我不相信哪一种关于文学潮流及其理论辩护之间的冲突会引起如此巨大的反响和讨论。有一个政治问题对我们所有人都有着同等的影响,也吸引着我们同等的关注,这就是"人民阵线"(Popular Front)问题。

齐格勒以一种相当尖锐的方式把大众艺术(popular art)的问题提了出来。这个问题所引起的热度在论争的两边都是显而易见的,而这样一种对问题的强烈兴趣当然是应被欢迎的。布洛赫同样也在面对这个问题,他关心的是将表现主义内部的民众因素打捞出来。他说:"说表现主义者因他们压迫性的傲慢与普通人疏远了,这也是不对的。事实恐怕又一次呈现出相反的情况。'蓝骑士'模仿了穆尔瑙的玻璃彩饰,事实上是他们第一次让人们看到了这种不断变动、妙趣横生的民间艺术。以同样的方式,他们将注意力关注在了孩子和囚犯的绘画上,关注到了精神疾病患者的令人困惑的作品以及原始艺术。"这样一种关于大众艺术的看法成功地混淆了所有的问题。大众艺术不意味着由鉴赏家们作出一些就意识形态层面而言不加鉴别的对"原始"作品的"艺术化的"欣赏，真正的人民艺术完全不是这样的。因为如果是这样的话，那么任何收集彩窗玻璃或黑人雕塑的夸夸其谈者，任何将精神错乱视为人类逃离机械思维的枷锁而获得解放并为之庆祝的自命不凡者，就都可以宣称他们是大众艺术的拥护者了。

当然，今天就大众艺术形成一个合适的概念并非易事。人民旧的生活方式被资本主义从经济上侵蚀了，而这导致了人民在世界观、文化渴求、趣味和道德判断等方面都产生了一种不确定的感受；它创造了这样一种情境：人们被暴露在了煽动家们的歪曲言论之下。因此，仅仅是随意收集旧的民间制成品绝不意味着一定是进步的。这样一种拯救民间艺术的操作也绝不是在追求人民珍贵的天性，尽管人民的天性确实在和各种阻碍进行斗争，是进步的。同样的，一个流行的文学作品或文学潮流也不能仅凭在民众中流行这一点就说它是真正属于大众的。倒退的传统主义——比如说乡土艺术（Heimatkunst），和坏的现代作品——比如说那些惊险小说，确实在民众间获得了广泛的接受，但是它们在任何真正意义上都不能说是"大众的"。

然而即便有这些考虑，去问我们时代真正的文学到底在多大程度上到达了大众，到底在多深程度上穿透了大众，依然不是无关紧要的。但是在过去几十年里，哪一个"现代主义"作家可以开始和高尔基、法朗士、罗曼·罗兰或托马斯·曼相比较？像《布登勃洛克家族：一个家族的衰落》这样有着毫不妥协的艺术卓越特性的作品可以被印上几百万册，这一现象很值得引起我们思考。关于大众艺术的整个问题，如果我们在这里讨论，就会像冯塔纳笔下的老布里斯特说的,"会将我们带到太远的地方"。所以我们想将我们的讨论压缩在以下两点上,并且也不想假设我们好像可以穷尽关于其中任何一点的讨论。

首先是关于文化遗产的问题。任何一种文化遗产,当它与人民的真实生活处在一种鲜活的关系中的时候,它就显示出一种动态的、进步的发展趋向,而在这个过程中人民的传统、人民的痛苦和欢乐、革命的遗产等活跃的创造性要素,也都会被鼓动起来,被保存下去,并且还会被超越,得到进一步的发展。对于一个作家来说,拥有这种与文化遗产的鲜活关系就意味着成为人民的儿子,追随着人民的发展趋势。而在这个意义上讲,高尔基就是俄罗斯人民的儿子,罗曼·罗兰就是法国人民的儿子,而托马斯·曼就是德国人民的儿子。这些作家的作品都有着他们的个性和原创性,也远离那种通过对原始艺术作一些做作的收集整理和美化而得到的"艺术性",他们的作品从内容到语调都是从他们的人民的生活和历史里生长出来的,所以这些作品是这些作家自己的民族在发展过程中产生出的有机产物,这就是他们能在创作出最高质量的作品的同时还能拨动人民的心弦,能够引起而且确实引起了人民反响的原因。

现代主义者对文化遗产的态度和以上那种态度形成鲜明的对比。他们把人民的历史看作一个大的旧货拍卖场。如果谁匆匆翻阅布洛赫的作品,他就会发现布洛赫只以"有用的遗产""战利品"这样的表达方式谈及大众艺术这个主题。布洛赫是一个非常有写作意识的、有着风格特色的作家,所以这些表达不是在笔尖上随便冒出来的东西。相反,它们是暴露他对文化遗产的总体态度的指示器。在他眼里所谓文化遗产不过是一堆无生命的堆积物，而人们可以随意地翻翻捡捡，捡拾出任何他在某个时候恰好需要的东西，而这些东西也可以根据这个时刻的情况被随意拆开和随意重新组合。

艾斯勒在他和布洛赫合作的一篇文章①里非常清晰地表达了同样一种态度。他确实是相当热忱地对待《唐·卡罗》(*Don Carlos*)在柏林的展演的。但是他没有去思考席勒真正展现的是什么，没有去思考他的成就和他实际上的限度，以及席勒对过去的和现在的德国人来说意味着什么，以及为了形塑席勒的民众的和进步的一面，使这一面成为推动"人民阵线"和解放德国人民的有用武器，我们需要大量地清理掉哪些反动偏见——他没有思考这些；相反，他仅仅是从流亡德国作家的利益考虑提出如下的规划："我们这些在德国外流亡的作家的任务是什么？很明显对我们所有人来说都只能是去挑选与准备一些适合用于这场战斗的经典材料。"因此艾斯勒所倡议的是将经典作品简化成一些选集，集结起无论是什么的"合适的素材"。实在很难去想象一种比这更疏远、更傲慢和更消极地对待德国人民过去的辉煌文学遗产的态度了。

然而，客观地说，人民的生活是一个连续体。像现代主义者那样的理论把革命看作断裂和剧变，认为它摧毁了所有的过去，粉碎了和所有伟大辉煌的过去的联结，这样的理论和居维叶②的

---

① 艾斯勒、布洛赫：《艺术传承》("Die Kunst zu erben")。
② 乔治·居维叶(Georges Cuvier, 1769—1832)，根据他的理论，每一个地质时代都是以大灾变结束的，而每一个新的地质时代是由大迁徙和重新创造带来的。他拒绝进化理论。

思想接近,却和马克思与列宁的思想远离。这种思想是从无政府主义的一面出发,对进化论的改革主义作了另一面的补充。进化论的改革主义只看得到连续,而无政府主义却只看得到断裂、裂隙和灾难。然而历史是一个活生生的、在连续与不连续、进化与革命之间发生辩证统一的整体。

因此在这里正如在别处一样的,每一个问题都依赖于对内容的正确鉴别。列宁是这样描述马克思主义关于文化遗产的观点的:"马克思主义作为革命的无产阶级的意识形态获得了在世界历史上的重要意义,这是由于这个革命的意识形态不否认资本主义时代最有价值的成就。相反,它调用和吸纳了两千多年以来所有有价值的人类思想和人类文化的传统。"所以一切都取决于要清晰认识到,在哪里可以寻找到真正有价值的东西。

如果这个问题能够在生活与人民的进步倾向这样的语境中被正确地提出,那么第一个问题就会有机地把我们带到第二个问题:现实主义的问题。关于大众艺术的现代理论受到先锋艺术思想的强烈影响,这使它们将有着强健的现实主义传统的民间艺术推到了后台。同样,关于这个问题我们也不可能讨论整个问题的所有分支,我们只能将我们的观察局限在一个特别重要的点上。

我们在这里和作家谈谈文学。我们必须提醒自己,由于德国历史的悲剧性历程,我们的文学中民众的和现实主义的要素远不及在英国、法国或俄国那么强大。这个现实应促使我们更加关注过去德国民众的现实主义文学,并且努力让这些有活力的生产性传统存活下去。如果我们这样做,就会看到尽管存在整个的"德意志悲苦"(German misère),民众的现实主义文学还是生产了像

格里美豪森的《痴儿西木传》①这样的伟大经典。可能我们可以把这本书留给这个世界的艾斯勒们②去切碎,让他们去估量它的

---

① 汉斯·雅各布·克里斯托夫·冯·格里美豪森(Hans Jacob Christoffel von Grimmelshausen,1622—1676),他的流浪汉小说《痴儿西木传》(*The Adventures of a Simpleton*,1669)以三十年战争为背景,是德国 17 世纪一部重要的文学作品。

② "留给这个世界的艾斯勒们"这个表达中的复数形式引起了布莱希特在《小修订》(*Minor Correction*)里的如下段落:"在《言论》杂志上关于表现主义的争论中,在这个白热化的战场中发生了一点事情需要作一个微小订正。这么说吧,卢卡奇狠狠地击倒了我的朋友艾斯勒,关于他,我想很少有人会认为他是一个苍白的审美主义者。好像确实艾斯勒没有能展示出他对文化遗产的虔诚的敬意,至少不像那些遗嘱执行者所期待的那样。相反他似乎只是在文化遗产中翻翻找找,并且拒绝把所有东西都吸纳进来。是吧,也许是这样,作为一个流亡者,他不在那样一个可以把什么东西都拖着上路的位置上。然而,也许我可以就这个小事件的形式作一点评论。其中提到了'艾斯勒们',这些'艾斯勒们'被指控为做了或没做这件事或那件事。在我看来,卢卡奇应该注意少用这样的复数形式,因为事实上在我们的音乐家里只有一个艾斯勒。那些听过艾斯勒为大众而作的歌曲的上百万白皮肤、黄皮肤或黑皮肤的劳工毫无疑问会和我持同样的观点。此外有各类音乐方面的专家高度评价艾斯勒的音乐,他们告诉我,他的作品令人惊叹地建筑在德国音乐的遗产之上,同时也扩展了德国音乐的遗产。而他们听到'艾斯勒们'这样的说法会非常困惑,好像德国流亡作家应该胜过古希腊七个城邦的人,他们在那时争论是哪个城邦诞生了荷马,而现在好像要德国流亡者也得去吹嘘他们拥有七个艾斯勒。"在这篇文章以书的形式重新出版并作修订时(Berlin,Aufbau,1948),卢卡奇重写了这个句子:"留给这个世界的艾斯勒和布洛赫……"而在《现实主义问题》(*Probleme des Realismus*)第 4 卷(Luchterhand,1971)的版本里,我们发现这句话写成了:"留给这个世界的艾斯勒……"

蒙太奇方面的价值吧,但德国文学活的传统将继续完整地存留下去,包括它所有的伟大之处和所有的限度。

只有把这些过去的和现代的现实主义经典把握为一个**整体**,它们在主题、文化和政治上的价值才会完全浮现出来。这个价值存在于它们和现代主义的单面性形成对照的无法穷尽的多样性中。塞万提斯和莎士比亚,巴尔扎克和托尔斯泰,格里美豪森和戈特弗里德·凯勒,高尔基、托马斯·曼和亨利希·曼——所有这些作家的作品都可以吸引各个层面的人,这是因为他们的作品都允许从很多不同的角度进入。伟大的现实主义作品能引起大规模的、持续的共鸣,就是因为这种可进入性,人们可以从无限多的门进入作品。人物刻画的丰富财富,对于人类生活永恒的和典型的表现所进行的深邃而精准的捕捉,使得这些伟大的经典作品产生了巨大的、进步的反响。在阅读和赏析这些作品的过程中,读者也就可以澄清他们对自己生活的经验和理解,也可以开拓他们自己的视野。这样一种以活生生的形式出现的人道主义,为他们支持"人民阵线"这个政治口号,以及理解它的政治上的人道主义做好了准备。通过现实主义文学的中介,大众的心灵变得容易接受和理解人类历史中那些伟大的、进步的和民主的时代,而这也就会帮助这样的心灵去做好准备接受一种由"人民阵线"所代表的新的革命的民主。反法西斯主义文学越是深入地扎根在这个土壤里,它就越能创造出那些善恶对立的典型、那些值得尊敬的人与事和应被憎恶的人与事的典型,它也就越能在人民中间获得共鸣。

与现实主义的这个情况可作对照的是,只有一条非常狭窄的路径才能通向乔伊斯或先锋文学的其他代表作家:你需要一种特定的"诀窍"才能认识到他们玩的游戏是什么。在主要的现实主义作家那里，一种更容易进入的途径能生产出更丰富、更复杂的人类形式，但广大群众却在先锋文学那里什么也学不到。正因为后者镂空了现实和生活，它只能强加给它的读者一种狭隘的、主观主义的对生活的态度〔用政治术语来说的话，我们可以说这只给读者提供一种类似宗派主义的观点〕。而在现实主义创作中作家所创造的丰富的生活图景却可以为读者自己提出的各种问题提供答案——生活自己提出问题，生活自己给出答案！但在另一面，人们去费神地理解先锋艺术，却只能获得如此的主观主义的歪曲和滑稽拙劣的结果，以至于普通人想把那些现实在空气里的回声再翻译回自己经验的语言，实在是太难了。

与人民的生活建立一种充满活力的联系，使大众自己的经验朝着进步的方向发展——这是文学的伟大的社会使命。在托马斯·曼早年的创作中，他发现西欧文学中有很多地方应被批判。他反对现代作品中很多成问题的特性，反对这些作品与生活的疏远，后来他在俄国文学里找到的一种可替代的、创造性的理想作为与西欧现代文学的对抗，他把19世纪的俄国文学描述为"神圣"①的，而这绝不是偶然的。在托马斯·曼脑海里存在的，也正是这样一种创造生活的、民众的进步性。

"人民阵线"意味着要为建立真正的大众文化而斗争，这是一种和人们自己民族生活的各个方面建立起多种联系的努力，这样的生活是各民族在历史发展过程中以各自独特的方式发展出来

---

① 卢卡奇这里明显是指托马斯·曼在《托尼奥·克勒格尔》里著名的关于文学价值的讨论。

的。这意味着要找到可以从民族生活里浮现出来的方针和口号,并且使进步的力量趋向一种新的、政治上有效的行动。去理解民族的历史身份当然并不意味着人们对他们自己民族的历史持一种非批判的态度——相反,对自己的民族历史作出批评是在人们真正洞见自己民族历史后的必然结果。因为没有哪个民族,德国当然更不可能做到,可以以一种完美的、未遭遇任何挫折的形式成功地建立进步的民主力量。但批评一定要以对历史现实的准确而深刻的理解为基础。既然正是帝国主义时代制造了政治和文化领域里进步与民主的最严重的障碍,一个针对时代的政治上的、文化上的、艺术上的堕落表现所作的锐利分析,就是真正的大众文化要获得突破的本质前提。而无论是有意识的还是无意识的,对现实主义发动的战役,以及随之而来的文学与艺术的贫乏与孤立,正是艺术领域堕落的一个重要表现。

而在评论的过程中,我们也已经看到,我们不应简单地把这个堕落看作注定的。那些对抗这种堕落的活跃力量,不仅是政治上的、理论上的,也包括在艺术上可以使用的各种手段,我们都已经感受到并将会继续感受到。我们现在面临的任务是给它们我们的支持。这些力量会在拥有真正深度和重要性的现实主义作品里被找到。

流亡中的作家,同在德国与其他国家中的由"人民阵线"发起的斗争一起,必然已加强了这些积极的力量。要说明这一点,去指出亨利希·曼和托马斯·曼的变化可能就已足够了,这两人从不同的思想基础出发,近年来作为作家和思想家的名望都在稳步上升。但我们在这里考虑的是一个广泛的反法西斯文学潮流。就此我们只需比较福伊希特万格的《儿子们》(*Die Söhne*)和《犹太人的战争》(Der jüdische Krieg)，就能看到他现在如何努力克服那些使他远离民众的主观主义倾向、如何努力吸收和描绘普通人的真实问题。在不久前，德布林在巴黎的德国作家权利保护联盟(SDS)①集会上做了一个演讲，他在那里表明他将致力于开拓文学同历史和政治的相关性，而在这个方向上他将高尔基所创造的那种现实主义视为典范——高尔基的创作对我们文学未来的发展来说绝不会是一个无足轻重的事件。在《言论》第三期，布莱希特发表了一个独幕剧〔《告密者》(The Informer)②〕，在这个剧作中，布莱希特创造了一种对他来说新颖的、相当不同而微妙的现实主义形式，并将此作为对抗法西斯主义的无人性的武器。通过描述真实存在的人的命运，他提供了一幅生动的画面展示了在法西斯政权统治下处于恐怖状态中的德国。他展示了法西斯主义如何毁灭了人类社群的整个基础，如何毁灭了丈夫、妻子和孩子

---

① 德国作家权利保护联盟(Der Schutzvergand deutscher Schriftsteller)简称 SDS。1938 年 1 月德布林在集会上发表了一个重要演讲《德语文学（自 1933 年起流亡海外）》["Die deutsche Literatur (im Ausland seit 1933)"]。

② 这是收入布莱希特《第三帝国时期的恐怖与悲哀》(Furcht und Elend des dritten Reichs)这个戏剧集的一幕戏，被其英译者埃利克·本特利翻译为《主人种族的私人生活》(Private Life of the Master Race)。布莱希特对卢卡奇的赞扬的回应被记录在他的《工作笔记（一），(1938—1942)》[Arbeitsjournal I, (1938-1942), Frankfurt, 1973]第 22 页中："卢卡奇欢迎《告密者》，仿佛我这个罪人终于回到了救世军的怀抱。终于去从生活自身找东西了！他无视了 27 个场景中的蒙太奇，而事实上这个剧不过是各种姿态的一个综览，比如陷入沉默的姿态、小心提防的姿态、恐怖的姿态，等等；总之，在独裁统治下生活的姿态。"

之间的信任,以及这样一种非人性如何在事实上破坏和毁灭了家庭,而这恰恰是法西斯主义者们所声称要保护的。顺着福伊希特万格、德布林、布莱希特,我们还可以列举出一系列作家——我们拥有的最重要和最有天赋的作家——他们或者已经采纳了类似的策略,或者正在准备这么做。

但这并不意味着我们针对帝国主义时代里反现实主义传统的斗争就结束了。我们当下的争论显示出的情况刚好相反,这个反现实主义的传统依然深深地植根在那些"人民阵线"忠诚的、重要的支持者那里,而他们的政治观点毫无疑问是进步的。这就是这样一场同志间的坦率直接的讨论具有如此重大意义的原因。因为不仅群众需要从他们自己的阶级斗争经验里学习,意识形态理论家们、作家和批评家们也需要以同样的方式学习。如果我们忽视了现实主义的生长趋势,那就大错特错了;这种趋势从"人民阵线"的战士的经验中浮现,甚至已经影响了那些在流亡之前曾支持完全不同的方法路径的作家。

去阐明这一点,去展示"人民阵线"、大众文学和真正的现实主义之间紧密的、多样的、复杂的联结纽带,正是我这篇文章希望完成的工作。

英译者:罗德尼·利文斯通

文论二

Presentation II

卢卡奇基本的文学理论要义迄今已在英语世界颇为人熟知。然而,他在20世纪30年代最重要的一些理论文章的译作仍有待发表。正是在这个时期,卢卡奇放弃了他在匈牙利共产党所担负的政治责任,转向了美学方面的写作,并逐渐作为一个批评家,在德国文学左翼的序列中获得了一个领导者的位置。他以这个身份首次亮相是在共产国际的"第三时期"(the Third Period)①,作为《左翼阵线》(*Linkskurve*)——由德国共产党于1928年末创立的无产阶级革命作家同盟(Bund Proletarisch-Revolutionärer Schriftsteller, BPRS)的机关刊物——的撰稿人。卢卡奇最初是由对布莱德尔和奥特

---

① "第三时期"指共产国际(即"第三国际")1928年7月在莫斯科召开的第六次世界代表大会上提出的概念。"第三时期"理论认为第一次世界大战后的历史可划分为三个时期:第一时期(1918—1923)是资本主义制度陷入严重危机,无产阶级采取直接革命行动的时期;第二时期(1923—1928)是资本主义制度渐趋稳定,资本主义经济"复兴"的时期,是无产阶级实行防御斗争的时期;第三时期(1928年以后)是资本主义进入全面崩溃,无产阶级进行夺权的时期。一般认为,这一理论是受到联共(布)党内斗争国际化的影响,对共产国际内部此前"左"倾思想的延续和扩大,对20世纪20年代末和30年代初的西方国家共产党和东方民族解放运动造成了严重危害。——译注

瓦尔德①的小说进行尖刻攻击而扬名的。布莱德尔是一位在机械工厂做车工的工人作家,奥特瓦尔德则是布莱希特的一位亲密合作者。卢卡奇断言这两人的创作是在小说中用新闻式的"报告文学"取代经典的"人物创造"。② 布莱希特自己,连同苏联作家特列季亚科夫③,在卢卡奇的批评中也与以这些作家为代表的消极倾向明确地联系在一起,而他客观主义的"反亚里士多德"戏剧概念,也一同遭到了批判。在纳粹夺取德国政权,第三国际转向④反法西斯人民阵线政策之后,卢卡奇的文学观点在德国共产主义者的流亡作家群的官方机构中变得越来越有影响力。在那里,这些观点被用于在美学上呼应政治上对知识分子和工人运动内部"左派激进主

---

① 恩斯特·奥特瓦尔德(Ernst Ottwalt,1901—1943),德国左翼作家、剧作家。——译注

② 参看《维利·布莱德尔的小说》("Willi Bredels Romane",收入《左翼阵线》,1931年11月),《新闻报道抑或人物塑造? 针对奥特瓦尔德小说的批评》("Reportage oder Gestaltung? Kritische Bemerkungen anlässlich eines Romans von Ottwalt",收入《左翼阵线》,1932年7—8月),随后还有奥特瓦尔德的回应,以及卢卡奇的再反驳。同年,奥特瓦尔德与布莱希特合写电影《世界属于谁?》(*Kuble Wampe*,又译《库勒·旺贝》)的脚本。

③ 谢尔盖·米哈伊洛维奇·特列季亚科夫(Sergei Mikhailovich Tretyakov,1892—1937),苏联结构主义先锋派作家、剧作家、诗人。——译注

④ 这里的"转向"指第三国际由上述"第三时期"向"人民阵线"政策的转向。由于"第三时期"的"左"倾思想撕裂了西方共产党与社会民主党等泛左翼阵营的关系,严重削弱了反法西斯运动的力量,1935年第七次共产国际世界代表大会决定放弃"第三时期"理论,转向"人民阵线"政策。——译注

义"的攻击。① 德国文学中表现主义的遗产成为流亡中的卢卡奇攻击的下一个目标,他在 1934 年 1 月发表于《国际文学》的《表现主义的伟大和衰亡》("Grosse und Verfall des Expressionismus")中对其展开了严厉的抨击。布莱希特,和许多同时代的德国作家一样,在 20 世纪 20 年代初所创作的戏剧中,是作为一个"准表现主义者"(para-expressionist)开始自己的职业生涯的。因此,卢卡奇事实上刚好以相反的顺序攻击了布莱希特个人艺术发展的两个主要阶段。两年后,卢卡奇发表了他这一时期最精彩、影响最为深远的论文《叙述还是描写?》("Erzählen oder Beschreiben?"),在这篇论文中,他提出

---

① 自二战以来,卢卡奇的批判性观点常常被认为本质上是在为人民阵线的合法性辩护,或是人民阵线的派生物。尽管毫无疑问,这些观点在政治上被这么使用了,但情况绝不是卢卡奇事后追溯性地调整了自己的信念。相反,恰恰是在 1929 年因反对共产国际第三时期的宗派主义政策,卢卡奇放弃政治工作而投身文学事业以后,至少早于人民阵线在文化领域的新转向三年,就开始了这些想法。这在德国共产党反对"社会法西斯主义"的激烈运动的高峰时期,恰恰以一种悖论的方式成为可能,因为在 1931—1932 年间海因茨·纳曼和威利·明岑贝格试图用比主流政治策略所允许的更灵活的方式运用党的文化机构,卢卡奇在《左翼阵线》的文学这一侧翼也被涵盖进来。[关于无产阶级革命作家同盟中这一事件的复杂历史,参看赫尔格·加拉斯:《马克思主义文学理论》(*Marxistische Literatur-theorie*, Neuwied / Berlin, 1971),散见于第 60,68—69,200 页。]在纳粹夺取政权之后,卢卡奇对表现主义的攻击仍然先于人民阵线新的政策转向几个月。1934 年中期新政策的出台,最终使卢卡奇与共产国际的演变达到同步,但这最多也只影响卢卡奇策略性地调整了一些宣言的修辞,他的美学立场的实质早已从另一条独有的道路抵达这里。

了文学的现实主义的主要范畴和原则,这些自此成为他毕生坚持的信条:反复强调的自然主义与现实主义的对立,作为社会与个人连结点的"典型人物"的概念,对报告文学式的外部描写和心理主义式的内心描写的拒绝,对积极的叙述与消极的描写之间的区分,将巴尔扎克和托尔斯泰作为当代小说典范来赞颂。而那些无视或违反这些文学创作的基本规范的现代艺术家,则被卢卡奇坚决地指责为"形式主义者"。

随着卢卡奇的规范和原则在苏联〔1933 年卢卡奇也移居到那里〕得到充分阐明并受到库莱拉等其他次要同僚的支持,在共产国际的环境中获得了越来越多的官方权威,布莱希特,这位魏玛时代最杰出的德国作家,马克思主义的追随者,显然感受到了渐增的压力和孤立。本雅明记录了他与布莱希特 1938 年在丹麦的对话,其中提道:"卢卡奇、库莱拉等人的文章确实正在给布莱希特带来很大的麻烦。"① 名义上,布莱希特本人就是 1936—1939 年间在莫斯科发行的德国流亡者杂志《言论》的三位编辑之一,另外两位是布莱德尔和福伊希特万格;事实上,他的名字只是出于增加杂志威望的考虑而出现在刊头,在斯文堡流亡的布莱希特对杂志的方针并没有发言权。然而在 1938 年间,除了在私人日记里以一种猛烈诘难的方式抒发自己的愤懑之

---

① 见本书第 141 页。在评价这一事件时需要注意的是,卢卡奇成为共产国际官方的资深激进共产主义分子已近二十年;而布莱希特刚刚与德国共产党合流,还未成为正式党员。

外,他写下了一系列针对卢卡奇的尖刻而充满嘲讽意味的回击,并计划在《言论》上公开介入这次论争——那时《言论》上仍在围绕表现主义进行着持续激烈的争论,其中布洛赫和艾斯勒成为表现主义最重要的辩护者。本书选译了布莱希特这一系列文章中最重要的四篇:(1)《格奥尔格·卢卡奇的论文》("Die Essays von Georg Lukács"),(2)《论现实主义理论的形式主义特征》("Über den formalistischen Charakter der Realismustheorie"),(3)《对一篇论文的评论》("Bemerkungen zu einem Aufsatz"),(4)《通俗性①与现实主义》("Volkstümlichkeit und Realismus")。在布莱希特生前,这些文章不曾在包括《言论》在内的任何地方发表过;我们至今也无从确定是布莱希特曾将它们投递给莫斯

---

① 通俗性,德语原文为 Volkstümlichkeit,词根 Volkstum 意为"民俗",因此将英译本中的 popularity 译为"通俗性"。相应地,popular art 一般可译为"流行艺术、大众艺术"等,指在普通民间受到广泛欢迎的艺术。在布莱希特的语境中,这一概念有更为明确的政治立场,强调为受到剥削的、具有反抗性的普罗大众所接受的艺术。在布莱希特看来,这一群体通常文化水平较为有限,但掌握最先进的生产力,艺术应面向这一群体。布莱希特自己对 popular 的解释是:"对广大民众来说通俗易懂,采用并丰富他们的表达方式;采取他们的立场,巩固并纠正它;描绘和再现最进步的一部分民众,这样他们就可以承担起领袖的责任,于是对其他民众来说也能理解领会;与传统相连并发展它们;向正为努力获得领导权而奋斗的那部分民众传播现在已经统治了自己民族的那些人民所取得的成就。"有鉴于此,本书采用"通俗"的字面意思来表达这种布莱希特语境下的"通俗艺术",同时也与 popularity 译为"通俗性"相一致。布莱希特对通俗的具体描述见其第三篇评论《通俗性与现实主义》,本书第 115—124 页。——译注

科的《言论》编辑部却被退回,还是他自己性格中那份策略性的审慎让他根本没有寄出这些文章。布莱希特曾经将其中部分文章读给本雅明听,本雅明记录道:"他问我应不应该发表这些文章。同时他告诉我,现在卢卡奇在'那边'①的地位非常高,我告诉他,我无法提供任何建议。'这是涉及权力的问题,你应该去问问那边的人的意见。你在那里也有朋友的,不是吗?'布莱希特说:'其实并没有,我在那边没有朋友。连莫斯科人自己也没有——就像那些死掉的人也没有。'"②在肃反运动的高潮,布莱希特大概最终下定了不发表所有这些文章的决心。结果直到1967年,联邦德国的苏尔坎普出版社(Suhrkamp Verlag)结集出版布莱希特生前的《艺术与文学论文集》(*Schriften zur Kunst und Literatur*),它们才第一次为世人所知。

在布莱希特针对卢卡奇的论争文章中,尽管除了第一篇文章他都在尽力避免过于频繁地提及卢卡奇的名字,但在语气上却毫不客气,甚至是刻薄而富于侵略性地纠集了一系列广泛的论据,试图去摧毁卢卡奇整个美学思想的要旨。首先,布莱希特抓住了卢卡奇思想中一个明显的矛盾,即他所推崇的19世纪欧洲伟大的现实主义作家在本质上是资产阶级作家,然而他却声称他们的文学成就应该服务于20世纪的无产阶级或社会主义

---

① "那边",指苏联。这一时期,卢卡奇的思想在共产国际占据主导地位,具有很大影响力。——译注

② 见本书第144页。

作家,成为他们的向导:如果巴尔扎克或托尔斯泰的小说是阶级社会某一特定历史时期的产物,那么当这个时期已经被取代,马克思主义者如何能够论证他们小说创作的原则可以在接下来的一个历史时期——这一时期由与资产阶级相对立的另一个阶级的斗争所主导——重现呢?资本主义社会的现实在20世纪经历了巨大的变化,必然不再生产巴尔扎克式或托尔斯泰式的、具有特定历史性的个体形式,因此,在新的条件下去翻新这些形象事实上正是对现实主义的背离。比如,妇女在当代美国的地位——更不要说在苏联——就从结构上排除了典型的巴尔扎克特有的激情的冲突模式。相反,卢卡奇将使用内心独白和蒙太奇等碎片化手段的"现代主义"写作批评为形式主义,事实上恰恰是卢卡奇自己落入了具有欺骗性和无时间性的形式主义,试图只从文学传统去推论散文类写作的规范,而不考虑在其变化过程中包含并转化所有文学样式的历史现实。真正的现实主义——布莱希特视自己为其坚定的拥护者和实践者——不仅仅是一种审美的眼光,更应该是一种政治地、哲学地看待世界以及导致这个世界分裂的实际物质斗争的视角。同时,布莱希特指出,卢卡奇的理论得以建构的文学范围相当狭隘,即使在审美领域内部,它对小说过度的关注也事实上驱逐了诗歌和戏剧。这些被忽视的体裁当然正是布莱希特所擅长的领域。总体而言,1918年以后德国文化界许多最激进的革新都是首先在戏剧中展开的。布莱希特一再强调实验性对艺术的不可或缺,强调要给予艺术家以必要的自由,去允许他们失败,或只是部分地成功,作为在历史转折期发明某种新的美学装置的代价。内心独白、蒙太奇或在一个作品中各种文体的混合,只要它们恪守一种面对社会现实的警醒的率直态度,就都是被允许的,也是富有成效的。技术手段的丰富不是艺术因"机械化"而破产的标志,而是能量和自由的标志。更进一步,对于技术革新有可能会使艺术作品与大众疏离或对于大众变得难以理解的恐惧,更是一个根本性的错误。布莱希特尖锐地提醒卢卡奇,工人阶级读者可能经常在巴尔扎克或托尔斯泰从容的叙事中找到那些明显**冗长乏味的部分**(longueurs),他还用自己身为剧作家的经验来证明,无产阶级观众和参与者非常欢迎舞台上大胆的实验,对于艺术表现可能过度的地方也是宽容而非挑剔的。相反,任何固有的或承继下来的"通俗艺术"(Volksümlichkeit)①的概念都沾染上了臭名昭著的保守传统,在德国尤其如此。为了在与剥削者决斗的暴风骤雨的时代中与被剥削者站在一起,艺术必须与被剥削者对世界和自身的革命性改变一道,作出自己的改变。

在布莱希特与卢卡奇这场间接的论战中,布莱希特对卢卡奇所作还击的合理性和严密性,是清晰而令人振奋的。事实上,自从在1968年政治复兴前夜布莱希特文集出版开始,他的立场就在联邦德国的马克思左翼阵营里赢得了广泛的赞同。很少有理论能从自己的角度

---

① "通俗艺术"的译法考虑详见本书第89页"通俗性"注释。——译注

对卢卡奇的美学理论提出如此简洁有效的批评。布莱希特对他的对手在给当代艺术的建议中所展现的难以克服的异常和矛盾进行了诊断,而这些判断至今仍有很大一部分是无可辩驳的;不仅如此,也许再也没有第二个马克思主义作家如此强有力地——因为同时是极为严肃冷静地——去阐明并辩护,在社会主义运动中允许持续自由地进行艺术实验,是一种基本需要。从布莱希特在本雅明那里爆发的情绪中可以断定,对于卢卡奇及其莫斯科的同事们对形式主义的普遍苛评可能会给他的作品带来潜在威胁一事,布莱希特感到非常紧张:"他们,说穿了,是生产(production)①的敌人。生产让他们感到不舒服。你永远不知道你会在哪里进行生产;生产是不可预测的。你永远不会知道接下来会做出什么。而他们自己并不想生产,他们只想扮演党的官僚,然后去管控别人。他们的每一条批评里都包含着一次威胁。"②这一艺术家对批评家的回应,作为实践者对旁观者的回应,就布莱希特的例子而言是力度很强的。与此同时,它也昭示出其作为一种消极的"拒不接受"的态度的局限性。布莱希特能逐一指出卢卡奇文学理论中的弱点和悖论,却无法在同一层面上提出任何富于建设性

---

① production 同时表达广义的"生产"与狭义的"作品",作为过程的"生产"和作为结果的"产品",在这里使用最宽泛、抽象的"生产"来涵盖本词的各种含义。——译注

② 见本书第143页。

的替代方案。尽管有其狭隘和僵化之处,卢卡奇的工作仍然展现了一次真正的建构性尝试,试图对自启蒙运动以降欧洲文学的历史发展提供一种系统的、马克思主义的解释。卢卡奇在结论处对 20 世纪艺术的要求和训诫常常是怀旧的、倒退的;但分析性地讲,相较于布莱希特的分析和批评,卢卡奇对于作为当前先决条件的过去有着更严肃的关注,而布莱希特的美学准则始终只是他自己作品的程式化注解。就其自身而言,这是一种非凡的成就;即便他关于戏剧的学说,本质上更像是为他的具体实践而提出的应急性辩护,而非为普遍的戏剧提出一种真正的、具有解释性的类型学。布莱希特的准则比卢卡奇的准则所限定的束缚要少得多,但他在理论推进上远没有卢卡奇深入。卢卡奇思想体系的致命缺陷在于其一贯的欧洲中心主义,以及在欧洲文学内部杂多的脉络中所进行的武断选择——换言之,它所考虑的历史太有限了。但布莱希特并没有纠正这个方面的缺点:他自己对欧洲历史的态度至多也不过是经验主义和折中主义的(任意地援引,而非遵从压制性的传统),而他对亚洲文化偶现的热情也完全是肤浅的、神话式的①。当代马克思主义内部的美学论争过于集中地沿着布莱希特

---

① 例如,他对中国哲学家墨翟〔见他的《墨子/易经》(*Me-ti Buch der Wendungen*)〕和孔子〔他为其献上了一部计划中的戏剧〕具有一种未经反思的狂热,并将他们视为东方智慧的代表人物。毋庸置疑,这种对待孔子的态度完全背离了历史唯物主义。

与卢卡奇的论争展开——正如当时在联邦德国发展的那样,却忽视了他们在不同路径上某些共同的局限性。在他们的时代,卢卡奇对乔伊斯的厌恶与布莱希特对托马斯·曼的厌恶确实暗示了他们之间的分歧;而他们对陀思妥耶夫斯基和卡夫卡共同的谴责则提示着我们在30年代使他们既成为对话者又成为对手的政治和文化纽带。

这种类同的程度通过与本雅明和阿多诺——另外两位同时代杰出的、关心文学的德国马克思主义者——的对比便能更为明显地看出。① 本雅明和阿多诺,赋予了卡夫卡的作品以极为重要的地位,更不用说马拉美和普鲁斯特。同时,本雅明与阿多诺、布莱希特与卢卡奇这两组关系间还显示出一种有趣的对称:随着纳粹政权的巩固,德国流亡者沿着两个相反的方向分散。到1938年,卢卡奇已经在苏联的机构中任职,阿多诺也已经以类似的方式在美国站稳了脚跟;而布莱希特依然在丹麦流亡隐居,本雅明则是在法国。布莱希特和本雅明个人的,或许也是政治上的友谊,远比他们各自和卢卡奇与阿多诺的公开交情要亲密得多。尽管如此,他们与知识界的紧张关系主要还是体现在象征性地分布于莫斯科和纽约的他们各自的通信者那里。从这两个文化中心发出的理论挑战,介入到布莱希特和本雅明整个工作的方向之中。在这两个案例中,意识形态的询唤并未完全摆脱来自官方机构的压力,但也不能被化约为仅仅是后

---

① 见阿多诺和本雅明的重要通信,本书第167—217页。

者自身。① 共产主义运动组织性的坐标在卢卡奇和布莱希特之间创造了一个共存的空间,就像法兰克福社会研究所(Frankfurt Institute of Social Research)更加无形的氛围,将本雅明和阿多诺联系在了一起。但从根本上,阿多诺对本雅明的批评和卢卡奇对布莱希特的批评,其力量还是来自批评本身的中肯程度,以及其与被批评者工作的贴切程度。值得注意的是,"西面"的论争复制了与其相对应的"东面"的论争②相同的双重问题性:论争既要涵盖19世纪历史时期的艺术,又要囊括当前20世纪美学实践的目标和条件。与布莱希特将马克思主义文学理论拓展至小说之外的愿望相呼应,阿多诺和本雅明的交流集中在对波德莱尔诗歌的讨论。另一方面,卢卡奇和布莱希特关于当代艺术的冲突,是对于在公开的政治斗争框架之中,社会主义艺术作品应该是什么这个问题持有完全相反的回答;而本雅明和阿多诺之间关于当代文化实践的争论则有着不同的参照系:他们关心的是在资本的支配下"先锋艺术"与"商业艺术"之间的关

---

① 这里日期的巧合十分引人注目。上文所提及的布莱希特在本雅明那里针对卢卡奇的批评内容所作的评论,是在1938年7月。而本雅明收到阿多诺关于他的波德莱尔研究的关键性评论,则是在几个月后的11月,在他返回巴黎的途中。需要注意的是,尽管卢卡奇和阿多诺的介入背后有某种官方的默许,但他们在各自的庇护地也从未完全站稳脚跟,安全无虞。

② "西面"的论争指主要发生在西方资本主义阵营中本雅明与阿多诺的论争;"东面"的论争则指主要发生在社会主义阵营中布莱希特与卢卡奇的论争。——译注

系。这个问题的持续性与棘手程度使它至今仍然是左翼美学论争的一个焦点,尤其是"高级文类"与"低级文类"之间的矛盾——一个主观上先进,但客观上却是精英主义;另一个客观上大众化,主观上却落后——从未被有效地克服,尽管二者之间存在着复杂且失衡的辩证关系。在这样的历史背景下,布莱希特的艺术回溯性地获得了一种独特的缓和面貌,他的戏剧或许是唯一一种在俄国革命之后生产出的,仍能在形式上毫不妥协地具有先锋性,同时又在内容上坚定地走大众路线的艺术。在他与卢卡奇的论争中,布莱希特最重要的主张便是他认定他的戏剧在德国工人阶级群体中获得了强烈的共鸣。当然,这一主张有效性的限度还需要更详细的审查:布莱希特在魏玛时期那些最大的成功——尤其是《三毛钱歌剧》(The Threepenny Opera)——恰恰是在普通的商业剧院中受到了大量资产阶级观众的欢迎。他更彻底地转向马克思主义是在那之后。他最优秀的剧作是后来在流亡和战争时期创作的,不再与任何一类德国观众相关〔《大胆妈妈和她的孩子们》(Mother Courage and Her Children,1939),《伽利略传》(Galileo Galilei,1939),《潘第拉先生和他的男仆马狄》(Mr Puntila and His Man Matti,1941),《高加索灰阑记》(The Caucasian Chalk Circle,1944—1945)〕。等到它们在战后终于得以在民主德国上演,观众无疑是广大的无产阶级,但鉴于在民主德国也没有其他广泛推行的娱乐方式〔用布莱希特的话来说〕,工人阶级对柏林剧团这些戏剧的观演反应的自发性和真实性仍然难以判断。但毋庸置疑的是,布莱希特戏剧制作的整体结构,对于他所构想的观众来说始终是清晰可懂的。这一成就的重要性恰恰体现在它被孤立的命运中。二战后,尽管有过剩的社会主义作家,但在欧洲的任何地方,都没再出现能与布莱希特的作品相媲美的剧作;而在西方,贝克特〔阿多诺批判性地将其奉为经典〕作为新的"高雅"艺术的代表人物崛起,这驱使布莱希特计划去专门创作一部剧作,来作为《等待戈多》(*Waiting for Godot*)的解毒剂。布莱希特试图综合先锋与大众/通俗的努力,其脆弱性在他去世前不久发生的这一事件中就已经彰显,但是还需通过自此之后的美学发展才最终得到证实。让-吕克·戈达尔①,这个过去十年中从各个方面来看都是最聪明也最富有雄心的革命艺术家,试图用电影去召唤一种政治转向和苦行主义,就像布莱希特在 20 世纪 30 年代用戏剧所达到的效果那样,却失败了。他的失败正是在帝国主义条件下文化革新难以调和的自我矛盾的最新也最有力的证词。布莱希特的示范标示出了一条前沿的界线,至今,他的后继者还未能超越,甚至尚未能够再次抵达。

---

① 让-吕克·戈达尔(Jean-Luc Godard, 1930—2022),法国和瑞士籍导演,法国新浪潮电影的奠基者之一。戈达尔的作品具有强烈的实验性,对好莱坞电影的拍摄手法和叙事风格提出挑战,尤其是他经常运用"打破第四堵墙"的方式进行政治性表达,因此经常会被人们与布莱希特放在一起讨论。——译注

对格奥尔格·卢卡奇的反驳

贝托尔特·布莱希特

一、格奥尔格·卢卡奇的论文

我有时会感到疑惑,为什么尽管卢卡奇的一些论文包含了许多有价值的内容,我却仍对它们感到不满。他从一个合理的原则入手,但却总给人一种有点脱离现实的感觉。他研究了资产阶级小说在资产阶级仍然是进步阶级的时候,就已经从它原有的高度上开始衰落。无论他对当代的小说家多么以礼相待,就他们依然承袭着资产阶级小说的经典模式,至少在形式上依然遵循着现实主义的写作方式而言,他在他们的身上也不可避免地看到这种衰落。他在他们的身上确实找不到与经典小说家的深度、广度与抨击力相当的现实主义。但怎么能期待他们在这个方面超越他们的阶级呢?他们也同样无可避免地证明了小说技巧的衰落。确实有很多技巧,只不过技巧已经获得了一种古怪的专门性——叫它专制也未尝不可。形式主义的特性竟然就这样将自己潜藏在现实主义的经典范式的建构之中。

这里的一些细节令人好奇。即便是那些意识到了资本主义使人类变得贫瘠、非人化、机械化并与之搏斗的作家,似乎也只能身处于同一贫瘠化的过程之中:在他们的写作之中,他们似乎不再那么关心提升人,他们让这样的人匆忙奔波于各种事件,视他的内心生活为可以忽略不计的事物,等等。或许可以说,他们也在合理化。他们跌入物理学意义上的"进步"之中。他们不再将个人视作一种因果关系的联结点,而只对大的群体作出判断,以此抛弃了严格的因果关系而转向了统计学意义的因果关系。他们甚至——当然是以他们自己的方式——采用了薛定谔的不确定性原则。他们剥夺了观察者的信用和权威,并动员读者反对他自己,从而借此推进一种纯粹主观的观点,而这样一种主观性的观点事实上只是描绘出了创造这些人物的作者自身〔纪德、乔伊斯、德布林①〕的特性。人们可以按照卢卡奇的思路得到所有这些观察并认同他的不满和抗议。

但接下来我们要看看卢卡奇的概念中那些积极的、建设性的假定。他摆了摆手就扫去了"无人性的"技巧。他转向了我们的先辈,祈求他们衰败的后代能够尽力仿效他们。作家们现在面对的是一个去人性化了的人吗?他的精神生活已经被摧毁了吗?他在以一种无法忍受的速度在存在中被驱赶着前行吗?他的逻辑能力已经衰弱了吗?事物之间的联系已经不再那么明晰可见了吗?作家只得跟随古代大师们,去生产出充盈的灵魂,通过缓慢的叙事去阻滞事件的节奏,将个人带回舞台的中心,等等。具体的指令在这里缩减成了模糊的低语;他的设想的不可操作性是

---

① 阿尔弗雷德·德布林(Alfred Döblin,1878—1957),德国小说家,表现主义和"新客观主义"的倡导者。他的代表作是在乔伊斯和多斯·帕索斯的影响下写成的《柏林,亚历山大广场》(*Berlin Alexanderplatz*,1929)。

显而易见的,任何相信卢卡奇基本原则的正确性的人都不会对此感到惊讶。那就没有解决办法了吗?当然有。新的冉冉上升的阶级将展示出这个答案。这不是一条折返的路。它与那些新的糟糕的当下而非美好的往昔相连。它不取消技巧,而是发展它们。人无法通过脱离大众①而重新成为人,只有回到大众之中才能重新成为人本身。大众摆脱了他们自身的非人化,于是人再次成为人——但是是和以前不一样的人。当大众开始受到一切有价值的、人性的事物的吸引,当这些事物动员人们去反抗法西斯时期资本主义所产生的非人化时,这是文学必须愤而选择的道路。正是在卢卡奇的文章中潜藏着并且一定会被他克服的那些妥协的、后撤的、乌托邦式理念论的成分,让他在其他方面如此富有价值的工作仍不尽如人意:他的文章总给人一种印象,即他关心的是享乐而非斗争,是通往逃避而非前进的道路。

二、论现实主义理论的形式主义特征

现实主义理论的形式主义性质不仅显示在它只基于几部19世纪的资产阶级小说的形式〔更晚近的小说只在他们用来说明相同形式的时候才会被引用〕,还显示在它只关注**小说**这一特殊的体裁。在抒情诗或戏剧中的现实主义呢?这可是两种——尤其在德国——达到了很高水准的文学体裁。

我应该沿着我个人的脉络继续我的论辩,以便提供更多具体的材料。我的实践活动,在我看来,比我们现实主义的理论家所

---

① "大众"一般对应英语中的 masses,强调人在数量意义上的集聚,但仍不具有政治性或阶级意识意义上的"集体性"。——译注

想的要丰富多样得多。他们对我的理解是完全片面的。就当下而言,我正在创作两部小说、一部戏剧和一部诗集。其中一部是历史小说,需要在罗马史领域作广泛的研究,它是讽刺风格的。现在小说是被我们的理论家所选中的论述领域。但绝非恶意地说,我从他们那里得不到一丁点对我创作这部《尤里乌斯·恺撒先生的事业》(*The Business Affairs of Herr Julius Caesar*)①有益的建议。那种 19 世纪小说家从戏剧中接过来的,将所有人物冲突集中在一个冗长的、发生于豪华客厅的场景中的方法,对我来说毫无用处,因为我大部分章节使用的是日记形式。而对我来说,在其他章节中改变视角也是必要的。将两个虚构的作者的视角和观点以蒙太奇的方式拼贴在一起,便体现了我的观点。我想这种尝试应该不曾被认为是必要的,无论如何它总不是那么切合于一种预定的范式。但这种技巧已被证明对于充分地把握现实是必需的,而我也是出于纯粹的现实主义动机而采用了这种技巧。另一方面,我的戏剧用场景的循环来处理对纳粹统治下的生活的呈现。目前我已经写了 27 个独立的场景。如果睁一只眼闭一只眼地来看,其中一些大致可以归为"现实主义"的范式 X,但另一些则不是——它们显得足够荒诞,因为它们太短了。整个作品完全不能算得上符合某种现实主义范式,但我认为它是一个现实主义的戏剧。对于这部作品,相较于讨论现实主义的论文,我从农夫

---

① 《尤里乌斯·恺撒先生的事业》(*Die Geschäfte des Herrn Julius Caesar*),布莱希特在 1937—1939 年创作的小说,未完成,后于 1957 年出版。——译注

勃鲁盖尔①的画作上学到了更多。

我几乎不敢去谈论我的第二本小说,我已经准备了很久,但里面涉及太多复杂的问题,而现实主义美学——在其目前的状态下——只提供给了我如此粗糙简陋的语言。形式上的困难是巨大的;我一直在建构各种模型。所有人见到工作状态中的我一定都认为我只对形式问题感兴趣,而我建构这些模型其实是因为我希望能够再现现实。至于我的抒情诗,同样,我也坚持一种现实主义的立场。但我感到如果一个人希望做到这一点,他需要持极度谨慎的态度前进;另一方面,在小说和戏剧中,也能学到很多关于现实主义的内容。

当我通读一大堆历史文献〔它们是用四种语言写成的,另外还有两种古代语言的译文〕并试图——以一种怀疑主义的精神——去查证某个具体的史实,就好比一直要把沙子从眼睛里揉出来,于是在我的脑海深处有了关于色彩的模糊概念,有了一年中对特定季节的印象;我听到了没有语词的音调,看到了没有意义的手势,想到了未命名的形象之间各种令人向往的组合,等等。这些图像极度模糊不明,毫不令人兴奋,甚至是肤浅的,或者至少对我来说是如此。但它们在那里存在着。我作为"形式主义者"的一面开始工作了。随着对克洛狄乌斯丧葬共济会②的重要性的

---

① 彼得·勃鲁盖尔(Pieter Bruegel, 1525—1569),被认为是欧洲第一位自觉在绘画中表现农民形象和农村生活的画家,因此被称为"农夫勃鲁盖尔"。——译注

② 克洛狄乌斯是古罗马时期西塞罗的政敌,西塞罗担任执政官后,将克洛狄乌斯的武装组织取缔,转为"丧葬共济会"的形式。——译注

理解,我体验到一种发现的快乐,我想:"是否有人可以写作这样一个绵长的、秋天般明朗的、水晶般剔透的章节,其间只有一条不规则的弧线,一弯红色的波形贯穿其中!罗马城将它民主的西塞罗放到了执政官的位置;他取缔了武装起来的民主的街道组织;它们转为和平的丧葬共济会;秋天叶子变得金黄。一个无业者的葬礼需要十块钱;你需要付订金;如果你等死等了太久,就会亏本。但我们有这样的波形;有时武器会突然出现在共济会中;西塞罗被驱逐出城;他蒙受了损失;他的房屋被烧毁;那大概要损失几百万;多少?让我们看看——不——这在这里并不重要。公元前91年的11月9日,街道组织都在哪儿?""先生们,我无法给出任何保证。"①〔恺撒〕

我的工作才刚刚起步。

由于艺术家总是持续地从事着形式相关的工作,由于他持续地构形,人们就必须谨慎而实际地去定义什么是**形式主义**,否则人们就没有传达给艺术家任何信息。如果有人想将所有非现实主义的艺术作品都称为**形式主义**,那么——如果想要相互理解——形式主义的概念就不能只在纯粹美学的意义上被建构。说形式主义是一方,内容主义就是另一方——这无疑是个太过原始且太过形而上学的理解。若单纯就美学来看,这个概念没有呈现出什么特别的难度。比如一个人仅仅由于韵律而作出一个假的或不相干的叙述,那么他就是一个形式主义者。但我们有无数的并不是这个意义上的非现实主义的作品,因为它们的非现实主

---

① 此段为作者用意识流手法描述自己写这部罗马史题材小说时的思想活动。——译注

义建立在过分的形式感这一基础之上。

我们可以保留形式主义这个概念所有的可理解性,但是同时给出一个更深刻、更具生产性和实践性的含义。我们只需暂时将眼光从文学上挪开,落回"日常生活"来看看。在那儿,什么是形式主义?让我们来看看这个表达:"形式上他是对的。"这句话的意思是,事实上他是不对的,但根据且只根据事物的形式,他是对的。再比如,"形式上,这个任务解决了",意味着事实上并没有解决。再如,"我做这件事是为了存续这一形式",意思是我做的事情并不是特别重要;我做我想做的事,但是我还得保存外在的形式,只有这样我才能更好地做我想做的事。当我**在纸面上**读到第三帝国①的自给自足是完美的,我明白这就是政治形式主义的典型案例。国家社会主义就是形式上的社会主义——另一个政治形式主义的例子。在这里,我们不是在处理某种过分的形式感。

如果我们这样界定这个概念,它就变得既可理解又十分重要。这样我们就走到了这一步,如果我们回到文学〔这一次不再将日常生活整个抛弃掉〕,就可以将如下的作品也描绘和揭露为形式主义的:这些作品尽管没有将文学形式拔高到社会内容之上,但也没有符合现实。我们甚至可以揭露出那些只在形式上是现实主义的作品,这样的作品有很多。

通过给予形式主义概念这样的内涵,我们就拥有了去评判诸如先锋派一类现象的尺度和标准。先锋者可以带路撤退,也可能堕入深渊。他可以远远地走在前面,以致主力部队难以望其项背因而无法跟上,等等。于是它非现实主义的特征就变得明显了。

---

① 指希特勒统治下的德国。——译注

如果它从主力部队中分离开来，我们就可以判断为何以及如何重新将主力和先锋结合起来。**自然主义**以及某种类型的**无政府主义蒙太奇**可以与它们的社会效应相对照，表明它们只是反映了事物最表层的症候而非社会深层的复杂的因果关系。整个从形式标准来评判似乎是激进的文学地带，和现实效果一对照就会发现都只不过是些改良主义的作品，一些只能**在纸面上**给出建议的形式上的努力。

这样一种形式主义的定义也有助于小说、抒情诗和戏剧的写作，以及——最后但并非不重要——它有助于彻底地清除批评中的形式主义风格，那种批评看起来只对形式感兴趣，只关注几种特殊的写作形式，只局限于某一时期；它即使偶尔对历史性的过去投去几瞥，但还是试图仅从纯粹文学形式的角度去解决文学创作的诸种问题。

在乔伊斯伟大的讽刺小说《尤利西斯》(*Ulysses*)中，除了各种写作风格的混用和其他非凡的特征，还有所谓的内心独白。一位小资产阶级的女士清晨躺在床上冥想，她的念头断断续续地、彼此交叉着涌动浮现。这一章除了弗洛伊德，很难有人能写出来。而它给作者带来的攻击也和当时弗洛伊德所遭受的一样。色情，污秽的病态乐趣，对下半身活动的高估，不道德，等等，诸如此类的攻击倾盆而下。令人吃惊的是，一些马克思主义者也加入了这场荒唐的攻击，并在厌恶中加上了对"小资产阶级"这一称谓的厌恶。作为技巧手段的内心独白也同样被否定了；它被认为是**形式主义的**。我始终没能理解这个理由。托尔斯泰不会这样做这一事实不是否定乔伊斯做法的理由。这些批评表述得如此肤浅，以至于人们会得出这样的印象：如果乔伊斯将这些独白放在与精神分析学家的会谈中,那么一切就没问题了。目前,内心独白是一种使用起来很有难度的方法,而强调这一事实是非常有用的。没有非常精确的手段〔再一次,是技术意义上的〕,内心独白就只能像它表面上看起来的那样,不可能复现出现实,即思考或者联想的总体性。它成了另一个**纯粹形式化**的例子,这种对现实的歪曲需要我们格外注意。这不是一个用"回到托尔斯泰"的标语就能解决的形式问题。在纯粹形式的意义上,我们也曾有过一种内心独白,事实上我们还曾经高度赞扬过它。我想说的是图霍尔斯基①。

对很多人来说,去唤回对表现主义的记忆就是去回想起一种带着自由主义情绪的信条。我自己那时也反对将"自我表现"作为一种使命〔见我在《尝试》(Versuche)中对演员的要求〕。我很怀疑那些痛苦的、令人不安的意外,据说有些人能在这种状况中获得忘我之境。这个状况会是什么感觉?事实很快就显而易见:这些人只是把自己从语法而非从资本主义中解放出来了。《好兵帅克》②为哈谢克赢得了最高的荣誉,但我认为解放行动始终都应当被严肃对待。今天,很多人依然不愿意看到对表现主义的大规模攻击,因为他们害怕当年解放行动本身为了自身的目的——从束缚的规则中自我解放——将会受到压制,而那些旧有的规则会成

---

① 库尔特·图霍尔斯基(Kurt Tucholsky,1890—1938),魏玛时期的激进宣传分子、小说家,《世界舞台》的编辑。
② 《好兵帅克》(*The Good Soldier Schweik*),捷克作家雅洛斯拉夫·哈谢克创作的长篇小说(未完成),深刻揭露并讽刺了走向末路的奥匈帝国的种种弊病。——译注

为新的镣铐;他们也担心,这些攻击的目的是要保留那种适合于地主阶级的描写方法,即使地主阶级已经被推翻。在政治上举一个例子吧:如果你想反抗暴乱,你必须去教人们革命,而不是演化①。

为了理解文学,就必须在它的发展中理解它,但是这里我指的不是它的自我发展。只有这样的时候,那些实验性的阶段才能被注意到:几乎不可忍受的视野狭隘化经常发生的时候,单面的或片面的产物出现的时候,结论的适用性很成问题的时候。有很多实验会无功而返,有的其成果会姗姗来迟或不足为道。人们看到被材料的重负击沉的艺术家们——尽责尽心的艺术家看到其任务之重大,虽然不会逃避,但是心有余而力不足;他们时常无法察觉自己的错误,而有时别人会将这些错误视作值得关注的问题。有些人完全陷入了具体的问题之中,但也不是所有的人都在忙于做不可实现之事。这个世界拥有对他们不耐心的理由,也充分地运用了这一权力;但这个世界也应该有理由去耐心地对待他们。

在艺术领域有失败的事实,也有部分成功的事实。我们的形而上学家必须明白这一点。艺术作品想要失败太容易了,而它们想要获得成功却是如此之难。一个人可能因为缺乏感觉而悄然失败了,另一个可能因为情感过于充沛而让自己窒息;第三个人并没有从压在他身上的重担中解放自己,而只是从那种不自由的感觉中解脱出来,第四个则毁坏了他的工具,因为他长久以来都

---

① 演化,指一种温和的、渐进的变化,强调 evolution 与 revolution 的区别。——译注

在被它们压榨和剥削。这个世界不必多愁善感,失败应该被承认,但我们不能从中得出结论说不应该继续战斗。

对我来说,表现主义绝不仅仅是一个"令人尴尬的事业",或是一次偏离。为什么?因为我从不认为表现主义只是一种"现象"并为它贴上什么标签。想学习或寻到事物实践的一面的现实主义者可以从中学到很多。对他们来说,凯泽、施坦伯格、托勒尔、戈林①是可以大肆挖掘的矿藏。坦白讲,我从与我自身问题相近的人那里会更容易学有所得。更直截了当地说,我从托尔斯泰和巴尔扎克那里学习是更加困难的〔也学习得很少〕。他们需要去把握其他的问题。除了——如果我可以这么说的话——已经融入我的血肉的一大部分问题之外。当然,我尊敬他们,也尊敬他们处理他们问题的方式。人们当然也可以向他们学习,但最好不要只向他们学习,而是也一起学习带着其他任务的其他作家,比如斯威夫特和伏尔泰。这样,各自目标之不同就会变得清晰,我们也就能够更容易地从我们自己的问题出发,去学习和提取我们必要的东西。

我们这种介入政治的文学所面临的疑惑,使一个问题显得尤为实际:在同一个作品中从一种风格跳跃到另一种。这在很实际的意义上会发生。政治和哲学的思考无法形塑整个结构,信息被机械地纳入情节。作品里的"评论"常常被认为是"非艺术性的"构思——它过于明显的非艺术性使得它所嵌入的那段情节的非艺术性被忽视了〔情节在任何意义上都被认为其艺术性是高于评

---

① 格奥尔格·凯泽、列奥·施坦伯格、恩斯特·托勒尔、莱因哈德·戈林都是一战后的表现主义剧作家和作家。

论的〕。这里就产生了一个彻底的断裂。从实践上有两种可能的解决方案。可以将评论融于情节,或是将情节融于评论之中,将情节的艺术形式借给评论。但情节可以被艺术地塑造,评论也可以〔但它因而也就失去了评论的特性〕,只要我们保持从一种风格跳跃到另一种风格的状态,并赋予它一种艺术形式。这样一种解决方案看起来像是一种创新。但如果你愿意,你可以指出更早的在艺术性上毋庸置疑的范本,比如雅典剧场中就用合唱队中断表演,中国的戏剧也有类似的形式。

至于在描写中需要多少典故,哪些塑造得太过,哪些塑造得还不够,是需要具体情况具体分析的。在一些作品中,我们可以比我们的祖先少用一些典故。就心理学而言,诸如是否可以运用新兴的科学学科的研究成果之类的问题,也不是一个信念问题。我们需要在各种情况下考察加入科学的洞见是否提升了对某个人物的描写水平,考察它们被使用的某种具体方式是好是坏。不能禁止文学使用当代人掌握的最新技术,比如同时登场(simultaneous registration)的能力,大胆抽象(bold abstraction)的能力,或者快速组合(swift combination)的能力。如果运用了科学方法,那么就需要在每一个具体案例中去考察科学那不知疲倦的能量,这些技巧如何在艺术作品中被成功地采用。艺术家喜欢走捷径,去无中生有地想象,去或多或少有意识地在一大块连续的进程中持续按自己的方式行进。批评,至少马克思主义批评,必须在每个案例中具体地、系统地——简言之,科学地展开。泛泛而谈在这里无济于事,无论它用哪一套语言。在任何情况下,一种实际的关于现实主义的定义,其必要的指导方针都不可能从文学中单独产生。〔向托尔斯泰学习——但不要他的弱点!向巴尔扎克学习——只要与时俱进!〕现实主义不是仅仅为文学而存在的：它更是一个政治的、哲学的、实践的问题，而且必须被这样理解和把握——它是事关人类普遍利益的问题。

三、对一篇论文的评论

人们不能对那些经常用"形式"这个词来指涉内容之外或与之相关的东西，或怀疑"技巧"（technique）就是某种"机械的"东西的人抱有太多期待。人们不应该过度关注他们引用了〔马克思主义的〕经典，而"形式"这个词也是在那里出现的；那些经典并没有教我们创作小说的技巧。只要是指技巧，"机械的"这个词就不应该令人们感到害怕；有一种机械曾为并且仍在为人类提供重要的服务和帮助——我们将之名为"技术"（technology）。在我们之中"思想正确"的人——斯大林在另一种语境下将之与有创造性的人区分开来——总是习惯在极其武断的意义上使用一些词语，并以此来迷惑我们的思想。

那些管理着我们文化遗产的人判定，没有"斗争中互惠的人类关系"，没有"在真实行动中对人类的考验"，没有"斗争中人们之间的紧密互动"，是不可能创造出不朽的形象的。但在哈谢克那里，哪里有老一代作家将情节放入行动之中的"复杂的"〔!〕方法，然而他的"帅克"无疑是一个令人难以忘却的形象。我不知道这个形象是否会"不朽"，我也不知道是否托尔斯泰或巴尔扎克创造的人物就会"不朽"；我和所有人一样都无从知晓。坦白说，我并没有为"不朽"这个概念赋予过高的价值。我们如何能预见未来的人们是否希望留存关于这些形象的记忆？〔巴尔扎克和托尔斯泰大概也没有资格强迫他们这么做，无论他们将情节置于行动中的方法多么具有独创性。〕我很怀疑一个人物是否永恒将取决于它是不是与社会相关的这种叙述,比如有人说:"'那'〔这个'那'指的是与说者同时代的〕是一个高老头式的角色。"也许那样的角色再也无法存活下去了? 也许他们就是在某种扭曲的关系网中生长出来的角色,而到了那个时候,这种环境已经不再存在了。

人物与巴尔扎克

我没有理由去逆着潮流提倡帕索斯①的蒙太奇技巧。在我写小说的时候,我自己试着去创作某种具备"人类在斗争中的紧密互动"特性的东西〔无论我在小说的其他部分用了什么蒙太奇技巧的元素〕。但我也不想仅仅因为支持不朽人物的创造,就让这种技巧受到谴责。首先,帕索斯自己给出了一幅杰出的"人类在斗争中的紧密互动"的画卷,尽管他所描绘的斗争不是托尔斯泰创造的那种,他所体现的复杂性也不是巴尔扎克情节中的那种。其次,小说显然不是由其中的"人物"决定其成败,更不要说是存在于 19 世纪的那种人物。我们绝不能在脑海中想象一种瓦尔哈拉②式的陈列文学不朽形象的殿堂,一种杜莎夫人蜡像馆式的全景画廊,摆满了从安提戈涅到娜娜、从埃涅阿斯到聂赫留朵夫③〔顺便问一下,他是谁?〕等不朽的人物。我不觉得嘲笑这种想法

---

① 多斯·帕索斯(Dos Passos, 1896—1970),美国小说家,代表作为"美国三部曲"。他较早关注到文学与视觉形式之间的交互作用,在小说中采用蒙太奇手法。——译注

② 原文为 Valhalla,指北欧神话中聚集在战斗中死去的人的雄伟大厅。——译注

③ 托尔斯泰的小说《复活》(Resurrection)中的主人公,是一个开明的贵族。

有什么失礼之处。我们知道,在阶级社会里常常发生的对个人的崇拜风尚有其基础,那些基础是历史性的。我们还远不到希望去终结个人的时候。但我们不免略带忧愁地注意到,这种对个人的〔历史的、特殊的、已经过去的〕崇拜如何阻碍了像安德烈·纪德一样的人在苏联青年之中发现个人。① 阅读纪德时,我几乎马上就要抛弃聂赫留朵夫〔不论他是谁〕作为不朽人物的念头,如果说——这看起来是极有可能的——这样的形象可能是使我亲见的、在苏联青年中存在的一系列形象永存的唯一方式的话。回到我们最基本的问题:在资产阶级和无产阶级展开决战的时代,把庞大、复杂而真实的人类生活过程,缩减成为创造伟大个人而存在的"情节"、场景或背景——作家的问题被如此简化,是绝对错误的,或者说,它会将作家引向绝路,根本不值得耗费作家哪怕一点的时间。个人形象不应该在书中占据比现实中更多的空间,尤其不能占据一种与之不同的空间。让我们仅从实际操作的角度来说:对我们而言,个人是随着对人类共存过程的描写而浮现出来的,所以他可以是"伟大的",也可以是"渺小的"。说作家就应该创造一个伟大的人物形象,然后让这个形象以各种各样的方式去回应,去和其他人物建立尽可能重要而持久的关系,是完全错误的。

人物的戏剧性〔冲击力〕、激情〔热度〕和其所展现的幅度,这些都不能脱离社会功能去被描绘和宣传。那些人类在斗争中的紧密互动,是在发展资本主义的条件下的竞争式的斗争,它以一

---

① 参看纪德《从苏联归来》(*Retour de l'URSS*),它的德文译本在去年(1937)出版。

种相当特殊的方式生产出个人。社会主义的竞赛则以不同的方式生产个人,也塑造出不同的个人。那么进一步的问题是,它是否区别于资本主义的竞争式斗争创造个人的那个过程,出现了一种创造社会主义个人的过程。在某种意义上,我们从我们的批评家那里听到了那个曾经向个体呼喊过的、宿命般的口号:"充实你自己。"

巴尔扎克是书写怪物的诗人。他作品中主人公的多重性格〔他们阳光面的广度、阴暗面的深度〕反映了伴随着痛苦一同展开的生产的辩证法。"生意在他的笔下诗化了"〔丹纳〕,但"巴尔扎克首先是个生意人,确切地说是一个欠债的生意人……他从事一些投机生意……他暂停了付款,然后写小说去还债"。所以在他这里,诗又反过来成了生意。在早期资本主义的原始丛林中,个人与个人搏斗,也与个人组成的群体搏斗;说穿了,他们要与"整个社会"搏斗。这正是决定了他们个人性的东西。如今,我们被建议去继续创造个人,去重新创造他们,或者说去创造全新的个体,这些新的个体自然应该是不同的个体,我们却被要求去用同样的方式创造。所以呢?"巴尔扎克对事物收集的热情已经近乎偏执狂的程度。"我们在他小说的几百几千页中也同样看到这种恋物癖。显然,我们应该避免这样的事情。卢卡奇为此对特列季亚科夫指指点点。但正是这种恋物癖,使巴尔扎克的人物成了个人。从他们那里看到一种社会激情和社会功能之间的交换,它构筑了个体,这是非常荒谬的。今天为集体生产消费商品的实践会和"收集"一样以相同的方式建构个人吗?当然有人也可以在这里回答"是"。生产过程确实发生了,然后也出现了个人。但他们是非常不同的个人,即便是巴尔扎克也不会认可他们相同〔纪德在今日也没有认可〕。他们缺乏怪物式的元素,在同一个人身上高尚与低劣的结合,神圣与罪过的结合,等等。

不,巴尔扎克没有沉溺于蒙太奇。但他书写了一个巨大的家族谱系,他为他想象中的人物指婚,就像拿破仑对他的元帅和兄弟做的那样;而他遵从的是家族代代相传的财产〔对物品的崇拜〕及其在家族成员之间的转移。他一直在处理的无非是"有机性":他的家庭就是让个人得以在此"成长"的有机体。我们是否应该改造这些有机体的细胞——比如工厂或苏维埃?尤其考虑到私有制生产方式的废除,家庭在总体上是否应该停止塑造个体了?但这些在今天毫无疑问塑造着个人的新机构,与家庭相比,恰恰是蒙太奇拼贴的产物,是如字面意义一样被"聚集"起来的。比如在当下的纽约,更不要说莫斯科,相比于巴尔扎克的巴黎,女人不那么受到男人的"形塑";她没有那么依赖男人了。到这里事情还是很简单的。一些白热化的斗争因此停止了;其他的斗争取代了它们〔其他人自然也会取代他们的位置〕,虽然可能一样激烈,但也许会不那么个人主义了。并不是说他们不再有个人的特性,毕竟他们还是通过个人来斗争的。但盟友扮演了极为重要的角色,而这在巴尔扎克的时代是不可能的。

四、通俗性(popularity)与现实主义

任何想要寻找一个适合于当代德国文学的口号的人,都必须记住现在任何渴望被称作文学的作品,都只在国外出版,也几乎只能在国外读到。因此,"通俗"这一术语被用于文学就具有十分古怪的内涵。在这种情况下,作家被要求为某些民众写作,但他却不生活于这群民众之中。而如果我们更仔细地考虑这种情况

就会发现,作家与民众之间的分隔并不像人们所想的那样大。今天它不像看起来那么大,而之前则没有看起来那么小。流行的审美、书的价格和警察的存在始终都在确保作家和民众之间有一个合适的距离。尽管如此,认为这种距离的拉大只是一种"外部的"因素,这是错误的,换言之,是不符合实际的想法。毋庸置疑,如今我们需要作出一些特殊的努力,从而能够以一种通俗的风格写作。从另一方面看,它如今其实变得更容易了;更容易也更迫切。民众和他们的上层阶级更加明确地分裂开来;他们的压迫者和剥削者已经走出来,在各个方面加入与他们的血战之中。选择站在哪一边变得容易了。可以这么说,一场公开的战斗已经在"公众"(public)①之间爆发了。

对现实主义创作风格的要求在今天也不再那么容易被无视了。它获得了某种必然性。统治阶级比从前更频繁地运用谎言——更大的谎言。去说明真相显然成了更为紧迫的任务。苦难在增加,遭受苦难的人也在增加。鉴于大众承受着巨大的苦难,只关注小小的困难或是某些小群体的困难就显得荒唐可鄙。

反对日益增长的暴虐的只有一群盟友——遭受太多暴虐的民众。只有在他们身上,我们才能有所期待。因此,显而易见,我们必须转向人民大众,比过去显得更为必要的是,现在我们必须用他们的语言说话。因此术语"通俗文艺"和"现实主义"变成了天然的盟友。我们是为了人民的利益,为了广大工人大众的利

---

① 几个意思相近的概念,译文根据含义侧重有所不同:public 译为公众,单纯指人群的客观聚集;masses 译为大众,强调量的众多;people 译为民众、人民大众,具有政治含义。——译注

益,去从文学中获得一幅可靠的生活图景,而可靠的生活图景事实上也只为人民、为广大工人大众服务,因此必然对他们而言是易于理解的、有用的——换言之,通俗的。然而,在使用、合并这些概念以建构主张之前,这些概念必须首先得到彻底的清理。一种错误的想法是,这些概念是完全透明的、无历史的、不含糊不妥协的〔"我们都知道它们是什么意思——我们不要再咬文嚼字了"〕。**通俗性**的概念自身尤其不那么通俗。相信它是通俗的,这是不切实际的想法。有一系列带有词尾"性"(ity)的抽象名词尤其需要被审慎地考察。想想**有效性**(*utility*)、**主权性**(*sovereignty*)、**神圣性**(*sanctity*),我们也知道**民族性**(*nationality*)这一概念有着不容我们忽视的相当特殊的、神圣的、浮夸而令人怀疑的内涵。我们不能忽视这些内涵,正是因为我们如此迫切地需要这些概念变**得通俗**。

恰恰是在所谓的诗学形式中,"人民"(the people)在一种迷信的风尚,更确切地说,在一种鼓励迷信的风尚中得到描绘和再现。他们赋予人民以不变的性格,神圣的传统,艺术形式,习惯和习俗,宗教虔诚,宿敌,无敌的力量,等等。一种非凡的一致出现在折磨者与被折磨者、剥削者与被剥削者、欺骗者与被欺骗者之间;这绝不可能是那个和统治者对抗的、"弱小"的工人阶级的问题。

伴随着这样的"人民"概念展开的各种欺骗的历史,是一个漫长而复杂的历史——一个阶级斗争的历史。我们不打算在这里深入这个问题——我们只希望当我们说我们需要通俗文艺,并因此当它意指我们需要为广大民众,为受到少数人压迫的大多数,为"人民自己",为长久以来只是政治的客体,而现在必须成为政治的主体的作为生产者的大众的艺术时,这一欺骗的事实始终停留在我们的视野之内。让我们回想一下长久以来人民被权力机构阻碍其获得全面发展,被人为地、强制地用惯例和习俗钳制的事实,然后想想"通俗"的概念如何被烙上了非历史的、静止的、不发展的标志。我们不是在这个形式上关注"通俗"这个概念——更确切地说,我们必须与之战斗。

我们关于什么是通俗的概念涉及的是这样一类人,他们不仅充分参与到历史发展之中,还积极地夺取历史发展的主动权,推动历史发展的步伐,并决定历史发展的方向。我们关心的人民是创造历史,改造世界和自我的人民。我们关心的是战斗的人民,因此这样的"通俗"的概念也是富于战斗性的。

通俗的意思是:对广大民众来说通俗易懂,采用并丰富他们的表达方式;采取他们的立场,巩固并纠正它;描绘和再现最进步的一部分民众,这样他们就可以承担起领袖的责任,于是对其他民众来说也能理解领会;与传统相连并发展它们;向正为努力获得领导权而奋斗的那部分民众传播现在已经统治了自己民族的那些人民所取得的成就。

现在,我们进入"现实主义"这个概念。这个概念同样,需要在使用之前进行一番清理,因为这是一个古老的概念,被许多人以许多目的使用过。这一过程之所以必要,是因为人们只能通过征用的行为来接管他们的文化遗产。文艺作品无法像工厂一样被接管;文学的表达方式也无法像专利一样被接收。即使文学已经为现实主义的写作方式提供了诸多迥异的例子,但现实主义的写作方式还是在它最微小的细节里带有被征用的方式的痕迹——何时、为哪个阶级所用。眼见着民众斗争和改造着现实,我们不能再紧握那些"屡试不爽的"叙事规则、珍贵的文学典范、永恒的审美规律不放。我们不能再从那些已有的具体作品中得到现实主义本身，相反，我们应该动用一切手段，旧的新的，尝试过的没尝试过的，来自艺术或来自其他资源的，将现实以一种人们能掌握的形式传递给他们。我们需要注意避免把某一特殊时期的、具体的、历史中的小说形式描述为现实主义的——比如巴尔扎克或托尔斯泰——这样只会给现实主义建造一些形式上的文学的标准。我们不能只在这样的情况下——比如，当我们已经可以闻到、尝到、感受到一切，已经有一种"氛围"出现，或者情节已经被精心设计到足以导向对人物的心理分析时，才去说这是一种现实主义的写作规范。我们关于现实主义的概念必须是充分开放的和政治的，高于所有的习俗和惯例。

"现实主义的"意味着：发现社会的复杂因果关系；揭露当下流行的观点事实上是当权者的观点；从为人类社会最迫切的困难提供最广阔解决思路的阶级的立场出发去写作；强调发展这一要素；使具体成为可能，然后再从具体中获得可能的抽象。

这是一些非常宏大的规定，它还可以被继续扩展。而且，我们应该允许艺术家在遵循这些规定的同时去发挥他的想象力、他的原创力、他的幽默和虚构。我们不应该紧跟着太具体的文学范本，我们也不应该将艺术家绑在规定得过于僵化的叙事模式上。

我们应该说明，一种所谓感官性的写作模式——在这里人们可以闻到、尝到、感觉到一切——并不能自动等同于一种现实主义的写作模式；我们得承认，有一些以感官性写作的作品并不是现实主义的，一些现实主义的作品也不是感官性写作的风格。我们应该仔细地去考察这个问题，即是否在我们以揭示人物精神生活为终极目标的时候,我们才能真正最为充分地展开情节。我们的读者可能会发现,如果他们被各种各样的艺术手法引向了歧路,只体验到了主人公精神上的焦虑烦乱,他们可能还是没能掌握理解事件意义的关键。如果我们未经彻底地检验便接受了巴尔扎克和托尔斯泰的形式,这可能让我们的读者——民众——像这些作家自己一样经常感到厌烦。现实主义不仅仅是一个形式问题。如果我们只去复制这些现实主义者的风格形式,我们就不再是现实主义者。

因为时间是流逝的;如果时间不是流逝的,那么对于那些没能围坐在黄金桌前的人来说可能就是一个糟糕的前景了。手段耗尽了;刺激不再有效。新的问题出现并呼唤新的手段。现实在改变;为了再现它,再现的模式也必须改变。从来没有无源之水,新的事物都是从旧有而来,但正是因为变化了,它才成为新的。

每一个时代的压迫者都不会以相同的方式行事。他们无法一直以相同的模式被定义。他们有太多的手段避免自己被发现。他们称他们的军用车道为快车道;他们的坦克喷了漆,看起来像麦克达夫的移动的森林①。他们的代理人露出他们手上的水泡,仿佛他们是工人。不,让猎人变成猎物是需要新的发明的。昨天是通俗的东西今天不再通俗,因为今天的人民和昨天的人民不一样。

任何不是形式主义偏见受害者的人都知道,真相可以通过种种方式被压制,也必须以多种方式被表达。面对非人道的情境,

---

① 莎士比亚《麦克白》中的经典典故。女巫预言只有森林移动麦克白才会被击败,最终敌军人人砍下树枝举在前面前进,麦克白绝望之际被麦克达夫所杀。——译注

一个人的愤怒可以通过很多种方法被引出——通过直接的描写〔情绪化的或是客观不带感情的〕，通过叙事和寓言，通过笑话，通过过度强调或轻描淡写。在戏剧中，现实既可以通过客观的也可以通过想象性的形式再现出来。演员可以不化妆——或几乎不化妆——然后宣称是"完全自然的"，而整个事情可以是一场骗局；他们也可以戴着奇异怪诞的面具去呈现真相。手段是否必须因它们所服务的目的而被质询，这个问题几乎没有被公开讨论过。人民理解这个问题。皮斯卡托伟大的戏剧实验持续地摧毁着传统形式，它受到了工人阶级最先进的骨干最为热烈的支持；我自己的戏剧也是如此。工人根据其内容的真实性判断一切；他们欢迎每一种有助于表现真相、表现社会真正机制的革新；他们拒绝所有看起来是戏剧的、技术的却只为戏剧或技术自己服务的装置——换言之，这些装置未能，或不再为实现它的目的而服务。工人们的观点和论争从来没有以戏剧美学的形式写出来或说出来。从来没有人听他们说过不能将戏剧和电影融合起来。如果电影没有以适当的方式嵌入戏剧，那么工人们说得最多的会是："我们不需要这个电影，它让我们分心。"工人的歌队会朗诵有着复杂韵律的诗篇章节〔"如果它押上了韵，就会像水一样流走，什么也不会留下"〕，也会唱艾斯勒创作的高难度的〔不熟悉的〕曲子〔"那是个强大的东西"〕。① 但我们得修改意义不清晰或是错

---

① 参看布莱希特的作品《措施》(*Die Massnahme*, 1930)，意图为党的内部整肃和共产国际在中国的政策辩护。这部戏因其对作为权宜之计的牺牲的推崇，受到了德国共产党的激烈批判。卢卡奇在1932年否定了这部作品，认为它把阶级斗争的战略和战术问题降格为道德问题。

误的几行内容。在进行曲的案例中，押韵能让他们学得更快，韵律越简单，他们就能理解得越好；然后一些细微的改良被引进来〔一些不规则的、复杂的东西〕，他们会说："这里有一点儿拧巴的地方——挺有意思。"任何陈旧的、琐碎的，或者太过老生常谈以至于无法再促使人思考的，他们都不喜欢〔"你什么也没得到"〕。如果有人需要一种美学原则，他可以在这里找到。我永远都不会忘记，当我回应一位工人的建议——他建议我应该在歌队里加入一些苏联的事情〔"它应该加进去——不然有什么意义？"〕，说那会摧毁艺术性的形式时，他是如何注视着我的。他把头侧向一边，然后笑了。整个审美领域都因为这个礼貌的微笑而坍塌了。工人们并不怯于教导我们，他们自己也不害怕学习。

从我的经验来说，只要人们处理的是真实的处境，就无须害怕去为无产阶级生产一些大胆的、不平常的东西。总会有一些文化人士、艺术行家插嘴说："普通民众不理解那些东西。"但民众会把这些人不耐烦地推到一边，然后同艺术家取得一种直接的理解。有某种为一些小团体而作的浮夸的东西，还试图去创造新的小团体——用帽子模具第两千次造出旧式毡帽，为腐臭的肉添加香料，这是无产阶级带着怀疑而宽容的心情所摇头拒绝的〔"他们这得是处在什么样的状态中啊！"〕。他们拒绝的不是撒上的胡椒，而是那块坏掉的肉；不是第两千次制帽，而是那个老式的毡帽。当他们自己为表演写作和制作的时候，他们完全是原创的。人们——未必总是最高级的那些人——瞧不起的所谓的宣传文艺，其实是一个新的艺术手段和表达方式的矿藏。从那里浮现出宏伟的、被人长久遗忘的、来自真正的通俗文艺时代的元素，这些元素能够为了新的社会目标而被大胆地革新——在惊人的浓缩和漂亮的简化之中,通常有着一种令人吃惊的高雅、一种力量和一种对复杂性毫无畏惧的眼光。它们中的大多数可能是很原始粗糙的,但不是在资产阶级艺术的精神景象的意义上——那显然太精微了——的那种原始粗糙。仅仅因为几个不成功的作品就去否定一种再现的风格是一个错误,那种风格努力——且时常成功地——挖掘到本质层面,并使抽象变得可能。工人们锐利的眼睛穿透了自然主义式的对现实再现的表象。当《马车夫亨舍尔》①中的工人谈到对精神的分析时说"我们不想知道所有那些",他们想要表达的是,希望能在直接可见的表象下,获得一幅关于真正在起作用的社会力量的更加精确的图景。据我个人经验来看,他们并不反对《三毛钱歌剧》中奇异的戏装和明显虚构的环境。他们并不狭隘——他们痛恨狭窄〔他们的家狭窄逼仄〕。他们做出的东西规模宏大,企业家却卑鄙吝啬。他们发现那些艺术家宣称是必要的一些东西是多余的,但是他们很宽容,也不反对过剩;相反,他们反对的是那些多余的人。他们不会堵住努力工作的人的嘴,但他们要看到他完成了自己分内的工作。他们不相信存在着什么"特定"的方法。他们知道为了达成他们的目标,很多方法都是必要的。

因此,通俗艺术和现实主义的标准就必须既宽容又谨慎地被选择,而且不能像惯常做的那样,只从已有的现实主义作品和通俗作品中挑选标准;这样做的话,我们只可能获得一种形式主义的标准,获得仅仅是形式上的通俗艺术和现实主义。

---

① 《马车夫亨舍尔》(*Führmann Henschel*),格哈特·霍普特曼于1898年创作的社会剧作品。——译注

一个作品是不是现实主义的,不能仅仅取决于它是否像已有的被称为现实主义或者在其创作的年代是现实主义的那些作品。对于每一个作品,我们必须将作品中描绘的生活与被描绘的生活本身进行比较,而不是去和另一种描绘进行比较。当涉及通俗性的问题时,有一个非常形式主义的程序必须引起我们的注意。一个文学作品的可理解性,仅凭其与那些在自己时代里可理解的作品写得极为相似,是无法得到保证的。那些在自己所处的时代被理解的作品也同样不总是与此前的作品相像。要让自己成为可被理解的作品,就必须迈出向前的脚步。同样,我们得为今天的新作品的可理解性做些什么。不是只存在着被**认定为通俗流行**的事物,也存在着一个**变得通俗流行**的过程。

如果我们希望拥有一种充分参与现实和把握现实的,活生生的、富于战斗性的文学,一种真正通俗的文学,我们必须与快速发展的现实保持同步。伟大的工人大众已经行动起来了。敌人的勤勉和残暴正是其明证。

英译者:斯图尔特·胡德(Stuart Hood)

与布莱希特的对话

瓦尔特·本雅明

1934 年

7月4日

昨天,和布莱希特在他的病房就我的论文《作为生产者的作家》("The Author as Producer")进行了一场长时间的探讨。布莱希特认为我在文中发展的理论——在文学中技巧发展的成就最终会改变艺术形式的功能〔因此也改变了生产的思想工具〕并因此成为判断文学作品革命性作用的标准——只适用于一类艺术家,资产阶级上层的作家,他将自己也归入其中。"对于这样的作家,"他说,"确实有一点能够将他自己和无产阶级的利益团结在一起,那就是他能够发展他自己的生产工具。因为他在这一点上认同于无产阶级,他就无产阶级化了——彻底地——同时也作为一个生产者。而他在这一点上彻底的无产阶级化让他在各个方面都与无产阶级团结在一起。"他认为我对贝歇尔这一类无产阶级作家的批评太过抽象,并试图通过分析一首贝歇尔的诗来改进这一点,那首诗最近发表在一个无产阶级文学评论的杂志上,题为《我很坦率地说》("Ich sage ganz offen")。布莱希特首先将这首诗与他自己关于女演员卡罗拉·奈尔①的教育诗相比较,然后又与兰波的《醉舟》(*Le Bateau Ivre*)进行比较。"你知道,我教给卡罗拉·奈尔各种各样的事情,"他说,"不仅仅是表演——举个例子,她从我这里学会了如何洗漱。在此之前,她洗漱不过是为了让自己干净,但这样是不行的,所以我教会了她如何洗脸。她现在做得极其完美,以至于我都想把她洗脸的样子拍摄下来。但这件事还是不会发生的,因为我不想在那样的时刻进行任何拍摄,她也不想在任何人面前做这件事。那首教育诗就是一个示范(model)。任何从这首诗中学到什么的人都会把自己放在诗中的'我'的角度。当贝歇尔说'我'的时候,他认为他自己——作为德国无产阶级革命作家联盟的主席——成了一个示范。唯一的问题就是没有人想要仿效他这个范例。他没有传达清楚任何事,除了说明了他对自己很满意。"在这一点上,布莱希特说他曾一直有意为不同行业——工程师、作家——写一系列这样的示范诗。然后,他比较了贝歇尔和兰波的诗。他认为,马克思和恩格斯本人如果读到了《醉舟》,一定会从它的表达中感知到一场伟大的历史运动。他们一定会清晰地分辨出它所描写的并不是一个古怪的诗人去散步,而是逃离,一个再也无法忍受在某个阶级藩篱之中生活的人的逃离——这个阶级伴随着克里米亚战争,伴随着马西米连诺事件②,开始去开辟更远的异域以获得商业利益。布莱

---

① 卡罗拉·奈尔(Carola Neher,1900—1942),德国女演员,长期与布莱希特合作。——译注

② 马西米连诺事件,又称第二次法国入侵墨西哥战争。——译注

希特认为,兰波那种无拘无束的流浪态度使他完全听从于机遇的摆布,并对社会置之不理,想改变兰波的态度,使他成为一个无产阶级战士的示范代表,是不太可能的。

7月6日

布莱希特在昨天的对话中说:"我常常想象自己被法庭审问:'现在请告诉我们,布莱希特先生,你真的是诚挚的吗?'如果真被这么问,我不得不承认我不是的,我并不是完全诚挚的。你知道,我思考了太多关于艺术的问题,比如什么对戏剧是好的,以至于无法做到完全诚挚。但对这个重要的问题回答说'不',我还想补充一些更重要的东西,即,我的这个态度是**被允许的**(permissible)。"我得承认,他是在对话已经进行了一段时间后说了上面这些话。他是从表达一种怀疑开始的,不过不是怀疑他的态度是否被允许,而是怀疑是否有效。他第一次说到这个是在回应我当时提到的格哈特·霍普特曼的一些事。"我有时会问我自己,"他说,"说到底,是不是真正有点作为的作家,不是只有霍普特曼这一类——我指的是那些**实质作家**(*Substanz-Dichter*)。"这里他指的是那些真的完全诚挚的作家。为了解释这个想法,他从一个假设开始:假设孔子可能曾经写过一部悲剧,或者列宁写了一部小说。而他认为这会被认为是不合适的、与身份不相称的行为。"假设你读到了一个非常好的历史小说,后来你发现这是列宁写的。你对这二者的想法都会因此改变,而且是变成有损于他们的看法。同样,对孔子来说写一部悲剧也是错误的行为,即使是欧里庇得斯那样的悲剧,它会被看作是不相称的,但他的寓言却不会被这么认为。"所有这些,简言之,指向了两种文学类型的差异：一种是富于幻想的艺术家，他们是诚挚的；另一种则是有冷静思考的人，他们并不完全是真挚的。在这一点上，我提出了关于卡夫卡的问题：他属于这两种中的哪一种呢？我知道这个问题是无法回答的，而且正是这个不可回答性，被布莱希特视为表明一种事实的迹象，即卡夫卡，和布莱希特认为是伟大作家的克莱斯特、格拉贝、毕希纳一样，最终失败了。卡夫卡的起点确实是寓言，它受到理性的支配，因此就它实际的措辞来说，不可能是全然的诚挚。但后来，寓言照样被赋予了形式，它变成了小说。而如果你仔细观察，就会发现它从最开始就暗含了小说的胚芽，它从来都不是完全透明的。我需要补充的是，布莱希特坚信如果没有陀思妥耶夫斯基的"宗教大法官"或是《卡拉马佐夫兄弟》(*The Brothers Karamazov*)中另一个章节，即佐西马长老的尸体开始散发恶臭的那一章，卡夫卡是不会找到他自己的那种特殊形式的。于是在卡夫卡那里，寓言性的元素就和幻想性的元素产生了冲突。但卡夫卡作为一个幻想家，布莱希特认为，他看到了有什么即将来临，却没有看见那究竟**是**什么。他再一次强调了〔像之前在莱拉旺杜一样，不过对我来说这次更清楚〕卡夫卡作品的预言性。卡夫卡有且只有一个问题，他说，就是组织的问题。他被蚂蚁的帝国这样的想法吓坏了，即那种人类以社会生活的形式将自己从自身中异化出去的想法。而他预见了这种异化的某些形式，比如苏联国家政治保卫局(GPU)①的那些方法。但他从未找到解决

---

① 苏联国家政治保卫局(GPU)是苏联的安全情报部门，承担情报、内部安全、反情报、政府保护和秘密通信等职能。这一机构的名称和隶属关系发生过多次变更，其前身为苏俄时期的全俄肃清反革命及怠工特别委员会，即

的办法,也永远无法从他的噩梦中醒来。布莱希特说,卡夫卡的精确是一个不精确的人的精确,一个幻想家的精确。

7月12日

昨天下完棋,布莱希特说:"你知道,当柯尔施①来的时候,我们真的应该和他一起设计出一个新的下棋游戏。一个棋子的行动方式不总是保持原样的游戏,当一颗棋子占据了同一格一些时间之后,它的功能就会发生变化:它或者变强或者变弱。像现在这样的话,游戏就没有发展,它待在原地太久了。"

7月23日

昨天米卡艾利斯②来做客,她刚刚从俄国旅行回来并充满了热情。布莱希特还记得他是如何被特列季亚科夫带着参观莫斯科的。特列季亚科夫带他看这座城市,对所有的一切都充满自豪,无论是什么事物。"那不是件坏事,"布莱希特说,"这显示出

契卡;1922—1923年间改组为人民委员会内务部下属的国家政治保卫局(GPU);1923年11月更名为国家政治保卫总局(OGPU),直接隶属于苏联人民委员会;1934年7月10日,国家政治保卫总局改为国家安全总局(GUGB),再次并入内务部,但职能权力范围进一步提升。与本文相对照,国家政治保卫局(GPU)实际为卡夫卡集中创作时期该部门的正式名称,而布莱希特与本雅明讨论该问题时,该部门正式名称为国家政治保卫总局(OGPU),4天后即将改组为国家安全总局(GUGB)。——译注

① 卡尔·柯尔施(Karl Korsch,1886—1961),德国马克思主义理论家,西方马克思主义奠基的主要人物之一。——译注

② 卡琳·米卡艾利斯(Karin Michaelis,1872—1950),丹麦记者、作家,尤其以小说和儿童读物创作闻名。——译注

这个地方是属于他的。一个人不会对别人的所有物感到自豪。"过了一会儿他补充道:"好吧,但最后我还是对此感到了一点厌倦。我无法欣赏所有事物,我也不想这样做。关键在于,那些是他的士兵,他的卡车。然而并不是,唉,我的。"

7月24日

在支撑布莱希特书房天花板的横梁上漆着这样的话:"真理是具体的。"在窗台上立着一个会点头的小木驴。布莱希特在它的脖子上挂了一个小牌子,他在上面写下:"即便是我也一定明白这一点。"

8月5日

三周之前,我把自己关于卡夫卡的论文给了布莱希特。我很确定他读了,但他从未主动提起这篇论文,还有两次我试图把对话引到这上面,他的回应也非常含糊其词。最后我只能什么都不说地把手稿再拿回来。昨晚,他突然开始说起这篇论文,这个相当突然的转变是以这样一种形式的评论呈现出来的:他认为我也未能完全避免尼采的日记体写作风格所带来的影响,我关于卡夫卡的论文就是一个例子。它仅仅从现象的角度来看待卡夫卡——作品作为某种单独、自发成长的存在——作者也是如此:这种角度将作品与其所有相关的事物,甚至于它的作者都解绑了。最后我所写的一切归根结底总是到达关于**本质**的问题。那么什么才是处理卡夫卡问题的正确方式呢?正确的方式应该是去提问:他是做什么的?他是如何表现的?并且在开始时,去考虑总体、普遍而非局部、特殊。于是,事实就会很清楚:卡夫卡住在布拉格,一个新闻记者聚集、到处是自负文人的不健康的环境里;在那个世界里,文学是主要的现实——如果不是唯一的现实。卡夫卡的长处和短处都与这种看世界的方式紧密相关——他的艺术价值,还有他在很多方面的不足。他是一个犹太小子——我们也可以造出一个类似的词"雅利安小子"——一个可怜的、惨淡的人,不过是布拉格文化生活闪闪发光的沼泽上的一个小泡沫而已。但他也有很有趣的面向,人们可以将它们揭示出来。人们可以想象一场老子和他的信徒卡夫卡的对话。老子说:"所以,我的门徒卡夫卡,你构想出了一种对于你生活于其中的组织机构、财产关系和经济形式的恐惧?""是的。""你再也无法找到在其中的出路了?""是的。""股票证书令你感到害怕?""是的。""所以现在你在寻找一个你可以抓住的引导者,我的门徒卡夫卡。"布莱希特说:"这种态度当然是不行的。我不接受卡夫卡,你知道的。"他接着说到了中国哲人"无用之用"的寓言。在一片树林里,有各种各样的树干,最粗的用来造船,那些稍细一点但也很结实的用来造盒子和棺材,最细的用来做杖棍;但那些生长不足的,它们什么都不必做:它们逃开了有用之物的苦难①。"你应该像在这样一片树林里一样去观察卡夫卡的作品,这样你就会

---

① 英语为 tribulations of usefulness,直译为"有用之物的苦难",意译为"无用之用"。这里所讲的寓言应出自庄子《庄子·内篇·人间世第四》,"无用之用"确为其意,但其原文与此处布莱希特转引的意思并不相同,在下面一句引出的关于卡夫卡的论述中,似乎也只是提取了这一寓言中"不同树木组成的树林"这一意象,已与庄子寓言的本意无涉。庄子原文如下:"匠石之齐,至于曲辕,见栎社树。其大蔽数千牛,絜之百围,其高临山,十仞而后有枝,其可以舟者旁十数。观者如市,匠伯不顾,遂行不辍。弟子厌观之,走及匠石,曰:'自吾执斧斤以随夫子,未尝见材如此其美也。先生不肯视,行不辍,何邪?'曰:'已矣,勿言之矣!散木也,以为舟则沉,以为棺椁则速腐,以为器则速毁,以为门户则液樠,以为柱则蠹。是不材之木也,无所可用,故能若是之寿。'"——译注

发现许多非常有用的东西。那些形象当然都很好,但其余的完全是故弄玄虚,胡说八道,你得无视它们。深奥不会带你走向什么新发现。深奥是一个独立的维度,它就只是深奥而已——在那之中你什么也看不到。"在对话的最后我告诉布莱希特,去洞察那种深奥是我通往正相反的事物的方式。我在关于克劳斯的论文①中事实上就做到了这点。我知道关于卡夫卡的论文无法成功到达同样的程度:我无法否认这种指责,即它将我卷入了一种日记体风格的注释之中。确实,对克劳斯和卡夫卡各自所界定的前沿领域的研究激起了我极大的关心,而在卡夫卡这里,我说道,我尚未完成关于这个领域的探索。我意识到其中包含了很多没有价值的东西,很多纯粹的故弄玄虚的东西,但我忍不住去想,关于卡夫卡,重要的是其他一些东西,而其中一些我在自己的论文中触碰到了。而布莱希特的方法应该,我说道,在对具体作品的阐释中进行检验。我推荐了《下一个村庄》②,并很快看到这个建议使布莱希特产生了烦恼。他坚决否认艾斯勒认为这个非常短的故事"没什么价值"的观点,但他也找不到什么合适的方法去定义它的价值。"人们应该更仔细地研究它。"他说。然后这个对话就戛然而止了,因为到了十点,该去听来自维也纳的新闻了。

8月31日

前天晚上围绕我的卡夫卡论文展开了一场漫长而激烈的辩

---

① 指 1931 年在《法兰克福报》(*Frankfurter Zeitung*)刊出的《卡尔·克劳斯》("Karl Kraus")一文。——译注

② 《下一个村庄》(*The Next Village*),收入卡夫卡小说集《乡村医生》(*Ein Landarzt*, 1920)。——译注

论。辩论的基本问题是：指责我的论文宣扬了犹太法西斯主义①。论文增强并传播了围绕卡夫卡的阴暗而不是驱散它。然而，我们有必要去澄清卡夫卡，也就是说，去构想一个能从他的故事中提取出来的可行的建议。人们假设这样的建议**可以**从故事中提取出来，即使仅仅因为故事中尤为冷静的语调。但这些建议必须沿着目前攻击人性的巨大的普遍的恶的方向去寻找。布莱希特试图在卡夫卡的作品里寻找关于这些恶的反思。他主要将自己局限于《审判》(The Trial)。他认为其中想要传达的最重要的，是由无休止的、不可阻挡的大城市的增长所引发的恐惧。他宣称他从自己最切身的经验中了解到这一梦魇。这样的城市是对由各种间接关系、各种复杂的相互依存状态和各种分隔状态形成的无边无际的迷宫的一种表达，而人类迫于现代的生存形式身陷其中。而这些又反过来在一种对"指引者"的期待中找到其表达。小资产阶级将这个指引者视为唯一一个能在所有人都相互推卸责任的世界里，为自身所有问题负责的人。布莱希特称《审判》为一本预言书。"看看盖世太保你就知道契卡会变成什么样子。"卡夫卡的前景就是人被巨轮所扼。奥德拉德克是这种前景的典型代表：布莱希特将这个管理员解读为一家之主的忧虑的人格化。小资产阶级必然会遭殃。他的处境就是卡夫卡自己的处境。但尽管当下这种小资产阶级——也就是法西斯主义者——已经决定以自己不屈不挠的钢铁意志去反对这种处境，卡夫卡却几乎没有反对它；他是智慧的。在法西斯主义者呼唤英雄主义的地方，卡夫

---

① "犹太法西斯主义"(Jewish Fascism)指的是类似于"犹太复国主义"式的狂热支持犹太复国的态度。——译注

卡回以质疑。他为他的处境寻求保护,然而他的处境的性质使得他所要求的保护必然是不切实际的。这是一种卡夫卡式的讽刺:一个看起来什么都不相信,并认为所有的保护都是不堪一击的人,却应该成为一个保险代理。顺便提一下,他无尽的悲观主义与任何命运的悲剧感都无关。这不仅是因为他对于不幸的预期仅仅建立在经验主义之上〔尽管我们必须承认这个基础是无可动摇的〕,还由于伴随着无可救药的天真,他在最微不足道而琐碎的任务中寻找最终成功的标准——一个奔波的推销员的来访,一次在政府办公室的询问和调查。有时我们的对话会聚焦于《下一个村庄》。布莱希特说它是阿基里斯与龟的故事①的对应版本。如果一个人将自己的旅程分解到最小的部分,而且不计入那些偶然的事情,那么他永远不会到达下一个村庄。于是对于旅程来说,即使是整个生命也太过短暂。但谬误正在于"一个人"(one)这个词。因为如果旅程被分解为各个部分,那么旅行者也是一样。如果生命的整体性被破坏了,那么它的短暂性也被破坏了。就让生命尽可能地短暂吧,那完全没关系,因为到达下一个村庄的人不是那个出发上路的人,而是另一个。我自己则提供了如下阐释:生命真正的度量是回忆。回首往事,它就像闪电一般穿过整个生命。就像一个人翻回去几页书一样快地,它从下一个村庄又穿回

---

① 即"芝诺悖论"。由于运动的物体在到达目的地前必须到达其半路上的点,若假设空间无限可分则有限距离包括无穷多点,于是运动的物体会在有限时间内经过无限多点。芝诺提出让乌龟和阿基里斯赛跑,两者起点不同,乌龟的起点位于阿基里斯身前1000米处,并且假定阿基里斯的速度是乌龟的10倍,则阿基里斯永远无法追上乌龟。——译注

了行者决定启程的地方。对于那些生命已经转化为文字的人来说——就像故事里的祖父——他们只能回忆式地、从后往前阅读这些文字。这是他们正视自己的唯一路径,也只有如此——以从当下逃离的方式——他们才能够理解生命。

9月27日,德拉厄

在前几晚的一场对话里,布莱希特提起了一个他罕见的犹豫,这使他现在无法作出任何明确的计划。他首先指出,犹豫和无法决定的主要原因是他的处境相较于其他大多数逃亡者来说,是享有太多优待的。因此,既然总体上他不认为流亡对于计划和项目来说是一个合适的基础,鉴于他自己的特殊境况,他就更加彻底地否认了这一点。他的计划涉及流亡结束以后的时期。他在那里面临两种可能。一种是有一些待完成的写作计划:短一点的是《阿图罗·魏》①,一个以文艺复兴时期的传记风格写作的关于希特勒的讽刺作品;长的则是小说《图伊》(*Tui*,或译《蜕》),这将是一个关于知识分子诸多荒唐之事的百科全书式的调查,看起来它至少会部分地以中国为背景。这个作品的小规模雏形已经完成。但除了这些散文工作,他还挂心于其他计划,那些计划可以追溯到非常古老的研究和想法中。尽管在关键处,他能够将自己关于史诗剧的想法在他的《尝试》的笔记和导言中记录下来,其他的想法,尽管源于同样的兴趣,却和对列宁主义以及经验主义者的科学化潮流的研究结合在一起,并因此超出了原有的有限框架。在过去的几年中,它们时而被归入这个关键概念里,时而又

---

① 指《阿图罗·魏的有限发迹》(*Arturo Ui*)。——译注

被归入另一个,以至于非亚里士多德主义逻辑,行为主义者理论,新百科全书及对各种观念的批判轮流占据着他思考的中心。目前,这些多样的追求集中于一个哲学教谕诗的念头。但他对此充满怀疑。他怀疑,首先,考虑到他迄今为止的作品,尤其是其中的讽刺元素,特别是《三毛钱小说》(The Threepenny Novel),大众是否能够接受这样的作品。这个怀疑是由两条不同的思路形成的。当更加关心无产阶级斗争的问题和方法时,他会格外怀疑讥讽性,尤其是反讽性的态度一类的问题。但是将这种更多的是实践性质的怀疑与某种更加深刻的怀疑混淆在一起,那是对这些怀疑的误解。这些怀疑在更深的层面上关注的是艺术中的艺术性和游戏元素,而其中最重要的是,这些元素会间或偶然地使艺术难以被理性所驾驭。布莱希特作出了一种英雄式的努力,希望赋予艺术以与理性相对的合法地位,而这种努力一再地将让他注意到寓言,在寓言中,艺术的掌控力被这样一种事实证明,即一个作品所有的艺术性元素最终都被彼此抵消了。正是他这个与寓言联系在一起的尝试,如今在他的教谕诗概念中的激进形式里变得可见了。在对话的过程中,我试图向布莱希特解释,这样的诗不需要寻求资产阶级大众的认同,而需要无产阶级大众的认同,相较于布莱希特更早的、一定程度上以资产阶级为目标受众的作品,无产阶级大众大概更倾向于在教谕诗自身教条而理论化的内容中寻找其认同的标准。"如果这个教谕诗能成功地把马克思主义的权威拉到自己这一方,"我告诉他,"那么你之前的作品也不大可能削弱那个权威。"

10月4日

昨天布莱希特动身去伦敦。在这方面,不知道是不是我提供了特别的诱因,还是布莱希特现在总体来说就更倾向于此,无论如何在讨论中他的攻击性〔他自己称之为"放诱饵"〕比以前更强了。的确,我被这种攻击性所采用的一系列特殊词语击中了。他尤其喜欢用**小香肠**(*Würstchen*)①这个词。在德拉厄的时候,我在读陀思妥耶夫斯基的《罪与罚》(*Crime and Punishment*),他一上来就指责我,说这个阅读选择会让我的身体不适。作为证明,他给我讲述了在他年轻的时候,一场漫长的疾病(显然这场病潜伏了很久)是如何开始的:他的同学给他弹奏了一首肖邦钢琴曲,而他没有反抗的力量。布莱希特认为肖邦和陀思妥耶夫斯基都对人们的健康有着极为不利的影响。在其他方面,他也不错过任何在阅读上刺激我的机会。他自己那时候正在读《好兵帅克》,他坚持要对这两个作者作一个比较性的价值判断。显然,陀思妥耶夫斯基根本没法达到哈谢克的程度,于是布莱希特毫不迟疑地将陀思妥耶夫斯基归入"小香肠"之流;如果再有一点点能说的,他就会将那时候他对所有缺乏,或被他认为缺乏一个启迪特性的作品的描述,沿用到陀思妥耶夫斯基身上。他称这些作品为一个**结块**(*Klump*)。

1938 年

6 月 28 日

我在一个楼梯的迷宫之中。这个迷宫的屋顶没有完全封盖。我向上爬;其他的楼梯就通向下面。在到达一个楼梯平台时我意

---

① 指无足轻重的人或事。——译注

识到我已经到达了最高点。许多平面在我的面前展开了一幅广阔的景象。我看其他人站在其他顶点上。其中一个人突然感到眩晕然后跌落。那种眩晕传播开来；其他人也开始从顶点上坠落到深渊。当我也开始感到眩晕的时候，我醒过来了。

6月22日我到了布莱希特的住所。

布莱希特谈起维吉尔和但丁的基本态度中那种优雅和淡漠，他说，那构成了维吉尔那庄严的**姿态**（*gestus*）的背景。他称维吉尔和但丁为**漫步者**（*promeneurs*）。为了强调《地狱篇》（*Inferno*）中经典的分层构造，他说："你可以在户外阅读它。"

他说起他对牧师根深蒂固的仇恨，那种仇恨承自他的祖母。他暗示道，那些挪用了马克思的理论信条并接管了其处置权的人，总是会形成一个牧师一样的秘密集团。马克思主义实在太容易被"阐释"所利用了。到现在它已经一百年了，而我们找到了什么？〔在这里对话被打断了。〕"'国家必然消亡。'这话是谁说的？国家。"〔这里他只能是指苏联〕他假装出一个狡诈的、鬼鬼祟祟的声音，站在我所坐的椅子面前——他在扮演"国家"——淘气地斜睨着想象中的对话者，然后说："我知道我**应该**消亡。"

一场关于新的苏联小说的对话。我们不再阅读它们了，对话于是转向了几乎将《言论》淹没的诗歌和译自苏联内部各种语言的诗歌翻译。他说那里的诗人日子很不好过。"如果斯大林的名字没有出现在一首诗里，它就会被解读为是故意的。"

6月29日

布莱希特说到了史诗剧，并提到儿童表演的那些剧，其中的表演失误营造了陌生化效果，赋予了戏剧生产以史诗性的特征。

类似的事情也可能发生在三流的地方剧场。我提到了《熙德》①在日内瓦的排演,当时王冠歪歪斜斜在国王头上戴着的样子给了我一点最初的模糊头绪,九年后我最终在《德意志悲苦剧的起源》(Der Ursprung des Deutschen Trauerspiels)中发展了这一想法。布莱希特继而说起史诗剧的想法最初出现在脑海里的瞬间。它发生于在慕尼黑上演的《爱德华二世》(Edward II)的彩排中。剧中的战役需要在舞台上持续四十五分钟,布莱希特无法管理舞台上的士兵,他的制作助理阿斯亚·拉西斯也不行。最终他绝望地求助于卡尔·瓦伦丁②,那是他最好的朋友之一。他那时在彩排现场,布莱希特问他:"哦,这是什么?那些士兵怎么了?他们出了什么毛病?"瓦伦丁说:"他们苍白无力,他们感到害怕,他们就是这样!"这个评论解决了问题,布莱希特还补充道:"他们很疲惫。"于是士兵的脸上都涂上了厚厚的白土粉。那便是最终决定这种戏剧生产风格的日子。

后来,"逻辑实证主义"③这一老话题又出现了。我采取了一种多少有些不妥协的态度,这使得对话几乎要转向不欢而散。这

---

① 《熙德》(Le Cid),此处应指儒勒·马斯内创作的歌剧《熙德》,改编自高乃依的同名戏剧。这一版本的歌剧在1885年至1919年演出,与本雅明所说"九年后《德意志悲苦剧的起源》(1928年出版)"时间吻合。——译注

② 卡尔·瓦伦丁(Karl Valentin,1882—1948),巴伐利亚喜剧演员。他对德国魏玛文化产生了重大影响,被称为"德国的查理·卓别林"。他的作品也对布莱希特产生了重要影响。——译注

③ 逻辑实证主义(logical positivism),20世纪20年代前后由维也纳学派发展出的哲学运动。一般认为这一流派的核心思想有二:第一,认为经验是知识唯一可靠来源,拒绝形而上学;第二,重视逻辑分析,认为只有通过运用逻辑分析的方法,才可最终解决传统哲学问题。——译注

一局面最终得以避免,因为布莱希特第一次承认他的论断是肤浅的。他以一种讨喜的方式表达出来:"一种深刻的需要导致了一种肤浅的把握。"后来,在我们走去他家的路上〔那场对话是在我的房间进行的〕:"对于一个总是占据极端立场的人,进入一段反思期是件好事。那样他就会抵达一个折中的点。"他解释这就是在他身上已经发生的事:他已经变得平和了。

晚上:我想我应该请别人给阿斯亚带一个小礼物——一副手套。布莱希特觉得这可能会变得棘手,可能会让别人以为这副手套是雅恩(Jahnn)①用来报偿阿斯亚的间谍服务的。"最糟的就是当整套指令②都已经全部撤销时,这些指令所包含的指示仍然被认为是有效的。"

7月1日

无论何时我提到苏联的情况,布莱希特的意见总是充满怀疑的。那天我问到奥特瓦尔德是否仍在监狱里"度过时间",他的回答是:"如果他还有时间,他就会一直坐下去。"昨天,格列特·斯特芬表达了他的想法,他认为特列季亚科夫已经死了③。

7月4日

布莱希特在昨天关于波德莱尔的讨论中说:"你知道吗?我并不反对反社会性的;我反对的是非社会性的。"

---

① 那个可能被提议作为中间人的名字,无法得到完全确定的辨认,可能是汉斯·亨尼·扬(Hans Henny Jahn)。

② 对手稿的识别不太确定。

③ 特列季亚科夫于1937年7月25日被捕并被指控从事间谍活动,于1937年9月10日被判处死刑。——译注

7月21日

卢卡奇、库莱拉等人的文章确实正在给布莱希特带来很大的麻烦。然而,他觉得不应该在理论层面上反对他们。于是我便在政治层面上进行提问,他果然毫不留情。"社会主义经济不需要战争,这就是为什么它反对战争。'俄国人民热爱和平的天性'就是对这一点的表达,没有任何其他的意思。在一个国家里不会有社会主义经济。重整军备已经不可避免地让俄国无产阶级倒退了许多,退回到那些很久以前的落后的历史发展阶段——尤其是,君主政体时代。俄国人现在是在个人统治之下。显然只有傻子才会否认这一点。"这个短促的对话很快就被打断了。我应该补充说明一下,在这个语境中,布莱希特特别强调,作为第一国际解体的后果,马克思和恩格斯失去了与工人阶级运动的有效联系,从那以后,他们就只向个人领袖提供建议了——只是私人性质的,而非用于公开发表的。尽管令人感到遗憾,但恩格斯在晚年转向自然科学并非偶然。

他说,库恩·贝拉①是他在俄国最热烈的追随者。库恩只研究布莱希特和海涅这两位德国诗人〔原文如此〕。〔布莱希特偶然暗示了在中央委员会有某个支持他的人。〕

7月25日

昨天早上,布莱希特到我家来给我朗读了他写的关于斯大林的题为《农民致他的牛》("The Peasant to His Ox")的诗。最开始

---

① 库恩·贝拉(Kun Béla,1886—1939),匈牙利共产主义革命家,匈牙利苏维埃共和国的主要创建者和领导者。1919年匈牙利革命失败后,库恩流亡奥地利,后被捕释放回俄国。1924年,库恩再次潜回奥地利重建匈牙利共产党。1928年,他在奥地利再次被捕,引渡回苏联。——译注

我没有领会它的意思,但后来关于斯大林的念头突然进入我的脑海,我就不敢以此为乐了。这多少就是布莱希特想达到的效果,然后他在接下来的对话中解释了他的意图。在对话中他格外强调了这首诗的积极方面。这确实是一首颂扬斯大林的诗,在他看来他确实做到了许多事情。但斯大林还活着。而且,一种不同的、更加热情的颂扬斯大林的方式,也不是布莱希特的职责,他仍在流亡途中,等待着红军的到来。他是在跟随着俄国的发展,同时跟随着托洛茨基①的写作。这证明存在一种怀疑——正当的怀疑——它要求以怀疑的态度评价俄国的诸种事务。这种怀疑的态度内在于马克思主义经典的精神之中。如果有一天这种怀疑被证实,那么去与这个政权抗争——而且是**公然地**——就会是必要的。然而,"不幸还是万幸,随便你选哪个",目前这种怀疑还没有落实,没有理由在其之上去构想一个像托洛茨基那样的政策。"于是毫无疑问,某些犯罪集团确实在俄国内部发挥作用。人们可以时时刻刻从他们造成的破坏中看到其存在。"最后,布莱希特指出,我们德国人尤其会受到我们在自己国家所遭遇的挫折的影响。"我们已经为自己的立场付出了代价,我们伤痕累累。我们会如此敏感实在是再自然不过了。"

到了晚上,布莱希特发现我在花园里读《资本论》(Capital)。布莱希特说:"我认为你现在研究马克思非常好,现在能与他相遇的人越来越少,尤其是在像我们这样的人之中。"我回应他说,我

---

① 列夫·托洛茨基(Leon Trotsky,1879—1940),俄国革命家、政治家、新闻工作者。1929年被斯大林驱逐出苏联,在流亡期间致力于反对斯大林的党派斗争和清洗行动,即布莱希特所认同的"以怀疑的态度评价俄国的诸种事务"。——译注

喜欢在那些最经常被提起的作者已经过时的时候去研究他们。我们进而讨论了俄国的文艺政策。我提到卢卡奇、加博尔①和库莱拉:"你没法和他们那样的人装腔作势。"布莱希特:"你可能装腔作势一下子,但肯定无法坚持整场。他们,说穿了,是生产(production)的敌人。生产让他们感到不舒服。你永远不知道你会在哪里进行生产,生产是不可预测的。你永远不会知道接下来会做出什么。而他们自己并不想生产,他们只想扮演党的官僚,然后去管控别人。他们的每一条批评里都包含着一次威胁。"然后我们转向了歌德的小说,我忘记是怎么转向这个话题的;布莱希特只知道《亲和力》(*Elective Affinities*)。他说他憧憬的是作者朝气蓬勃的优雅。当我告诉他歌德是在六十岁时写的这部小说,他大吃一惊。他说这本书毫无市侩气,这是极其了不起的成就。他很了解这种庸俗性,所有的德国戏剧,包括最重要的作品在内,都有这种印记。我提到《亲和力》在它刚出版的时候被接受的情况很不好。布莱希特说:"我很高兴听到这个——德国人是一个糟透了的民族[*ein Scheissvolk*]。从希特勒身上得出对德国人的总体评价未必是错的。我身上所有德国人的部分也都很糟糕。我们德国人身上最难以忍受的一点就是我们狭隘的独立观念。再没什么地方有像恶心的奥格斯堡那样的帝国自由城市②。里昂从来都不

---

① 安多尔·加博尔(Andor Gábor, 1884—1953),匈牙利作家、记者,匈牙利共产党人,1933年去往苏联,为莫斯科多家杂志撰稿。——译注

② 神圣罗马帝国中的一种特殊行政区划,帝国自由城市的城市不被任何一个帝国贵族管辖,其直辖于神圣罗马帝国皇帝,具有较高的自主管理权和特权。——译注

是一个自由城市;文艺复兴时期的独立城市是城邦国家。卢卡奇自己选择成为一个德国人,而他已经筋疲力尽了。"

谈到安娜·西格斯①的《盗贼沃伊诺克的最佳传奇》(The Finest Legends of Woynok the Brigand),布莱希特赞扬了这本书,因为它显示出西格斯已经不再为了稿约而写作了。"西格斯无法再为了稿约去生产,然而没有稿约和要求,我甚至不知道写作要如何提笔开始。"他还赞扬了这本书让一个反叛的、孤独的人物成为主角。

7月26日

布莱希特昨晚说:"对此不可能再有任何怀疑了:反对意识形态的斗争已经成了一种新的意识形态。"

7月29日

布莱希特给我读了一些他写的论战性的文字,这些文字是他与卢卡奇论争的一部分,是关于即将发表在《言论》上的一篇论文的研究。他问我应不应该发表这些文章。同时他告诉我,现在卢卡奇在"那边"的地位非常高,我告诉他,我无法提供任何建议。"这是涉及权力的问题,你应该去问问那边的人的意见。你在那里也有朋友的,不是吗?"布莱希特说:"其实并没有,我在那边没有朋友。连莫斯科人自己也没有——就像那些死掉的人也没有。"

8月3日

7月29日晚上我们在花园的时候,对话转向了部分《儿歌》

---

① 安娜·西格斯(Anna Seghers,1900—1983),德国女作家,前期作品具有较强的新客观主义风格,后期创作了一系列流亡文学,晚期转向社会主义现实主义。——译注

(*Children's Songs*)组诗是否应该收入新一卷诗集的问题。我不赞成,因为我觉得政治诗和私人诗的对比会让流亡经验变得格外清晰,而这种对比会因为加入一个不相干的序列而被削弱。我这样说,可能是在暗示这个建议再一次反映出布莱希特性格中破坏性的那一面,即他总是在事情几乎做成之前质疑一切。布莱希特说:"我知道,他们会说我是个躁狂症患者。当现在被传递给未来时,理解我的躁狂的能力也会随之传递到将来。我们生活的时代会成为我的躁狂的背景。但我会由衷地喜欢将来的人们这样说我:他是个**温和的**躁狂者。"布莱希特说,他对温和的发现,应该在这卷诗集中找到它的表达方式:认识到尽管有希特勒,生活还在继续;认识到永远都会有孩子存在。他在思考一个"没有历史的时代",他将这种思考写进他致艺术家的诗中。几天之后他对我说,他觉得这样一个时代的到来比战胜法西斯主义更有可能。但随后,伴随着他鲜少流露的激动,他又补充了另一个论据来支持将《儿歌》收入《流亡期诗集》(*Poems from Exile*):"在和这个命运斗争时我们什么都不能忽视。他们在计划的不是什么小事,这是毫无疑问的。他们在计划未来三千年的事情。极其庞大的事情。极其庞大的罪行。他们不顾一切。他们设法破坏一切。每一个鲜活的细胞都在他们的打击下萎缩。这就是为什么我们也必须思考一切。他们使孩子在母亲的子宫里残废了。我们也绝不能忽略孩子们。"当他这样说话的时候,我感到有一种力量施加在我身上,它的强度就像法西斯主义的力量一样,一种来自历史深处的力量与法西斯主义者力量的深度也不相上下。对我来说,这是一种古怪又新鲜的感觉。然后布莱希特的思考又转向了别的话题,而这进一步加深了我的这种感觉。"他们在计划一个令人不寒而栗的全面摧毁。这就是为什么他们无法和教会达成一致,因为后者同样有几千年的大计。而他们也使我无产阶级化了。这不仅仅是说他们从我这里拿走了我的房子,我的鱼塘和汽车;他们还夺走了我的舞台和观众。从我自己的观点来看,我不能承认莎士比亚的天赋就绝对高于我的天赋。但莎士比亚本来就不可能只为他的抽屉而写作,我也不能。此外,他的人物就在他的眼前。他所描写的人们就在街上跑来跑去。他不过观察他们的行动,然后挑选出一些特质;还有很多其他同等重要的特征,但他将它们略去了。"

8月初

"在俄国,有一种在无产阶级*之上*的专政。只要它仍然在为无产阶级做一些有用的事——比如,只要它还对无产阶级和农民之间的和解有所贡献,对无产阶级的利益给予基本的承认,我们就必须避免自己与这种专政断绝联系。"几天后,布莱希特提到一种"工人的君主制",而我将这种怪异的东西与那些从深海中打捞出来的,以长着角的鱼或其他怪物形式呈现出来的怪异的自然突变的产物相比较。

8月25日

一个布莱希特式的格言:"不要从好而旧的事物开始,而从一个坏而新的事物开始。"

英译者:安雅·博斯托克(Anya Bostock)

文论三

Presentation Ⅲ

在本雅明去世后,他的后期作品获得大量出版,这使他成为也许是二战以后在德语世界影响最大的马克思主义批评家。他成熟阶段的主要著作最近首次在英语世界与读者见面,这主要包括他的论文集《启迪》①,记录了他和当时最杰出的德国剧作家布莱希特关系的《理解布莱希特》②一书,以及他当之无愧的杰作《波德莱尔:发达资本主义时代的抒情诗人》③一书的完整版。本雅明在他自己的国家和国外都获得了广泛的声誉,但对于他著作极为尖锐的批判性评价几乎是缺席的,尽管有一些例外的情况。左派阵营大体上考虑的是捍卫本雅明的遗产,希望这些遗产不朝着神秘主义方向被挪用;而右派则是意图确立本雅明和正统的历史唯物主义之间的距离。因此也许会让我们感到意外的是,对本雅明在最后阶段的发展进行了最精彩的批判的是比他更年轻的朋友兼同事阿多诺——阿多诺在当时给本雅明写了不少私人信件谈论他

---

① Walter Benjamin, *Illuminations*, London, Jonathan Cape, 1970; London, Fontana Press, 1992.——译注

② Walter Benjamin, *Understanding Brecht*, London, NLB, 1973.——译注

③ Walter Benjamin, *Charles Baudelaire: A Lyric Poet in the Era of High Capitalism*, London, NLB, 1973.——译注

的看法。两人之间的这些通信事实上代表了20世纪30年代欧洲最重要的美学交流之一。以下,本章选录了这些信件中的最重要的那部分里的四封信——三封是阿多诺给本雅明的信,一封是本雅明的回信。这些信关注的问题分别是:第一封信,本雅明"拱廊街(Arcades)计划"的大纲草稿〔定名为《巴黎,19世纪的首都》("Paris-The Capital of the Nineteenth Century"),现见《波德莱尔:发达资本主义时代的抒情诗人》,第155—170页〕,写于1935年;第二封信,本雅明的著名论著《技术再生产时代的艺术作品》(*The Work of Art in the Age of Mechanical Reproduction*)[1],

---

[1] 在中文世界,本雅明的这一名文一般翻译为《机械复制时代的艺术作品》,但关于"机械复制"这个词组,本雅明用的德文原文是 technischen Reproduzierbarkeit,直译成中文是"技术可复制"或"技术可再生产"。之所以会出现"机械"这样一个翻译,和1936年该文翻译成法文时,technischen 被翻译成 méchanisée 有关(最初的英译本也受此影响)。法文这么翻译的原因是,本雅明这篇文章主要谈电影,而电影在当时法文语境里被认作为机械技术。然而本雅明使用"技术"一词,实际上是在与这种通常理解作抗衡,所以是有意为之。法语、英语学界都已经注意到了这个关键的误译,近来中文学术界也关注到这个问题,并开始改用"技术可复制"或"技术再生产",关于这个问题的详细说明可参看《技术可复制时代的艺术作品》杨俊杰译本(南京:江苏凤凰文艺出版社,2023)的导言。另一个问题,Reproduzierbarkeit,不管是德文还是法文、英文的对应词,都既有"复制"也有"再生产"的意思,所以到底应该翻译成哪个学术界也有争论。本雅明用"复制"的意思是显而易见的,但我们考虑到这时本雅明由于受马克思主义再生产理论和布莱希特实验戏剧的影响,强调艺术对现实世界的再生产功能,所以选择翻译成"再生产"。不过,由于英译本的编者和介绍者还是以"机械复制"理解本雅明的意图的,在他们的解说里有用"机械"这一含义的时候还是翻译成"机械"。——译注

1936年出版〔现收入《启迪》,第219—253页〕;第三封和第四封,本雅明对波德莱尔的一些最初的研究,这是他在1938年构思的〔定名为《波德莱尔笔下第二帝国时期的巴黎》("The Paris of the Second Empire in Baudelaire"),见《波德莱尔:发达资本主义时代的抒情诗人》,第9—106页〕。

  阿多诺1923年在法兰克福初识本雅明,在之后的几年里,他们的熟识程度加深了。1928年,本雅明似乎开始了他"拱廊街计划"的研究。在此后一年里,他与阿多诺在柯尼希施泰因(Konigstein)第一次对此有了深入的讨论。同样是在1929年,本雅明和布莱希特建立了亲密的朋友关系。1933年纳粹在德国掌权以后,本雅明逃亡到了巴黎,而当时阿多诺在牛津,并且会定期回到德国,在德国当局的记录里,这时的阿多诺相对来说还不是那么显眼。1935年8月,阿多诺在德国黑森林写作了他对本雅明新作①的第一个内容翔实的批评。当时本雅明已经从由霍克海默主持的位于纽约的社会研究所(Institute of Social Recearch)获得了一份常年薪金,这份薪金成了他在30年代剩下几年里主要的财政支持。在接下来的一年,阿多诺收到了本雅明讨论"技术再生产时代的艺术作品"的论文手稿并作了评论,这个手稿随后于1936年年初在社会研究所的《社会研究杂志》(Zeitschrift für Sozialforschung)上发表。1937年至1938年

---

① 即本雅明关于他的"拱廊街计划"的大纲草稿《巴黎,19世纪的首都》。——译注

之交,在阿多诺最终启程远走美国之前,两人在圣雷莫(San Remo)又一次见面,进行了一系列深入的讨论,阿多诺随后于1938年2月重新加入了当时在纽约的社会研究所。1938年后半年,本雅明将他计划中的波德莱尔研究已完成的三章寄往纽约,希望能在《社会研究杂志》上发表。阿多诺对这个文本提出了反对意见,而这也代表了社会研究所的整体意见,结果是《社会研究杂志》没能刊登这三个章节。作为对阿多诺批评的回应,本雅明重写了部分他关于波德莱尔的研究,这一部分于1939年刊登在了研究所的杂志上,取名为《关于波德莱尔的几个主题》("On Some Motifs in Baudelaire")〔现在收入《波德莱尔:发达资本主义时代的抒情诗人》一书,第107—154页〕。本雅明此后写作的唯一重要的文本是《历史哲学论纲》("Theses on the Philosophy of History"),完成于1940年9月,他去世前的几个月。这部作品对后来法兰克福学派整体上的思想发展,尤其是阿多诺个人的思想发展,产生了重要影响,这一点需要被着重指出。

在第二次世界大战以后,阿多诺负责编辑本雅明的第一个两卷本的《文集》(*Schriften*),又在20世纪50年代和他人一起编辑了本雅明的两卷本《通信集》(*Briefe*)。而十年后,在德国学生运动发展和德国马克思主义复兴之后,阿多诺和本雅明的关系成为联邦德国左派阵营内的一个重要的争议话题。不过,现在要评估以下这些通信,我们须避免政治性回溯所带来的错觉,须将这些发生在两人之间的真实的交流放回到历史处境中。在一战之前,本雅明在柏林的威廉时期接受了思想上的训练,他当时受到新康德主义哲学家李凯尔特的影响;他早年还趋向犹太教神秘主义,并在一段时间里为犹太复国运动所吸引;在20世纪20年代他发现了马克思主义,并去俄国游历(1926—1927),和德国共产党走得很近;他的主要兴趣点始终是文学。阿多诺比本雅明小十一岁,深受魏玛德国的影响,并且没有宗教方面的背景;他在成长阶段主要受到的是音乐上的训练,在维也纳时他曾在勋伯格那里学习音乐;而他的哲学训练没有受到威廉二世时期德国**生命哲学**(Lebensphilosophie)的影响;另一方面,他在政治上和一些组织的联系是相当脆弱的,就连他和法兰克福社会研究所的合作也是在二战前夜才固定下来的。在写下面所列的第一封给本雅明的信时,阿多诺三十二岁。文化上,这两人共享了一些经常提到的无论在时间还是空间上都处在轴心位置的人物,在这些人物中最重要的是普鲁斯特、瓦莱里、卡夫卡。不过,本雅明总是对超现实主义有着浓厚的兴趣,而超现实主义在欧洲的中心是巴黎,这对阿多诺来说是陌生的;而阿多诺因为在维也纳生活了不少年头,对精神分析和弗洛伊德的重要性的认可比起本雅明来说要深刻得多。如果说本雅明和布莱希特的接触使得本雅明转向一种比他通常展示的情况更直接的马克思主义,那么阿多诺和本雅明的交流则使阿多诺转向了一种比他在其他方面所显示的更革命的唯物主义态度。毫无疑问,阿多诺对本雅明的影响又可以部分抵消布莱希特对本雅明的影响。这样一种三角关系的复杂状况给这些在1935—1939年间的通信增加了魅力。

因此,和我们可能预想的不同,在下面所列的阿多诺的第一封信里,即讨论本雅明的《巴黎,19世纪的首都》的那一封信中,阿多诺将批评的重点放在了本雅明心理学上的主观主义和非历史的浪漫主义上面,阿多诺相信他能够在本雅明缠绕密集而优雅耀眼的文本背后看到这些问题。阿多诺以他卓越的洞见指出,本雅明在使用马克思的商品拜物教这一范畴时没有根据地将其主观化了,他把这一范畴所指涉的交换价值的客观结构问题转换为了个人意识的幻觉问题。伴随着这样一种把商品拜物教解说为主观之"梦"的错误描述,本雅明进一步误导性地用一个作为远古"神话"的储存地的"集体"无意识来矫正这个个人意识。正如阿多诺评论的,这个追加的解释加重而非缓和了本雅明原先的错误。寄居着古老神话元素的"集体无意识"这样一个范畴是来自荣格的一个意识形态概念——而荣格的反动倾向是很容易被看到的,荣格试图用这样的集体无意识概念解除弗洛伊德的一些科学概念对"性"问题的关注,并要最终抹去这些概念。阿多诺还顺便提到,恐怕是由于本雅明对精神分析的真正意义缺乏理解,本雅明才会在对**新艺术运动**①作描述时流露出一些危险的弦外之音,而

---

① 新艺术运动(Art Nouveau)指的是19世纪末到20世纪初发生在欧洲的一场工艺风格革新运动。由于对工业革命带来的标准化与机械化的产品风

阿多诺本人对新艺术运动中呈现的爱欲解放的根本冲动则是捍卫的。同时,本雅明这里暗含着神话的内在价值增殖①,这会或者导致对一个与自然保持原始统一的世界的浪漫化乡愁,将这个世界看作保留着在今天早已失去的社会纯真之所在;或者导向过去的反面,即导向一个乌托邦式的无产阶级愿景〔从糟糕的意义上说〕,无阶级性的乌托邦版本。这些愿景更像是无阶级的,而不是乌托邦式的。这样一种对神话的不恰当的信心必然会导致本雅明对历史的一种非批判的漠然态度。阿多诺非常敏锐地指出本雅明在《巴黎,19世纪的首都》中使用"第一次""最后一次"这样的典型语汇频率过高,并进而提出了一系列具体的、历史的反对意见,指出了本雅明的一些看起来非常具体的引证材料实际上的不准确之处。特别是他指出一个明显的事实,即商品生产在波德莱尔时代之前的很多个世纪就已发生,而且指出对资本主义发展中的工场手工业阶段和工厂制造业阶段作出谨慎区分是十分必要的。他建议,在第二帝国时代,巴

格不满,一些艺术家和设计师试图在工艺设计中结合一种有机风格,以曲线和植物图案为代表。新艺术运动在各国展开时拥有不同的名称,到了德国就被称为"青春艺术风格"(Die Jugendstil)。——译注

① 价值增殖,英语为 valorization,德语为 Verwertung。这个词的含义显然来自《资本论》,意思是在生产过程中由于购买劳动力及劳动力的劳动造成的资本形态变化、剩余价值实现、价值增长等增殖过程。这里英文编者是在隐喻的意义上使用这个词,指本雅明在以浪漫主义求诸神话以后,给神话带来了很多增殖的意义。——译注

黎拱廊街是一个贩卖舶来品的市场,而这应该和波拿巴政权的海外冒险结合起来思考;而且也不能说工人阶级在19世纪30年代以后就永远不在政治上消极了。阿多诺大量更细微的对细节的批评都是这样的:比如他指出,砖比铁更早地作为一种人造建筑材料被使用;"附庸风雅的"(snobbery)不能被混同为花花公子的"纨绔之风"(dandyism)这样的社会现象。总之,阿多诺对本雅明的总体建议是,应进一步加强他在处理历史时的方法的准确性,使用更多的物质证据,对本雅明关心的文化构造的客观社会基础作出更严格的经济层面的分析。

在接下来的几年里,本雅明决定从他一开始所设想的较宽泛的"拱廊街计划"里抽出波德莱尔来单独写一本书。这本书被分为三个部分:对作为寓言作家的波德莱尔的一个研究,对他笔下的巴黎社会的一个研究,以及对作为诗学对象的商品的一个研究——最后的这部分可以综合起寓言诗人和巴黎都会的意义。① 1938年,本雅明完成了这个三部分计划中的第二部分,并且将这个完成稿寄到了纽约。在很多方面,这个稿件似乎都遵照阿多诺之前的敦促,比如努力达到更高的历史精确性和唯物主义客观性;所有荣格影响的踪迹都消失了,任何关于商品拜物教的梦幻呈现也都被清除了,同时大量第二帝国时代的历史文献被一丝不苟地、出色地汇集并呈现出来。然而,阿多诺却以比对原先的《巴黎,19世纪

---

① 本雅明:《通信集(第2卷)》(*Briefe II*),第774页。

的首都》更严厉的批评态度回应了这个手稿。不过这次阿多诺对这个稿件持保留意见是出于另一些原因。事实上,他批评本雅明如此狭隘地限制他所展开的历史调查的范围,以至于这样一种对时代细节的汇集很可能落入一种神秘的实证主义的窠臼。一旦丢失了明确以马克思主义为指导的理论努力,第二帝国的巴黎和诗人波德莱尔的作品之间的关系就可能被呈现为一种武断的、不清晰的样态。最多——或者最糟糕的,波德莱尔诗歌的一些具体内容被直接简化为对当时的经济突变的表征;然而事实上只有在对作为整体的社会结构进行全球性分析之后,波德莱尔的这些文学成就才能以一种真正的马克思主义的方式被解码。本雅明"禁欲主义"式的文风抛弃了理论阐释,徒留一些毫无艺术性的事实概要,阿多诺认为这种做法对本雅明自己的天赋和对历史唯物主义来说都是一种损害。本雅明在他的回信中对这个问题作了合理的申辩,他说投递给社会研究所的这个部分只是他波德莱尔研究三部分中的一个部分,故不能被孤立地予以评判。对寓言诗人和巴黎都市的理论解释都将被放在研究的第三部分去集中完成,这第三部分才是为整个研究作总结的部分——而正因为有这个考虑,他才故意在对巴黎的各个主题作历史描述时让理论分析缺席。不过很显然,阿多诺对本雅明的一个更深层次的嫌恶的发现并不是误判,本雅明确实不喜欢这样系统性的理论阐述工作,他对将神秘的世界之灵药倾倒在已然被规定了的话语的透亮容器里进行阐述的做法有一种与生俱来的抗拒。阿多诺评论道,在本雅明对经济经验主义的独有钟情的底下或另一边,潜藏着宗教式迷信的踪迹:他对一些"名"有着一种神学式的敬畏,而这又和一种实证主义式的采集事实的兴趣以一种奇怪的方式结合在一起,两者所共有的是一种沉溺于"罗列"(enumeration)的阐发冲动,而缺少分析性的解释的做法。① 阿多诺发现,本雅明这个思想障碍可能来源于他隐秘的神秘主义和浅白的唯物主义之间的互相作用,应该说阿多诺的这一诊断显示了他伟大的批评洞穿力。

然而必须同时指出,阿多诺就他和本雅明之间的理论分歧所作出的现实处理方式显然是有失智慧的。在写给本雅明的关于"拱廊街计划"手稿的两封信中,都有一些令人困扰的注释,这些注释表达了阿多诺自己对一些意见的偏执坚持〔如关于"辩证形象"的概念,"地狱"这个主题,或者从让·保尔那里借来的引用〕,这样一来,阿多诺实际上没有对本雅明思考的自主权给予足够尊重,而这不符合一个批评家应有的审慎精神。更严重的问题是,社会研究所拒绝出版本雅明这些关于波德莱尔的手稿的决定——阿多诺无可回避地在很大程度上

---

① 在阿多诺看来,正如残留的一个本雅明对齐美尔的引用所显露的,并非所有**生命哲学**的浪漫主义的痕迹都在本雅明那里被禁止了。本雅明后来对此作出强烈的反应以捍卫齐美尔对他早期的影响:"你对齐美尔总是怀疑:难道我们现在不应该尊敬他吗,作为文化布尔什维克主义的一个先祖?"本雅明:《通信集(第2卷)》,第808页。

要为这一决定负责——对于本雅明来说无疑是沉重的、毫不体谅的打击。杂志的正确做法当然应该是出版这些手稿,然后再在杂志上围绕这个研究作一些批判性的讨论。但事情的结果则是公开讨论没能被允许出现在杂志上,而我们不能不对此感到遗憾,我们只能在这些非正式的私人通信里看到这些交流。阿多诺的批评显然给予本雅明以重击,而本雅明自己对阿多诺这些批评的反应,也正是请求阿多诺能将他的论著先行刊出,进而对此进行必要的、自由的讨论——如果考虑到本雅明当时十分孤独而困苦的处境,他的这一请求就显得更令人心酸了。在这一事件中,本雅明没有获得这个机会,于是他重写了他对波德莱尔研究的一个部分,这次他更迎合了社会研究所的期望,而研究所也在几个月以后出版了这份新版的文稿,即《关于波德莱尔的几个主题》①。非常明显,在这个文本里,原先在《波德莱尔笔下第二帝国时期的巴黎》中存在的强度,即对历史材料的高密度收集和统御穿插都消失了——而在理论视野上也没有相应地得到补偿性的加强。在这个新版本里,狄尔泰被忽略了,荣格和克拉格斯——这两个阿多诺在第一封信里选出来特别予以攻击的人物——现在被以一种或多或少的浮夸的热情,打发到了法西斯主义阵营里;同时弗洛伊德则通过大量采纳他在《超越快乐原则》

---

① 关于阿多诺对这个新版本的热忱的反应,见 1940 年 2 月 29 日他写给本雅明的信,收入《论瓦尔特·本雅明》(*Über Walter Benjamin*),第 157—161 页。

(*Beyond the Pleasure Principle*)里的"震惊"概念得到了重点的介绍。可惜《超越快乐原则》不过是弗洛伊德后期形而上学式的精神分析著作中最不成功的一个,而本雅明对它的使用也只是产生了一个比原先稿本更薄弱的版本。因此,尽管阿多诺自己对本雅明的批评是有力的和意义深远的,是对两人之间争论的一个独立的贡献,但本雅明为了接近阿多诺的意图而重写自己的著作这样的负担,只可能造成与改进文本相反的效果。此外,研究所在1938—1939年的纽约所处的严峻压力也加剧了它对本雅明工作的不公正对待。当时美国学术文化处在一种急剧升温的反对革命的气候中,而研究所也开始施行一系列策略去顺应这一气候。在本雅明关于波德莱尔的原稿中,一开头就是关于马克思所评定的19世纪40年代职业革命密谋者的一个政治讨论,同时从头到尾持续地暗示着,19世纪法国以街垒为中心的无产阶级斗争,并以对布朗基的动人召唤作结。在《社会研究杂志》上最终发表的文章里,这些段落完全消失了,这恐怕不大可能只是巧合。如果说在巴黎的本雅明是一个对"以事物的本来名字称呼它们"这样的神秘奥义过于轻信的人,他在纽约的同事则显然并未因相信这种直唤其名的做法而承受痛苦:他们太善于使用委婉语法和迂回战术这样的外交艺术实践了,而这样做当然不是在按照事物本来的名字称呼事物。

这种委婉迂回或许在一个较轻的程度上,已经在研究所对本雅明更早些时候的文章《技术再生产时代的艺术作品》的处理中表现出来了。1936年在《社会研究杂志》上刊登出的那个版本显然有一些典型的改动,如用"极权主义信条"代替"法西斯主义","人类的建设性力量"代替"共产主义",用"现代战争"代替"帝国主义战争";同时它直接召唤马克思的前言则被全部删去了。不过这些删减是在纽约的霍克海默做的。阿多诺在这个阶段还没有参与到研究所的管理工作之中,他只是在伦敦通过私人途径得到了本雅明这篇文章的一个打印稿,他要在两年以后才出发前往美国。

阿多诺自己对本雅明这个作品的反思则不受编辑身份的掣肘,因此这个反思可能是他在与比他略年长的本雅明进行较量时,最为成功地展现出自己的批判智性的案例。本雅明攻击美学的"灵晕",认为它是资产阶级文化的一个遗迹,并且礼赞在电影中实现了的艺术作品里再生产技术的进步功用,将它看作大众重新占有艺术的一个有效通道。阿多诺对这样一个观察进行了回击,他在回应中捍卫先锋艺术,并且反击驳斥了本雅明对商业大众文化的过分信任。另一方面他又指出,艺术的"技术化"不仅在好莱坞喜剧里出现了,在维也纳的无调性音乐里也同样明显地出现了:先锋艺术自身的内在形式发展已经到达了对"生产"的机制作祛魅展示,而这正是本雅明认为电影工业所完成的伟大成就。另一边,阿多诺指出,被本雅明所称颂的所谓大众艺术,也远不是没有灵晕的,它事实上是典型的拟态的和幼稚的:特别是美国的电影工业,即便是那些表面上最"进步"的表达,也不过是资产阶级意识形态的一个载体。卓别林,这个为左翼所追捧的导演,在阿多诺看来,他的艺术不过是滋养了一种翻转了的野蛮主义;而爵士乐这个表面上进步的、集体性的音乐形式,在他看来也事实上建立在催眠性的重复之上。本雅明认为电影观众在观影中发生了"注意力分散"①,或是体育运动的粉丝常常会获得"专家知识",他认为这些无论如何都可被视为美学解放的原型,而阿多诺却以为这样的理解是一种十足的浪漫主义。从经济层面上说,"注意力分散"这个概念暗示着即便在共产主义社会也没能废除劳动疲乏——只有这样才会需要作为消遣和散心的娱乐,而不是如马克思所经常设想的,在那里新的经济形式可以充分解放人的想象力和感受力,并由此获得一种更新的聚精会神的强度。从政治上讲,本雅明的论

---

① "注意力分散",英语为 distraction,德语为 Zerstreung,都有两个意思:一个是注意力的分散;一个是娱乐、消遣。可分别指向看电影的审美姿态和社会功能。杨俊杰翻译为"散心",基本是准确的,但这样翻译的话就有些弱化这个词提示的新的审美姿态,即一种与"全神贯注"相对立的审美方式,所以我们翻译为"注意力分散"。显然,本雅明受了布莱希特的美学观点和戏剧实验的影响(他的另一个理论发明"测试"也是如此),即对传统戏剧所要求的"全神贯注""凝视""移情"的破除,而这种新美学又与当时的达达主义、超现实主义的实践有关。我们今天在看电影时又重新恢复了"全神贯注""凝视""移情"的审美姿态,所以本雅明的这个概括似乎与我们的观影经验有冲突,但是放在当时的先锋无声电影、布莱希特的实验戏剧、达达主义绘画或超现实主义摄影的实践中,或回到本雅明强调的对建筑的游览、欣赏的过程里,"注意力分散"还是颇具概括力的。——译注

断忽视了列宁对自发主义的批评,阿多诺认为列宁的批评预防了一种纯粹的乐观主义式的对工人阶级的展望,这种乐观主义认为工人阶级无须吸收理论知识,就直接具有掌控新艺术形式的进步潜能和潜在意义的能力。阿多诺总结道:现代艺术争论的真正难题,必然落在如何处理工人和知识分子在革命运动中的关系这个问题上。

这些争论中的很多有力的表述在今天依然具有相关性。很明显,本雅明追随着布莱希特,倾向于将技术从生产关系中抽象出来,赋予这种抽象的技术以某种实在性,并理想化娱乐,却忽视了对它们再生产的社会决定性因素。他关于"注意力分散"的积极意义的理论是建基于对建筑艺术的似是而非的总体归纳上的,① 而建筑艺术因为它的特殊形式往往用于实践目的,所以肯定会要求一种明显不同于戏剧、电影、诗歌或绘画的注意力。针对本雅明这一修辞性的表述,阿多诺对于强调美学专注力的传统形式的坚持在今天也保留着它全部的有效性〔正如他对卓别林令人困惑的悲苦主义的直率蔑视的有效性也只有在今天才能获得确证〕。不过在另一面,阿多诺自己对爵士乐的分析——他将这个分析作为本雅明对电影的讨论的对立面——却也是众所周知的短视和保守:他专断地仅仅聚焦于爵士乐在 20 世纪 30 年代的"摇摆"时期,这个分析完全无法观察到爵士乐作

---

① 本雅明:《启迪》,第 241—242 页。

为一种美学形式的动态活力,爵士乐的过去和未来远远超出了阿多诺所划定的那个爵士乐只作为起安抚作用的重复旋律的阶段。在本雅明明显高估了他那个时代商业大众文化的进步命运的同时,阿多诺也明显地高估了那个时期先锋艺术的力量。事实上,在两者身上我们都看到了一种守旧倾向的迫近。本雅明已经开始悲叹电影中声音的到来,而阿多诺之后也无法被电子音乐的出现激发出任何热情。两人都显露出,他们与自己所讨论的媒介形式在现实中的展开情况有着不容忽视的距离,而这使得他们对"技术"的精确性质的讨论弥漫着一种模糊性,但他们已经迫不及待地向技术的统治性力量献上敬意。阿多诺倾向于将技术等同为一切艺术的形式法则,而本雅明实质上是将技术等同于机械复制。但如果仅就技术的复制性这一点来讲,它至少在印刷术被发明出来的文艺复兴时期就已经存在了,①因此本雅明不得不在实际操作里将这个术语颇为武断地局限在对电影技术的分析上,他的理由是只有电影是不仅在传播

---

① 当然,事实上艺术作品的复制技术在文艺复兴之前很久就已经出现了。它最开始应该发生在罗马时代,而后来蚀刻上的铸模和复制技术日臻成熟,在整个中世纪,蚀刻技术的引入将经典的形式和经典的形象散播到一个相当大的范围。总体来说,本雅明似乎很奇怪地完全忽视了古代的技术革新。阿多诺指责本雅明认为铁是第一个人造建筑材料,并指出砖才是。但两人似乎都忘记了在罗马时代就已经发明了最早的混凝土材料。蚀刻复制和建筑上混凝土材料的应用都发生在公元前2至前1世纪,那正是罗马在希腊化世界建立霸权的时候。

上,而且在生产上都是复制的范例,只有这样,本雅明才能完成他的论述,即机械复制原则是当代艺术的革命性创新。① 总而言之,本雅明和阿多诺都忽视了一个重要的问题,即绝对需要对不同的美学形式以及它们相应的技术元素作一种**差异性**的历史分析,他们两位都有随便合并的倾向。他们主要关注的媒介形式在接下来的日子里所发生的变化和发展不仅是不平衡、不匀质的,同时它也见证了在"高雅"和"低俗"、"先锋"和"通俗"之间所发生的一系列极端驳杂的辩证关系,而这些情况是不论本雅明还是阿多诺都未曾设想过的。本雅明曾经预言的好莱坞的那种电影专业知识,已经被一群精致的精英知识分子实现了,他们用这一套知识去改造先锋电影:不管他们有多么离奇的天赋,本雅明是否会热忱地欣赏《电影手册》(Cahiers du Cinema)是值得怀疑的。相反的,阿多诺所敌视的爵士乐的内在发展最终导向了曾被阿多诺拥护为"严肃音乐"的无调性的那条道路。而绘画同样在另外的发展运作中结合了连环画和广告的主旨,在戏仿和肃穆之间摆荡。摇滚,由于它被舞蹈使用的关系,或许是唯一一种接近这种美学意味丰富的"注意力分散"的形式。而在另一方面,文学,因为语言本身所具有的区分性,可能是所有艺术形式中阶级区分最明显的,所以最终被证明是最抵制流行类型和先锋类

---

① 关于本雅明如何在复制技术里赋予电影以特别重要的地位,参看本雅明:《启迪》,第246页。

型的融合的艺术门类。

不管是永远过气了的现代主义的顺从态度,还是陷入重围的传统主义的尖声厉叫,都无法对这些不可调和的历史作出解释。就所有那些依然在资本统御下的文化来说,没有哪个美学领域可以免受这不断重复出现的、在孤僻的先锋和共通的流行两极间被撕扯的压力。阿多诺最基本的一个教诲在这个方面依然是正确的:"两者都是一个整体自由的被撕裂的一半,但它们永远不合在一起。"20世纪70年代不断转变的文化图景难免远远溢出了这两个30年代理论家的视野。不过尽管有一些具体学科中的局部突破,阿多诺和本雅明之间交流的基本主题还未真正被任何自那时以来的马克思主义美学理论的发展从整体上超越。以下的这些通信,是两个有着独特秉性的德国散文大师之间的交流,这在今天也依然是一份能够引起我们极大的思想和文学兴趣的文献。

给本雅明的信

西奥多·阿多诺

一

亲爱的本雅明先生:

今天我终于可以谈谈您这篇文稿了,此前我已经全面仔细地研读过,并同费利齐塔斯①对它又讨论了一次,她的意见和我在这里表达的意见完全一致。在我看来,只有彻底坦率地、不加铺垫地来谈这些对于您和我两个人来说具有同等核心地位的问题,才能够配得上您这篇文章的重要性,如您所知,我对它的主题的评价是极高的。在我展开批评性讨论前,我想说,即便您的工作方法已经意味着对您的著作作一个摘要概括或仅提炼一系列观点是无法充分呈现它的,我还是要说,您的这个手稿对我来说是充满了各种重要观点的。其中我只想强调关于"生活着就是在留下一串踪迹"的那个瑰丽的段落、关于"收藏家"的那些结论性句子,还有"让事物从有用性的诅咒里解放出来"的观点。您在波德莱

---

① 费利齐塔斯即格雷特尔·阿多诺,写信者的妻子。

尔那一章用来解释这个诗人的概述,以及您在 172 页①对**新颖**(nouveauté)这个概念的介绍,对我来说都完全有信服力。鉴于此,对如下情况您会无论如何都不感到意外吧:我依然对可以为如下标题所示的这一组事物感兴趣——19 世纪的前史,辩证形象,神话和现代主义的结构等。而如果说我克制住不去区分哪些是"物质"的问题,哪些是"认识论"的问题,这个区分也仍将存在,哪怕不是和您手稿的外在组织形式相一致,也至少和它的哲学核心问题保持着一致,而您的哲学的发展又是要使这两者间的对立消失〔这和在最近两个对辩证法更传统的描述中所呈现的情况一样〕。

让我从 159 页的那句引用——"每个时代都梦想着下一个时代"——开始谈吧。我的批评重点强调的关于"辩证形象"理论的所有母题都结晶在了这个**非辩证的**句子周围,所以它对我来说就是一把钥匙,而对该句的捣毁则有助于对这个理论本身的澄清。关于这个理论,这个句子暗示出三点:第一,将"辩证形象"这样一个概念看作意识的内容——尽管这里是一种集体意识;第二,这样一个形象和作为乌托邦的将来的一个直接的、可以说是在发展方向上的关联;第三,"时代"的概念作为这个意识的恰当的、自我包含的主题。但现在对我来说,如下问题至关重要:这一版本的可以被称作"内在的"(immanent)"辩证形象",不仅是威胁到了这个概念所具有的神学性质的原发力量,通过引入一种简单化的处理,触犯的不仅是主体的小问题,而是涉及了它基本的真理问题;而且,

---

① 这里涉及的所有页码都是如下英译本的页码:*Charles Baudelaire – A Lyric Poet in the Era of High Capitalism*, London, NLB, 1973。

它也没能在矛盾中保存您牺牲了神学才换来的社会运动的内涵。①

您把"辩证形象"变换为一个"梦"的意识,这样做不仅仅是祛除掉了这个概念的魔力,把它呈现为社会性的,您在这么做的同时也剥夺了"辩证形象"具有的一种可以被唯物主义论证的客观的解放力量。商品的拜物教特征并不是意识的现实,毋宁说,在它生产出了意识这个重大意义上,它是辩证的。然而,这就意味着无论是意识还是无意识,都不能仅仅把商品的拜物教特征描述为一个梦,因为除了梦想之外,意识或无意识还同样对它回应了欲望或恐惧。然而恰是这样一个商品拜物教特性所具有的辩证力量在您目前这个内在版本的辩证形象的复制现实主义(如果您允许我这么说的话)里消失了。现在让我们回到您那份辞藻华丽的"拱廊街计划"的草稿:如果说"辩证形象"仅仅是商品的拜物教特征在集体意识中被感知到的方式,那么圣西门式的关于商品世界的概念可能确实能将它作为乌托邦呈现出来。但这样的话,它就不能作为乌托邦的反面,即19世纪的作为"地狱"的一面,被呈现出来。然而只有后者才能让"黄金时代"的理念回归到正确的视点下,也恰恰是这种双重性能成为对奥芬巴赫的相当合适的解释——也就是说,一面是地府(Underworld),一面是极乐田园(Arcadia),这两者都在奥芬巴赫那里被清晰展示,这两个方面可以在他的音乐手法里被相当细致地追索到。因此当您在您

---

① 阿多诺批评本雅明这篇文章提供的"辩证形象"的"内在"版本,相比而言,阿多诺更认可本雅明之前使用的范畴——模型(model),这个"内在"版本的问题在于,过于留恋主体意识、梦这些范畴而牺牲了"辩证形象"的客观化的一面。——译注

的手稿里弃用了"地狱"这个范畴,特别是您去掉了那个关于赌徒的精彩段落〔您现在谈投机和赌博的那个段落并不能替代这个段落〕,这在我看来就不仅仅是使您的论述失掉光泽的问题,更重要的问题是使您的论述失掉了辩证一致性。我恐怕是最后一个意识不到意识的内在性与 19 世纪的密切关联的人,但是"辩证形象"的概念却不能来自意识的内在性自身;相反,这个意识的内在性本身,作为**内部**(*intérieur*),恰恰是一个以异化的方式呈现出来的 19 世纪的一个"辩证形象"。在这个问题上我在关于克尔凯郭尔的论著①的第二章里有过着重论述,现在我想应该将它重新提出来。根据以上这些分析,我认为"辩证形象"不应该以梦的形式被转变为一种意识,相反,梦应该通过一种辩证的建构被外在化,而意识的内在性本身也应被理解为是对现实的一种星丛般的呈现——我这里用了"星丛"这个天文学术语,在这样的星丛般的杂多的呈现中,地狱在人间徘徊。在我看来只有这样一种在星丛间旅行的天体图才能给我们提供一个对作为前史的历史的清晰的看法。

让我从另一个似乎恰好相反的出发点再一次阐述我同一性质的反对意见。与内在性版本的"辩证形象"保持一致〔对于这个"辩证形象"概念,我想用一个更具肯定色彩的概念——您早先使用过的"模型"(model)来对照〕,您把最古老的东西和最新的东西之间的联系——在您第一次的手稿中已处于中心位置的问

---

① 阿多诺在这里指的是他的第一本书《克尔凯郭尔:审美物的建构》(*Kierkegaard*: *Konstruktion des Äesthetischen*, Tubingen, 1933),该书写于 1929—1930 年,是对克尔凯郭尔主体的内在性和唯灵论的直接性的批判。

题——诠释为一个"无阶级的社会"和一个乌托邦之间的指涉关系。这样一来,就不是去成为"最新"的自身,而是让远古的东西成为新的东西的一个补充;而这就"去辩证化"了。然而就在同时,同样以一种非辩证的方式,这个无阶级社会的图景被放回到神话学,而不是去让它呈现为一个真正明晰的关于地狱的幻景。而对我来说,这样一种将古代合并进入现代的图景,就远不是一个黄金时代的范畴,还不如说是一个大灾难的范畴。我曾经注意到,那些刚过去的东西总是以好像被灾难毁灭掉的方式再次呈现出来。在**当下**(Hic et nunc)中,我会说它借此将自己呈现为史前史。而在这一点上,我知道我的观点和您关于悲苦剧的那本书〔《德意志悲苦剧的起源》①〕中最大胆的段落是一致的。

如果说把辩证形象祛魅为"梦",是将辩证形象心理化了,那么,出于同样的原因,它也陷入了资产阶级心理学的窠臼中。谁是做梦的主体呢?在19世纪,这个主体毫无疑问只能是个人,可是在这样的19世纪个体的梦里,却没有商品拜物教特性被直接描述,也没有对其历史遗迹作直接描述。于是集体意识被你唤醒了,但我怕在目前的形势下,这种集体意识很难和荣格的概念区分开来。这样的集体意识将在两个方面受到攻击。从社会发展进程的角度来看,这种版本的"辩证形象"假定了远古的形象,但实际上"辩证形象"却是由商品特性产生出来的;它不是在远古的集体自我里产生的,而是在异化的市民阶级个体中产生的。而从心理学观点来看,正如霍克海默指出的,集体自我只能在大地震

---

① 本雅明在1928年出版了《德意志悲苦剧的起源》一书,这本书的英文版可参看 *The Origin of German Tragic Drama*, London, NLB, 1977。

或大灾难时才会存在，而在另外大多数的时候，客观的剩余价值通过个人主体或通过反对个人主体的方式盛行着。对集体意识这个概念的发明，只能将我们的注意力从真正的客观性及与其相关的异化的主体性那里转移掉了。而现在我们需要做的，正是以一种辩证的方式一方面去将这个"意识"区分为社会意识和单体意识两极，另一方面同时去消融掉这个两极；而不是去给这个"意识"镀上光亮，将它看作商品拜物教特性的一个意象上的对应物。这里一个清晰而充分的警告是，在一个做梦的集体中，阶级之间的区分不见了。

最后更重要的，一个对我来说由社会决定的概念，即"黄金时代"这样一个远古的、神话的概念对商品范畴自身来说产生了致命后果。如果说"黄金时代"的相当重要的"含混性"被压制了〔"黄金时代"是一个极需要得到理论阐释、绝不能不经检测就使用的概念〕，那也就是说，它和"地狱"的关系——商品作为这个时代的实质已经是一种纯粹和简单的"地狱"了——被某种把原始状态直接看作真理的方式否定了。这样一来，对"辩证形象"的祛魅直接导致了一种纯粹神话式的思考，而在这时克拉格斯①的思考就像之前荣格的思考一样成为一种危险的倾向。在这一点上，相比于其他地方，您的手稿确实作了很多补救：比如，这里可以起核心作用的正是您所谓的收藏家的原则——收藏家让万物从它有用性的诅咒那里解放出来；此外，如果说我对您的理解是准确的，豪斯曼也属于使用收藏家原则的地方，以黑格尔自我意识的

---

① 路德维格·克拉格斯（Ludwig Klages，1872—1956）是保守且具有新浪漫主义倾向的文化哲学家和历史学家。

展开的方式将商品的特性完善化,他的阶级意识开启了对资产阶级幻景世界(phantasmagoria)的爆炸性呈现。真正将商品理解为一个辩证形象,要求我们将辩证形象也看成一个关于商品衰弱和被"扬弃"的主题,而不是仅仅在那里看到一种退回到更古老时代的倾向。一方面,商品是一个使用价值在它这里消亡的异化物,但在另一面,它也是一个异化的、比它自己的即时性活得更长久的存活者。我们在商品那里得到的是关于商品将不朽的承诺,而不是人将不朽的承诺。我想您已经正确地建立了您的"拱廊街计划"和您对巴洛克艺术研究的那本书之间的联系,若要发展这个联系,我们可以把对商品的拜物崇拜看作无信仰时代最后的形象,而这个形象只可以和死亡的头颅这样的形象作比。而对我来说,这个地方正是卡夫卡最根本的认识论的特点所呈现的地方,特别是从卡夫卡的奥德拉德克身上所呈现出来的东西,这个人物可以被看作没有任何目的而存活下来的商品。① 在这个卡夫卡笔下的寓言故事里,超现实主义可能到达了它的终点,正如巴洛克戏剧在《哈姆雷特》(Hamlet)那里到达了它的终点。但如果我们要在社会视角下讨论这个话题,这就意味着仅仅用"使用价值"这样的概念,绝不足以成为批判商品拜物特性的武器,过度依赖"使用价值"这个概念只可能导致我们退回到劳动分工之前的较早年代。这就是我总对布莱希特②的做法持保留态度的地方;他的"集体",以及他的"功用"这样的未经中介的概念总是令我感到怀疑,

---

① 参看卡夫卡的《一家之主的忧虑》(The Cares of a Family Man)。

② 在原信中,阿多诺用 Berta 来指布莱希特,这是为了避免审查,因为当时阿多诺是在德国寄出这封信的。

我怀疑这些概念就是"退化"的概念。也许您在我的这些反思中已经看出，我主要关注的恰恰是您手稿里那些遵从了布莱希特思考的范畴，而我之所以反对这些范畴不是说我持一种试图拯救自律艺术或其他类似东西的偏狭想法，事实上我是在非常严肃地针对我们的哲学友谊中那些我认为是基础性的问题。现在，如果我想最后以一种勇敢的方式完成我的批评逻辑，那么我要做的就一定是去抓住两个端点。在我看来，神学的复归，或者说得更好一些，以一种激进的方式把辩证法送入那个闪着光辉的神学中心，就必定同时意味着极度强化社会的辩证法的、事实上是经济的母题。不过总体而言，以上这些都需要被予以历史地把握。19世纪的**独特**的商品特性，或换句话说，工业生产时期的商品，必须以一种更清晰和更唯物的方式被加以悉心处理。毕竟从资本主义出现的那个时刻——巴洛克艺术时代，也就是工场手工业时代——开始，商品和异化问题就已经存在了；从那个时候起，现代社会的"统一"也被紧紧联系在了商品特性上。但是要想完整地建立起关于19世纪的"前史"或本体论，就必须对商品的工业形式有一个精确的定义，而这个形式必然是属于它自己历史的，是与之前的形式有区分的。但所有谈及商品形式"自身"的做法，都会给那个前史加上一个隐喻特征，而这在我们这个严肃的讨论中是不被允许的。我觉得，您若坚持毫不犹豫地遵从您的进程，即一头扎进在对物的处理中，您的研究是会在这里得出最伟大的阐释成果的。可能相比之下，我的批评有点陷在某种理论领域的抽象里，我承认这确实会引起一些问题，但是我想您不会认为我的批评意见仅仅是纯粹与"观念"相关的一个问题，并因此对我的这些保留意见不予重视吧。

然而，请允许我加上一些更加具体的针对性意见，当然这些具体意见只有在上述理论背景下才会显示出它们的意义。关于题目，我建议用"巴黎，19世纪的首都"，而不仅仅是**首都**(The Capital)；其他选择的话，除非是在加入了关于"地狱"的描述后，"拱廊街"这个题目才能重新焕发活力。此外，根据人来划分章节恐怕在我看来是不大恰当的，现在这样的结构方式似乎是在强行建立一个体系，而这让我觉得有些不舒服。您之前不是有一些章节是用一些物质性的东西命名的吗？比如"长毛绒"，比如"尘埃"，等等。您在拱廊街和傅立叶之间建立的联系也不尽如人意。在这个部分，我在想如果将各种城市的、商品性的物质并置起来，作一个星丛式的展示，恐怕是个蛮合适的模式吧——您可以这样安排这些物，然后把它们作为"辩证形象"来解码，并且阐明这些形象背后的理论问题。

在第157页的题记中，**立柱**(portique)这个词很好地补充了"古代"这个主题，即和"在最新之中藏着最旧的"这样一种韵味相关，而在这里也许有必要给出关于第二帝国时期巴黎的城市形态的一个初步描述〔正如在关于巴洛克那本书里"忧郁"(melancholy)所获得的处理〕。在第158页，无论如何，您得说明一下"国家将在帝国内自行灭亡"这样一个很显然是一种纯粹意识形态的说法，我觉得您接下来的评论已经显示出您就是将它认作意识形态的。您完全没有阐明"建筑"这个概念；"建筑"作为对材料的**异化**和对材料的熟练运用，已经特别显著地显示出了辩证的特点，而在我看来，您应该从这里展开一个辩证的阐明。〔当然，您要把这个"建筑"概念和我们现在的"建筑"概念作一个清晰的区分；而"工程师"这个非常典型的19世纪的术语，或许可以给您提供一个出发点!〕顺便提一下,在这里您没有很清晰地介绍和展示"集体无意识"这个概念,关于这个概念我已经在上面作了一些初步讨论。而读 158 页这一页,我想问的是,是否钢铁就是第一次在建筑史上出现的人造建筑材料呢〔那么砖呢〕？总体来说,我总是对这个文本里出现的各种"第一次"不太适应。也许您可以加上这样的表述:每一个时代都梦想着自己被大灾难所毁灭。在 159 页,"新旧交融"这个术语对我来说是高度可疑的,我的理由已在我对将"辩证形象"作为一种"退化"的批判中说明了。从来没有"回归到旧的"这种情况,可能的情况只是,作为表象或幻景的最"新"的东西它自身是"旧"的。这里,我想提醒您——并无强加之意,对此我在我关于克尔凯郭尔的著作的"内部"部分作过一些阐述,这些阐述也包括了关于"含混性"的一些说明。那里提供了如下的补充:"辩证形象"是作为"模型"而不是作为社会产品,不是社会产品但却是一个客观的星丛,在那里"社会的"情形再现了自己。由此推论,没有什么意识形态的"成就"或社会的"成就"可以被认作一种"辩证形象"。我反对您对物化的纯粹负面的描述,这主要是对您在 159 页关于机器的论述而发出的,我批评的是您的手稿所沾染的克拉格斯的要素。对机械技术和机器的过分强调往往是资产阶级的反思理论所特有的：当他们以这样抽象的形式谈及生产方式时,生产关系的问题就已经被隐藏了。

黑格尔的一个特别重要的概念,第二自然,在被卢卡奇①和其他一些人重新使用后,应该和第 161,162 页的部分特别相关。也

---

① 在原信中,阿多诺用 Georg 来指卢卡奇。

许《巴黎的魔王》(*La Diable à Paris*)可以导出关于地狱的讨论吧。在162页那部分,我非常怀疑您关于工人"最后一次"脱离他的阶级出现在另一个舞台的说法。需要提一下的还有,您在关于克劳斯的论文里已有很多阐述的关于专栏文章的早期历史的想法,是这里最吸引人的部分;也许这个地方也是适合讨论海涅的地方吧。在这个连结点上,一个老旧的新闻界术语——**陈词滥调体**(*Schablonstil*)闪入了我的脑海,也许我们应该调查一下这个词的起源。在下一节的表述中,您用了新的**生活态度**(*Lebensgefühl*)这个词,然而在文化和思想史中使用它,这在我看来是特别要被反对的。在我看来,您对科技的第一次出现所采取的毫无批判的接受态度,是和您过度评价原本古老的东西有联系的。我在笔记本上记下了这样的思考:神话不是对一个无阶级的"真的社会"的憧憬,神话是异化商品自身的客观特征。在第163页,您提出了19世纪绘画的历史是对摄影发展的一个逃离这样一个想法〔这和音乐从"老调"那里逃离精确对应〕,这是一个令人敬畏的犀利观察,但不够辩证,因为我们也应考虑如下问题:商店里没有被商品形式吸收的绘画也共享着一些生产力发展的前提,而您的那个方法不能具体地把握这个前提,它只能通过它的踪迹的否定形式才能被把握〔马奈可能是进行这样一种辩证思考的一个源头〕。这似乎和您手稿的神话化或古代化的倾向有关。如果说绘画只属于过去,那么那些绘画存稿就不过是被安置在历史哲学里的一些星星点点的形象,从而失去了它们与生产力所共享的东西。于是,在您的非辩证的神话式的凝视中,在这样的美杜莎的一瞥中,辩证法的主体一面的问题就消失了。

在164页出现的"黄金时代"可能是真正转向"地狱"的地方。

我没有看到世界博览会和工人的关联；您的那些论述看来更像是猜测，也许只有特别小心才能被确定吧。当然，在165页、166页这个部分，需要一个关于幻象的重要定义与理论说明。而166页，对我来说是一个**预警**（mene tekel）。费利齐塔斯和我现在还记得当我们读到关于土星的那句引文①时感受到的强大的压迫性的印象；可是，您的这个描述没能经受住严肃审查的考验。土星的光环不应该成为一个铁铸的阳台，但是阳台应该成为真正的土星的光环。在这里我很高兴我可以不给您提供抽象的反对意见，而是用您已经取得的成就来对抗您这里的论述：我指的是您的《柏林童年》里"月亮"一章中的哲学思考，这些哲学思考的内容属于这里。② 在这一点上我想起了您曾经对"拱廊街计划"说过的一句话：这个研究只能从"疯狂的领域"那里夺取成果。但是我在您对土星光环这句引语的解释中发现，您现在是躲开了疯狂的领域，而不是想去攻占和征服它，您的解释在面对疯狂的领域时后退了。而这是我最核心反对的地方。……在这个地方我恐怕非得如此残忍地谈论了，因为这里涉及的问题是有着无比重大的严肃性的。而这么做的话可能也符合您的意图，对商品拜物教的概

---

① 即"土星的光环变成了铁铸的阳台。土星上的居民就在上面呼吸晚间的空气"。——译注

② 本雅明在20世纪30年代写了《柏林童年》（Berliner Kindheit um Neunzehnhundert），这个作品在他去世后于1950年在法兰克福出版。

[可参看本雅明：《柏林童年》，王涌译，南京：南京大学出版社，2008，第155—156页。在该部分，本雅明谈到月光下，仿佛月亮不再是地球的卫星，而地球成了月亮的卫星。在这一种月光照耀的情形下，本雅明复苏了一些平时无法感知的感受。——译注]

念进行解释,应该从发现它的人那里拿几个恰当的段落来予以记录。

"有机的"(organic)这个概念出现在166页,它指向一种静态的人类学图景,这可能也是不可靠的,或者说它也许仅仅在拜物教之前的时期可以存在,也就是说这样的概念也是历史的概念,这正如"风景"这样的概念也是历史的概念一样。和卡夫卡的奥德拉德克相关的商品的辩证主题也许可以在166页的问题中被讨论。在这一部分加上工人运动看上去像是又一次**机械降神**(*deus ex machina*)。不过也许类似的问题应归答于您手稿的简洁的风格,这是我对您这个作品很多保留意见的保留意见。

现在谈谈关于时尚这一段,这一段在我看来是特别重要的,但是建设一个关于时尚的论述,可能需要远离"有机的"这个概念,而要把时尚带到和活的东西的关联中;也就是说,不是把它和一个占据更优越位置的"自然"作关联。在这里我忽然想到了**闪光织物**(*changeant*)这个概念,这个闪光的织物看起来对19世纪来说有一个展现性的重要意义,而且可被假定与工业过程有着联系。可能有一天您会探索这个问题。海塞尔女士在《法兰克福报》上刊登了一些关于时尚的报道,我们经常怀着极大的兴趣阅读它们,而在这些报道里无疑包含着一些有用的信息。在166页您过度抽象地使用了"商品"这个范畴,这是我特别感到疑虑和担忧的地方;我颇怀疑您的这个论述:它在19世纪才"第一次"以这种形式出现。〔顺便提及,也可以对我讨论克尔凯郭尔的那本书的"内部"部分提出同样的反对意见,以及对关于内在性的社会学讨论的部分提出,每一个我对您的这部手稿的批评都可以运用到对我自己早先作品的批评上。〕我相信如果是用世界贸易和帝国主义这些独特的现代范畴,商品这个范畴就可以在很大程度上被具体化。而和这个想法相关的是把拱廊街看作巴扎集市(bazaar),同时把古代的商店看作当时的世界贸易市场这些问题。"大大缩短了时空距离"所带来的意义,恐怕正在于它战胜了无目的的对社会地位的欲求以及帝国式占领。我只是给您一些建议,当然,您可能会自己从您的材料里去挖掘出更多的、具有无法比拟的概括力的证据,从而去定义19世纪的世界万物的独特形态,也许您也可以从那些黑暗面来找答案,比如从拒绝这个新世界的那个面向,从那些遗留的、残骸的面向去寻找。

关于办公室的那个段落,恐怕也缺少一种历史精确性。对我来说,办公室恐怕并非居室的一个直接的反面,也许它更接近于旧的房间形式——也许是那些巴洛克式的房间〔比如地球仪、墙上的地图、栏杆,以及其他各类物件〕——的一个残留。关于168页您对"新艺术运动"的理论阐述:我同意您谈到的它意味着"'内在'发生决定性的瓦解"这样一个判断,但我不同意您说它"煽动了人的内在世界里的全部储备力量"。毋宁说,它似乎是通过一种"外在化"的方式保存并实现了它们。〔象征主义的理论也许应该属于这里,但至少马拉美的内在是这样的,马拉美的内在有着和克尔凯郭尔的内在截然相反的意义。〕"新艺术运动"用"性"代替了内在性。它求助于"性"正是因为只有在"性"中,一个私人才和他自己有了一个与内心无关的、纯肉体的遭遇。我想这是从易卜生到梅特林克到邓南遮的所有人的"新艺术运动"式的真理。它的起源是瓦格纳,而不是勃拉姆斯的室内音乐。但"混凝土"的使用似乎在"新艺术运动"那里不典型,我以为它可能属于1910年前后那个古怪的空档时期。顺便说一下,我认为很可能真正的"新艺术运动"和1900年左右的经济大萧条处于同一时期。而"混凝土"是属于一战前经济腾飞时期的。第168页，我想请您注意魏德金德遗作里关于易卜生的《建筑大师》(*The Master Builder*)的讨论。我对谈"唤醒"的心理学文献都不太熟悉，但我想我应该对这些有所注意。不过，难道那些旨在释梦、旨在唤醒、以一种坦率的论争性的方式将自己从催眠主义那里解脱出来的心理分析〔在弗洛伊德的演讲里有这些阐述①〕，不正是与它同时诞生的"新艺术运动"的一个部分吗？我觉得这个问题可能是属于最重要的层次的问题，而对它的思考可能会是意义深远的。作为对我的基本批评的一个纠偏，我想我应该加入下面的一些说明：如果说我拒绝使用"集体意识"这个概念，这自然不是为了要保存"资产阶级个体"的完整状态，并将它作为真正的**基底**。"内在"应以明晰的方式被呈现为一个社会功能，内在的自足性应该被揭示为一个幻觉——不过揭示这个幻觉不是为了和一种假定的集体意识作对照，而是为了让它和真实的社会过程作对照。这样的"个体"是用来转换的一个辩证工具，它只能被扬弃，我们不能用一种神话学的方式把它驱散。然后我想再一次强调，您的包含了"物质摆脱了实用的枷锁"的那个段落是最有力的，我觉得这是一个对商品进行辩证拯救的精彩的转折点。就169页而言，您关于"收藏家"的理论、关于"居室作为一个箱子"的理论，若能够尽可能饱满地被阐述出来，我想我会更加满意。

关于170页的内容，我想请您注意莫泊桑的《夜晚》(*La Nuit*)，

---

① 在这里阿多诺指的是弗洛伊德在1916—1917年写的《精神分析学引论》(*Introductory Lectures on Psychoanalysis*)。

如果说爱伦·坡的《人群中的人》(The Man of the Crowd)是您论述的基石的话,我想这个作品可能是辩证法意义上的拱顶石。我发现您关于人群就是"帷幕"的那个段落是特别精彩的。不过我想第 171 页的部分是对"辩证形象"进行批判性审视的绝好地方。我想毫无疑问以下这一点您比我更明白,即您在这里提供的理论对这个主题所大量要求的阐述来说是不够格的。我想说的只是,"含混性"不是把辩证法直接转化到一个形象里,而是形象的"踪迹",它自身必须首先通过理论被辩证化。我好像记得在我的克尔凯郭尔那本书的"内部"一章里有一个与这个问题相关的也许有用的论述。第 172 页,也许可以补充上出自波德莱尔《恶之花》的《禁诗》(Pièces condamnées)中的《被诅咒的女人》("Femmes damnées")一首的最后诗节。接下来,在我看来"错误意识"这样的概念必须被万分小心地使用,而且如果不涉及源自黑格尔〔!〕的那些意思,我以为不能被随便使用。"附庸风雅"(snob)从它的起源来说恐怕不是一个美学概念,它更是一个社会学的概念;这个词经由萨克雷的使用而被传播开来。我觉得在"附庸风雅"和"纨绔的"(dandy)这两个概念之间应有一个清晰的区分。"附庸风雅"的历史也应该被调查,而且我想普鲁斯特会为您提供极好的分析材料。您在 172 页谈的关于**为艺术而艺术**(l'art pour l'art)和"总体艺术"的论断,以目前的形式来说我以为是不牢靠的。"总体艺术"和美学主义,从更精确的意义上来说两者是不等同的,相反它们是以辩证的方式呈现的,是相互对立的、试图从两个方向摆脱商品特性的努力。因此,波德莱尔和瓦格纳之间的关系是辩证的,这正如波德莱尔和妓女的关系也是辩证的一样。

我对您在174页阐述的关于"投机和赌博"的理论一点儿也不满意。这是因为,首先关于赌博的理论,您以前关于"拱廊街计划"的草稿里已有一个相当不错的讨论,但在这里却完全消失了;另一个问题是在这里缺少对投机者的真正的经济理论方面的分析。投机是资本主义理性的非理性的一个否定方面的展现。也许在这一段,分析时也需要用"推向两个极端"这个方式来进行说明。在176页,我想有必要指示一种清晰的关于视点的理论,我相信在您更早的手稿里是有相关论述的,而也许立体照相镜这个19世纪10至20年代的发明与这里正相关。豪斯曼章节的优良的辩证概念可能需要通过您的研究被以一种比现在这个稿本更精确的形式展示出来,在这里人们必须先解释它。

我还想再次请求您对我在这些评论里的吹毛求疵给予原谅;不过我想确实就我这些基本批评来说,我还需要为您提供一些具体的例子。

在真正的友谊中,您的朋友。

德国黑森林赫恩伯格
1935年8月2日

二

亲爱的本雅明先生:

如果说今天我准备向您传达我就您的非凡著作〔《技术再生产时代的艺术作品》〕所做的一些笔记,我当然不是想给您批评,甚或说这也不是一个充分的回应。我所承受着的可怕的工作压力,就是关于逻辑的那本大书①;关于贝尔格的专题论文的我的那个部分②已基本完成,需要再加上两个分析;还有就是关于爵士乐的研究③,使得我想给您严肃批评或充分回应的愿望不再可能。而这个想法在面对您的这个著作时尤其不可能,面对这个著作,我非常严肃地意识到,仅靠通信交流是不够的,因为几乎没有一句话我不想和您仔细具体地谈谈。我寄希望于我们马上就可能有的会面,不过在另一方面来讲我也不想等太久,所以我先给您一点反馈意见吧,不管这些反馈可能有多么的不充分。

所以就让我将讨论局限在一个主要议题上吧。我对您的研究的一个方面保有热烈的兴趣并完全认可,在这方面,您在唯物辩证法的思想领域里实现了您以一种辩证的方式建构神话与历史之关系的初衷:这就是神话如何辩证地自我消解的问题,而在这里这个问题被看作艺术如何被祛魅的问题。您知道很多年来"艺术的清理"④

---

① 这是一部批判现象学的哲学著作,写于阿多诺在牛津的那段时间,最后于 1956 年在斯图加特出版,题名为《认识论的元批判:胡塞尔和现象学二律背反研究》(*Zur Metakritik der Erkenntnistheorie. Studien über Husserl und die phänomenologischen Antinomien*)。

② 收入威利·莱希编的《阿尔班·贝尔格》(*Alban Berg*, Vienna, 1937)。

③ 《论爵士乐》("Über Jazz")发表在《社会研究杂志》1936 年第 5 期,之后收入阿多诺的《音乐瞬间》(*Moments Musicaux*, Frankfurt, 1964)一书中。关于阿多诺对爵士乐的意见,还可参看他的论文《经久不衰的时尚——爵士乐》("Perennial Fashion-Jazz"),收入《棱镜》(*Prisms*, London, 1967)。

④ 艺术的清理,德语为 Liquidation der Kunst,本雅明在《技术再生产时代的艺术作品》第二节里说,电影可以帮助清除文化遗产中的传统价值。——译注

这个主题都是我美学研究的重点,而我强调给予技术以优先地位,特别是强调技术在音乐里的作用,这必须在思考"艺术的清理"的意义上,以及在您的研究所谈的关于第二种技术①的意义上才能被严格地理解。所以如果说在此我们发现了共通的兴趣,这不会让我感到惊奇;我不感到惊奇是因为您在关于巴洛克艺术的那本书里已完成了将寓言从象征〔在新的术语下,"灵晕"的象征〕那里区分出来的工作,而在您的《单向街》②一书里,您又将艺术作品从神话记录那里区分出来。我希望我这么说并不让您觉得我不够谦逊——我的如下研究对我们两个来说都是一个极好的确证:在两年前的一个纪念文集里,我在一篇您不太熟悉的关

① 《技术再生产时代的艺术作品》有多个版本,本雅明的德语批判版全集第16卷(2013年出版)是该文的专册,共收入五个版本。根据阿多诺写此信的时间以及该信谈及的相关内容推测,阿多诺写信时看到的应该是批判版第三稿,而目前该文的中文翻译主要依据批判版第五稿,这两者一个重要的不同之处在于批判版第三稿包含了本雅明解释第二种技术的两段文字和一个重要注释。这些内容比较晦涩,大概而言,本雅明指出第二种技术不像第一种技术(比如在巫术中)那样直接加诸人身上、以人为祭品,它是远离人并与自然保持距离的,所以它就可以在一个中介性的空间里实验多次,像游戏一样。结果是,如果说第一种技术想主宰自然,那么第二种技术就是要使自然与人类配合。比如电影在本雅明看来就是第二种技术,人类可以通过看电影来训练自己面对新的集体经验时的统觉和反应能力,进行实验,因而也就与革命相关。读者可参看杨俊杰译本第65—67页。这个注释也可以帮助我们理解本雅明所言"技术再生产"里"再生产"的意味。——译注

② 本雅明的格言式文集《单向街》(Einbahnstrasse)于1928年在柏林出版,后来收入阿多诺编的《即兴曲:新刊印音乐著述第二辑》(Impromptus, Frankfurt, 1968)。

于勋伯格的文章①里阐述了技术和辩证法的问题,还谈到与技术的关系发生改变的问题,这些讨论和您的研究都完美匹配。

这种一致性构筑了我将要在下面陈述的我们之间的不同之处的基准,我的这些思考除了为我们的"共同的基准"服务之外没有其他目的,而这个"共同的基准"现在看来相当清晰可见。要这么做,可能我可以从我们旧的内在批评的方法开始谈这个问题。在您早期的著作中,您从结构上将艺术作品的理念与神学的象征和巫术的禁忌区分开来了,您现在的讨论可以说是那个讨论的继续。但现在我发现您目前的著作让我不安,并且在这里我看到了某些布莱希特的主题的升华了的残留,这就是,您现在随意地将巫术的灵晕转移到了"自律的艺术作品"上,并且直截了当地给后者加上了一个反对革命的作用。我不用再向您担保,我当然完全意识到了资产阶级艺术作品里的神话元素〔特别是,既然我一直在努力做的就是去暴露将资产阶级的唯心主义哲学——这个唯心主义哲学总是和美学自律的概念联系在一起——最充分的"神话"色彩〕。但是,在我看来自律艺术作品的核心本身是不属于神话这个面向的——请原谅我谈论话题的用语——它的核心本身是内在辩证的;在它本身之中就已经将神话的元素和自由的标记并置在一起。如果我的记忆是准确的,我记得有一次您在谈及马拉美时说过类似的话;就此,我想除了这么说,我很难更清楚地表达我对您整篇文章的感受了,我想告诉您我一直期待着有一个可以作为您现在研究的对应物的对马拉美的研究,而这样一个研究在我看

---

① 这篇文章是《辩证的作曲家》("Der dialektische Komponist"),最初于1934年在维也纳发表。

来，是您欠着我们的，这将是您对我们知识建设的一个重要贡献。尽管您的这篇文章可能是辩证的，但是在谈论自律艺术这个案例时是不辩证的；您的研究没能顾及一个基本经验，而我在自己每天的音乐体验里却能感到它日益明显的情况——恰恰是极度一致地对自律艺术的技术法则的追求改变了这种艺术，并且使得艺术不再把自己让渡给禁忌或迷信，并把艺术带得离自由状态更近，把艺术变成了可以有意识地被制作出来和生产出来的作品。我不知道是否还有比马拉美下面的表述更好的唯物主义规划，他不把文学作品定义为灵感的产物，相反他认为文学是由词语制作出来的东西；而作出反馈的那些最伟大的人物，比如说瓦莱里和博尔夏特〔后者有关于托斯卡纳古堡的文章①，这些文章尽管夹杂着令人不快的关于工人的评论，但是从总体来看是可以在唯物主义的意味上被接受的〕，在他们最内在的小空间中蕴含了这种爆裂性的力量。如果说您想捍卫**媚俗**(kitsch)电影并反对"品质"电影，那么在这一点上没有人比我更能认同您了；但是"为艺术而艺术"是同样需要被捍卫的，而反对它的统一阵线已经存在，而且据我所知这个统一战线已经从布莱希特延展到"青年运动"(Youth Movement)，这个状况足够激励我们对自律艺术作一次营救。

〔在您的《评歌德的〈亲和力〉》②这篇文章里，〕您说戏剧和

---

① 鲁道夫·博尔夏特(Rudolf Borchardt, 1877—1945)是德国著名文学家，他关于托斯卡纳古堡的文章收入他的《散文集(第3卷)》(Prosa III, Stuttgart, 1960)，第38—70页。

② 本雅明的文章《评歌德的〈亲和力〉》(Goethe's Elective Affinities)于1924—1925年间在霍夫曼斯塔尔的《新德国文萃》(Neue Deutsche Beiträge)上发表。

表象①是艺术的元素,但是我无法看出为什么戏剧应该是辩证的,而表象——您设法在欧蒂莉身上保存表象,在梅娘和海伦②那里也是在保存表象,不过效果不算很好——就不应该是辩证的。当然在这一点上,争论也就足够快地转向了政治。这是因为如果说您正确地将技术化和异化都呈现为辩证的,您却不能以相同的程度将物化的主体性也呈现为辩证的,那么这样的政治效果就会是您直接赋予无产阶级〔作为电影的主体〕一种成就;在列宁那里,无产阶级要完成这种成就还必须通过由作为辩证主体的知识分子所介绍的理论,而知识分子本身正是属于那个您已将其交付给"地狱"的那个艺术作品的领域的。

请正确理解我的观点。我不是想要把艺术作品的自律看作一个特权,而且我也同意您的看法,即艺术作品的灵晕要素正在消失——但这不仅仅是因为附带性的技术的复制-再生产的原因,总体而言,这是因为艺术自己的"自律"的形式法则已经被完

---

① 阿多诺在这里提及"戏剧和表象"的问题,似乎比较随意。事实上本雅明在《评歌德的〈亲和力〉》里通过对欧蒂莉这个形象的分析,对静止的美的表象问题作了极深入的思考。就"戏剧和表象"的关系而言,本雅明引用了荷尔德林的一段文字,认为这段谈论悲剧理论的文字对总体的艺术理论具有非凡意义。荷尔德林说,由于戏剧体诗总是空洞地、不受约束地沿着韵律前行,所以由言词引起的休止就非常重要,这才让涌动的表征在最高处静止下来,结果是"表征是什么"才浮现出来。本雅明在谈论布莱希特的史诗剧时(在谈及《人就是人》里的一首诗的时候)也谈到了"涌动的波涛的静止时刻"这样一种美学形象。——译注

② 这三个人物分别是歌德的《亲和力》《威廉·麦斯特的学习时代》(*Wilhelm Meister's Apprenticeship*)和《浮士德》(*Faust*)第 2 部中的人物。

全实现(这是我和科利西这些年一直在计划着做的音乐再生产理论的主题)。但是艺术作品的自律,以及由此它的物质形式,是不能被等同于艺术中的神话因素的。伟大的艺术作品的物化也不仅仅是一种丧失,这正如电影的物化也不全是丧失。试图以自我的名义去否定电影的物化,这会是资产阶级对电影的反应,同时,如果想用直接的使用价值废除一个伟大的艺术作品的物化,这就要处于无政府主义的边缘了。**对我来说两极相通**(*Les extrèmes me touchent*)〔纪德〕,这个两极的问题也触摸到了您——但在这个问题上只能是最低之物的辩证法和最高之物的辩证法有着相同的价值,而不是说最高之物只是在衰退。两者都包含着资本主义的污点,同时两者都包含着变化的元素〔但是当然不是在勋伯格和美国电影之间寻找一种中间形式〕。两者都是一个整体的自由的半边,但对于这个整体来说,这两个半边总不会加在一起。想用其中一个来牺牲另一个就会是浪漫主义的,不管是作为资产阶级的那种保存个体性及其相关事物的浪漫主义,还是对历史过程中无产阶级的自发力量盲目信任的那种无政府主义式的浪漫主义——要知道无产阶级自身本也是资产阶级社会的一个产物。

在某种程度上我必须指控您这篇文章犯了第二种浪漫主义的错误。您把艺术从它的禁忌的角落里扫除了出来——但是好像您又害怕随之而来的野蛮的涌入〔还有谁能比我更多地分担您的害怕呢?〕,于是为了保护自己您就将您恐惧的东西抬高到了一种倒转的禁忌。电影院里观众的笑声——我和马克斯讨论了这个笑声,可能他已经和您谈了这个问题——绝不是好的和革命的东西;相反,这里充满了最糟糕的资产阶级的施虐癖。我非常怀疑那些讨论体育新闻的男孩所拥有的专业知识；并且尽管您的理论有让人震惊的诱惑力，我不觉得您关于"注意力分散"的理论是有说服力的——也许就是因为如下这个简单的理由：在共产主义社会，在新的工作组织形式中，人们不会那么劳累和失去干劲以至于需要这样一种分散注意力的消遣。另一方面，一些资本主义实践的概念，就像"测试"（test）这种，在我看来几乎在本体论层面上就是在起一种凝固化的和禁忌一样的功能——而如果说有一种东西确实具有灵晕的特点，那么这当然就是电影了，电影占据灵晕已到达了一个近乎极点的、相当可疑的程度。再举一个小例子：一个保守的人在获得了关于卓别林电影的专家知识以后就可以转变成一个先锋派，这个想法让我感到特别吃惊，这完完全全是浪漫化的想法。因为我不能认为克拉考尔①最喜欢的导演——即便在他拍了《摩登时代》（*Modern Times*）以后——是一个先锋派艺术家〔原因我在谈爵士乐的文章里已经说得相当清楚了〕，我也不相信任何一个《摩登时代》里的合理元素会引起观众的注意。人们需要到电影院里去亲耳听听观众的笑声，去知道到底在电影院发生了什么。

您对韦尔弗的深入批评给我带来很大的乐趣。不过您如果以"米老鼠"作例子，可能事情就要变得复杂得多，并且这里出现了一个严肃的问题，就是是否真如您所言，对每一个个人的再生产真的构筑了电影的先天逻辑，而不是反过来，这种再生产不过

---

① 齐格弗里德·克拉考尔（Siegfried Kracauer）是阿多诺交往多年的朋友，他是《从卡里加利到希特勒》（*From Caligari to Hitler*, Princeton, 1947）一书的作者，这是一本攻击德国表现主义电影的书。

是属于那种"天真的现实主义"(naive realism)的,我们在巴黎已经对这种"天真的现实主义"的资产阶级属性有了相当深入的共识。毕竟,如果说现代艺术——您视为技术的艺术的对立面的、有着灵晕的艺术——内在地包含着像弗拉曼克①和里尔克那样的可疑品质,这确实很难说是偶然的现象。而那个较低的领域当然可以在面对这类艺术时获得一个轻松的胜利;但如果它要面对的是另外一些名字,比如卡夫卡和勋伯格,问题可能就会以一种完全不同的方式被呈现出来。显然勋伯格的音乐**不是**灵晕的。

因此,我想要求的是**更多**的辩证思考。一方面,对"自律"的艺术作品进行一种辩证的穿透,它被它自己的技术所超越,变成一种精心设计的作品;另一方面,从否定性的一面,以一种更高的强度将实用艺术辩证化。您显然没有错过认识到这否定性一面的问题,不过,您用相对抽象的诸如"电影资本"这样的范畴去指认它们,却没能跟踪到它们最终的巢穴去揭露它们的内在非理性。两年前我在新巴贝尔斯贝格(Neubabelsberg)的电影工作室待了整整一天,最让我印象深刻的是,您所说的蒙太奇技术或所有那些先进技术在电影生产的事实中被使用得**何其之少**;相反,在各处现实都被以一种幼稚的拟态主义的方式**构建**起来,然后被"拍摄下来"。您过低评价了自律艺术的技术性,同时过高评价了依附艺术的技术性;用简单的措辞来说,这就是我主要的反对意见。但是只有作为被您撕裂的两端的一个辩证理解,这个意见才能有效。在我的估量中,这将涉及完全清除那些在您的研究中已然经历了重大改变的来自布莱希特的题旨——最要紧的是,不管

---

① 在本雅明文章出版了的版本中,弗拉曼克改成了德兰。

以怎样的方式被呈现,清除掉任何对美学效果互相联结的直接性的追求,以及您还不应过于被现实中的工人的实际思想所诱惑;工人除了确实对革命有更强烈的兴趣之外,绝对不比资产阶级更优越,在另一方面,他们身上也烙下了被所有典型的资产阶级特性摧残过的痕迹。这就足够清晰地为我们对知识分子的功能作出了一个诊断——我当然不是要给出一种行动主义式的"知识分子"的概念。但这不意味着,为了摆脱那些旧的禁忌,我们一定要走进新的禁忌——比如说,那些"测试"。革命的目的是废除恐惧。因此,我们应该不惧怕革命,我们也没有必要把我们的恐惧本体论化。如果说我们在获得了充分认识和剔除了精神上的制约以后,维持了和无产阶级的紧密团结,而不是像常常被诱惑地去做的那样,将我们自己所遭受的必然性理解为无产阶级的美德,这也不能说就是资产阶级的唯心主义——无产阶级自己也在经历着同样的必然性,而且正如我们需要他们的革命一样,他们也需要我们的知识。我坚信如果您在这里已经以如此绚丽的方式开启的美学讨论要有一个更深远的发展,那么在本质上它依赖于对知识分子和工人阶级关系的一个真正的回答。

请原谅这些笔记的草率。要想解决所有这些问题,恐怕只能以细节为基础,这细节也许是"好的上帝"——估计终究是没有魔法的上帝——寄居的地方。① 只因为时间短缺,才导致我使用了一些您教育过我要严格避免的大范畴。为了至少向您显示出我提及的那些具体段落,我保留了我批注在手稿上的那些即兴的铅

---

① 这里指的是艺术史家阿比·瓦尔堡(Aby Warburg)的一个实用主义信条:"上帝在细节上居住。"(Der liebe Gott steckt im Detail.)

笔标记,尽管其中的一些可能太过即兴以至于无法用来交流。我请求您原谅我的无礼,以及我的这封信的潦草和概略。

星期天我将去德国。很可能我将在那里完成我关于爵士乐的研究,很可惜我没有时间在伦敦完成这个研究。如果完成了的话,我会把那个手稿寄给您,不带附信,请您在读完以后马上寄给马克斯〔它大概会有不超过25页打印页的篇幅〕。当然这并不确定,因为我不知道我是否会有时间去完成它,或者特别是,这个研究的性质是否可以允许我将稿件从德国寄出而不会有相当程度的危险。马克斯可能已经告诉过您,这个研究的聚焦点是研究"怪异的人"的概念。要是这个研究能够和您的研究一起出现,那可真令我高兴。这个研究的主题是很普通的,但是可能它在一些关键点上会和您的研究有交集,而且在这个研究里我会以肯定的方式表达一些我在今天这封信里以否定的方式阐述出来的东西。在这个研究中会给出一个对爵士乐的全面的裁定,特别是它将揭示出爵士乐里"进步"的元素〔蒙太奇的表象、集体创作、再生产高于生产〕事实上却是非常保守的东西的外观。我相信我已经成功地真正解码了爵士乐,而且确定了它的社会功能。马克斯很赞成我的研究,而且我能预想您也会。事实上,我觉得我们之间的理论分歧不是我们之间的真正分歧,不如说,我的任务是紧紧拽住您的胳膊,直到布莱希特的影响像落日一样又一次沉到那些异域的水面之下。请您只在这个精神下领会我对您的批评。

不过,如果没有告诉您以下这一点,我想我还不能为这封信总结,您的那几句关于无产阶级作为"大众"通过革命解体①的说

---

① 这个段落没有出现在本雅明论文已出版的任何版本中。

法,是我在读了《国家与革命》(State and Revolution)后所碰到的最深邃、最有力的政治理论的论述。

您的老朋友,
泰迪·威森格隆德①

我想表达的应该还有对您关于达达主义的理论的特别赞同。将它放在这个论文里是非常妥当的,正如您对浮夸言辞(bombast)和恐怖(horrors)的讨论非常适合您关于巴洛克的那本书一样。

1936年3月18日

三

亲爱的瓦尔特:

这封信回复得如此迟缓,恐怕会引起您对我和我们整个集体的严厉控诉。但是或许这里已经有了那么一点辩护的理由。因为显然,我对您波德莱尔研究的回复耽搁了一整个月,这不可能是因为我的疏忽所致。

延迟回复的理由事实上完全是客观的。这里涉及我们全体人员对您的手稿的态度,并且,考虑到我个人对"拱廊街计划"所处理的问题的特别兴趣,我这样坦言恐怕也不算鲁莽,这个延迟尤其包含了我个人的态度。我怀着极为热切的心情等待着您的波德莱尔研究的到来,而在它到来以后,我逐字逐句地、贪婪地阅

---

① 威森格隆德是阿多诺的父名。

读了它。您能在约定的时间里完成这个研究,我对此感到非常钦佩,但也正因为这份钦佩之情,我很难开口去谈论在我满腔的期待和您的这个文本本身之间所发生的状况。

您想把对波德莱尔的研究作为您"拱廊街计划"研究的一个模型,我对您的这个想法持很严肃认真的态度,而当我接近您提供的这个撒旦般的情景时,我就像浮士德在接近布罗肯峰上的幻境时一样,期待着很多谜团能够得到解答。但如果说我现在只能给自己梅菲斯特的回答,也就是说,我发现读了您的著作后很多谜团都只是以新的面目出现了,会被您指责吗?您能理解我在阅读您的论文的时候,读到其中一章的标题是"游手好闲者"(The Flâneur)而另一章是"现代主义"(Modernism)时所产生的某种失望吗?

我感到失望的一个根本原因是,您的这部分我很熟悉的研究并没有为"拱廊街"研究建构起一个模型,它们最多只能算是一个序幕吧。一些主题被召集起来了,但是没有得到阐发。在您给马克斯〔霍克海默〕的附信中,您说是故意这样做的,并且我也注意到了您施加于自己的节制原则,这使得您总是会忽略那些需要提供结论性的理论回答的地方,甚至连问题您也只是显露最初始的状况。但是我想知道的是,当面对这样一个主题,并且处于这样一个有如此强烈的内在需求的语境中的时候,这样一种节制风格是否依然能够被维持。作为您作品的忠实读者,我很清楚您的这种做法在您之前的写作中也不乏先例。比如我记得您刊登在《文学世界》(Die literarische Welt)上的关于普鲁斯特和超现实主义的文章。但是这样的方法可以应用于"拱廊街计划"这样复杂的综合体吗?全景画和"踪迹",**游手好闲者**和拱廊街,现代主义和恒定,您谈了这些东西,却**没有**给出一个理论解释——难道这些是可以耐心地等待阐释却不被自己的灵晕消耗掉的"材料"吗?毋宁说,如果这些主题的实证内容被孤立起来进行处理,难道它们就不会以一种近乎有魔力的形态抵抗自己获得阐释的可能吗?在我们无法忘怀的那些在柯尼希施泰因的讨论中,有一次您说,关于"拱廊街计划"的每一个思想都要到那些被疯狂所占据的领地里去夺取过来。但我在想这些想法是否真的需要像您的这种节制的写作原则所要求的那样,被禁锢在无法穿透的物质材料之后。在您目前的研究中,您是通过谈到街面的狭窄,于是阻碍了街上的游手好闲者,从而引出拱廊街的。① 在我看来,正是这样一种实证主义式的介绍损坏了幻景的客观性——早在我与赫恩伯格的通信里,客观性就一直是我非常顽固地坚持的东西。这种损害,正如您在第一章处置幻景时将它们简化成文学上的各种波希米亚行为时所造成的损害。您无须担心我会建议在您的研究中幻景应被不经任何中介地保留下来,或是让这个研究自身也呈现出一种幻景式的特征。但是,只有在幻景被看作一个客观的历史哲学的范畴,而不是被解释成一些社会特征的"视觉形象"(vision)时,对幻景的清除才能获得一种真正的深刻性。正是在这一点上,您处理19世纪的概念构想和所有其他的对19世纪处理的方法区分开来了。但是,对您的那些假定的解救不能被无限期地拖延下去,或者总是通过相关材料的无关痛痒的展示来"做准备"。这即是我的反对意见。如果说在第三部分,用一种老旧的说法,我说您用19世纪"中"的前史代替了19世纪"的"前

---

① 本雅明:《波德莱尔:发达资本主义时代的抒情诗人》,第36页。

史——这一点在您引用的佩吉谈雨果的那段表述中最为明显①——那不过是我用另一种方式申明了这个意见。

您在阐释主题内容时采用一种"节制"风格,结果,您这种禁欲式的对解释的拒绝使主题内容被转到与节制主义相对立的领域,即那个历史和巫术来回摆荡的领域。不过对我来说,我的反对意见并不只针对您这个很成问题的节制的写作过程。毋宁说,我发现那些在您的文章落后于它本该达到之处的地方,与那些您的文章落后于辩证唯物主义的地方,有一个紧密的联系——在这个问题上,我现在不仅是在谈我个人的意见,我也在谈马克斯的意见,我和他就这个问题进行过一次透彻的讨论。让我用一种尽量简单且尽量黑格尔式的方式来表达吧。除非我真的是看错了,我认为您的辩证法缺失一样重要的东西:中介。您这个文本通篇都有这样一种倾向,即把波德莱尔作品的事实层面的内容直接和诗人所处时代的社会历史中相毗邻的特征——您尤其喜好经济领域的特征——联系在一起。现在我脑中想到的是您关于酒税的那些段落,以及那些关于街垒的评论;②还有就是上文提到的关于拱廊街的那一段③,我觉得特别成问题,因为在这里对城市生理

---

① 本雅明:《波德莱尔:发达资本主义时代的抒情诗人》,第84页。
[阿多诺指责的是,本雅明并没有去探究"19世纪是如何由它的前史所造成的"这样一个问题,而只是简单提及雨果所描写的在19世纪的巴黎留存着的"古迹",或者他笔下的像古代的乞丐、古代的哀求者、古代的壁炉那样的形象。——译注]
② 前者见本雅明:《波德莱尔:发达资本主义时代的抒情诗人》,第17页及后续页;后者见该书第15—16页。——译注
③ 同上书,第36页。

学的一个总体的理论讨论一下子转移到了对游手好闲者的"具体"的再现上,而这样一种转换是相当不可靠的。

每当您以一种隐喻的方式,而不是用范畴探讨的方式把不同事物放在一起的时候,我就感到这样一种做法的不自然。关于这一点的一个例子是您谈到对游手好闲者来说城市转换成了居室的那个段落①。这里出现了您研究中最有力的思考之一,但在我看来它却仅仅是以一种"好像"的方式呈现出来的。这样的对物质世界的游览考察——它很难不使我们产生一种惊恐,仿佛一个游泳者忽然猛冲到冷水里,满身起着鸡皮疙瘩——和您对游手好闲这样具体的行为模式的热衷,或者和您在下面并非完全偶然地引用的齐美尔关于都市里听和看的关系那一段②之间,是有着密切联系的。对于所有这一切,我都不是很满意。您不用害怕我会借此机会再说我那个您听腻了的老话题。我在这里只是顺便谈谈那个话题,点到为止,接下来我要做的是给出一个理论上的理由,来解释我为什么会拒斥那种特殊的具体性的样式以及这种具体性里暗含的行为主义倾向。出于以下这个理由,我认为您的做法从方法论上来说是令人遗憾的:您给那些在上层建筑领域引人注目的个别特性一个"唯物的"转向,但您的做法是将它们和经济基础领域里的一些相应特征直接甚或以因果关系的方式对应起来。然而事实上只有通过**总体社会过程**的中介,文化特征的唯物主义决定论才是有可能的。

即便波德莱尔关于酒的那些诗歌可能确实是受到了酒税或

---

① 本雅明:《波德莱尔:发达资本主义时代的抒情诗人》,第 37 页。
② 同上书,第 37—38 页。

城门的触动,但要解释为什么这些主题在他的著作中反复出现,就只能通过把握他写作时代的整体社会状况和经济状况的趋向才能得到答案——那就是说,如果严格按照您对问题的阐述的话,这需要通过分析波德莱尔时代的商品形式才能被解答。我大概是最熟悉这个工作可能会碰到的困难的人了,我关于瓦格纳的研究①中的"幻景"那一章至今还没能解决这些问题。而您的"拱廊街"研究在它最终的形式里,也将无法推卸这一任务。您从酒税到波德莱尔的《酒魂》(*L'Ame du Vin*)的直接推论,是将那些已在资本主义世界中消失的直接性、可触性、密度归在现象上。在这样一种直接的——我几乎要再一次说,人类学的——唯物主义那里,有一种深厚的浪漫主义要素,而您越是以粗糙的方式让波德莱尔的形式世界与生活的必然性直接对撞,我就能越清晰地侦测到这种浪漫主义要素。我所思念的、被您这种唯物主义-历史编纂式的召唤所湮没的"中介",就是您研究中所忽略的理论。您对理论的忽略影响到了您的经验性证据自身。一方面,这些经验证据欺骗性地借来一种"史诗"特性;但另一方面,这些经验证据又剥夺了只以主观的方式被体验到的现象世界真正的历史哲学分量。让我以另一种方式表达这个问题:"以事物本名称呼事物"(calling things by their names)这样一种神学主题,在您这样的操作下,倾向于变成睁大眼睛去呈现纯粹事实。如果有人激烈一点,他可能会说您的研究正坐落在巫术幻景和实证主义的交汇点上,而这个地方被施魔咒了,只有理论才能消散这个魔咒——您自己

---

① 阿多诺:《试论瓦格纳》(*Versuch über Wagner*, Frankfurt, 1952),第 90—92 页。

的坚决的、有所助益的思辨理论。正是从对这个理论的吁求出发,我提出了对您的反对意见。

请原谅我,如果说上面的讨论把我带到了一个由于我的瓦格纳研究的经验而必定会特别关心的一个主题,我指的是"拾垃圾者"这个主题,在我看来,他的命运,作为一个最贫穷的人的形象的命运,显然没能被您的研究所使用的"拾垃圾者"这个词语表现出来。① 这个命运所包含的内容不是狗一样的踉跄步伐,也不是他背上的垃圾袋,或者也不是他的像夏庞蒂埃的歌剧《路易斯》(Louise)那样的、好像是为整个歌剧提供黑暗之光的声音。这个命运也不应包含像彗星尾巴一样跟在这个拾垃圾老头背后的嘲笑他的孩子们。如果我可以再次冒险进入拱廊街的领地,那么我想在拾垃圾者这个形象身上,地下阴沟和地下墓穴这些栖息之地应该能以一种理论的方式获得解码。但是我想知道我这样设想是否有些夸张——您没能对其进行理论性的解码是因为您没能描述清楚这个拾垃圾者在资本主义世界中的功能,即把垃圾也纳入一种交换价值的问题。在这个问题上,您的研究的禁欲主义风格甚至可以和萨沃纳罗拉的禁欲主义相媲美。在您的第三部分对波德莱尔的引用中,"拾垃圾的人"又一次出现了,他的出现和以上这个问题正相关。② 而您没有彻底解决这个问题,这会给您带来多大的问题啊!

我想这个问题已经把我们带到了我的批评的核心。您的整个研究给我以及我关于拱廊街的正统知识的印象是,您在强迫自

---

① 本雅明:《波德莱尔:发达资本主义时代的抒情诗人》,第19—20页。
② 同上书,第79—80页。

己。您和社会研究所团结起来,就这一点恐怕没有人比我更高兴了,但是我觉得您朝这个方向的努力导致您去牵强地向马克思主义致敬,而这无论是对马克思主义还是对您来说都是不太合适的。这些努力不适合马克思主义,是因为在您的工作中通过总体的社会过程进行中介这个环节缺失了,并且您执迷于赋予物质性的列举材料以一种阐明的力量,然而事实上真正的阐明工作只能留给理论建构而无法通过实证举例完成。同样,您的这些努力也不适合于您的个人天性,因为即便说只是以上文提到的延误的形式,也可以看出您在遵从唯物主义范畴〔这些范畴绝不是马克思主义的范畴〕的事先审查里,否定掉了您自己那些最勇敢和最有创造力的思考。我不仅仅是以我个人名义在这样说,可能我还没有资格这么评说,我同样也是代表霍克海默和其他人说的。我想说我们所有人都相信如果您能在详细阐述您的思考时不再作这些考虑,不仅对"您"的研究工作来说会是有益的〔在圣雷莫您针对我的这个反对意见提出了您再次的反对,而我现在也在相当认真地考虑您的反对意见〕,而且对辩证唯物主义事业和社会研究所所代表的理论兴趣来说,也都会是非常有益的,只要您沉浸于您独特的洞见和结论中,不再向其中加入一些您明显发现很难吞下去,而我也以为不可能对您有所助益的元素。上帝知道,也许确实只有一种真理;可能您觉得您过去用的那些范畴在您现在所认为的唯物主义看来是可疑的,但倘若您的智慧能在那些范畴中紧紧地把握住这唯一的真理,那么比起硬去使用一些您实际上处处抵触它们运转的思想工具,您会获得更多。毕竟,尼采的《道德的谱系》(*On the Genealogy of Morals*)比起布哈林的《共产主义ABC》(*The ABC of Communism*)有着更多的对这一真理的把握。

我自信我现在的这个提议不能被怀疑为一种思想懈怠或折中主义。您对歌德的《亲和力》的研究,您的巴洛克研究的著作,比起您的酒税研究,或比起您从专栏作家的行为去推导幻景的做法,是更马克思主义的。您会感到自信的,我们已经准备好用您的理论去做一些最极端的思想实验。但是我们同样坚信,您自己实际上也会去进行这些实验。格雷特尔曾经开玩笑说您是您的像洞穴一样深邃的拱廊街的居住者,而且正因为您害怕不得不离开您自己所建筑的洞穴,您才会躲避,不去完成您的研究。让我们鼓励您去给出一条抵达至圣之所的道路。我相信您完全没有必要去担心您这个洞穴的坚固程度,也没有必要害怕您的研究会是一种亵渎行为。

至于您的这个研究的命运,我想目前一个奇怪的情形已经形成了,在这样的情形里,我也许也只能像唱这个歌的人那样行事了——"和着低沉的鼓点行进"①。在本期刊物上出版这个研究被证明是不可能了,因为如果当初安排刊印,我们对您著作的为期几周的讨论就会导致我们的出版进程发生难以容忍的耽搁。我们有考虑过无删节地出版第二部分以及第三部分的部分内容,利奥·洛文塔尔曾极力试图促成这样做。我自己非常明确地反对这个计划——这不是出于编辑上的原因,而是为您考虑,为波德莱尔考虑。这个研究并不能代表您,而像您的所有作品那样,您的作品必须代表您。但既然我对您有可能产出具有充分的影

---

① 这句歌词的原文是"Es geht bei gedämpfter Trommel Klang",这是安徒生的《士兵》(Der Soldat)的第一句,由阿德尔贝特·冯·沙米索(Adelbert von Chamisso)翻译成德文,并被罗伯特·舒曼(Robert Schumann)编成乐曲。

响的关于波德莱尔的研究这一点有着坚定而不会改变的确信,我应该恳求您放弃出版目前这个版本,并着手去写作另一个版本。至于后一个版本是否会有一个新的结构形式,或者它能否在实质上和目前还未被写出来的您的波德莱尔一书的最终部分保持一致,我都无法猜测。您自己能决定这些。我应该非常坦白地说,这是我个人的一个请求,而不是编辑部的决定,也不是编辑部的退稿。

最后,让我给这个关于波德莱尔的信加上一些附言吧。首先是雨果的《马泽帕》(Mazeppa)第二部分的一个诗节〔这个被认为能看到所有这些风景的人是马泽帕,他那时被绑在马背上〕:

> 赫歇耳那六颗卫星,那古老土星的光环,
> 那使北极的面容围上一圈
> 　　夜间的弧光的极地,
> 他都看在眼里,您永不疲倦地飞驰,
> 每时每刻都在为他转移
> 　　这无边世界的理想的天际。①

此外,您引用了巴尔扎克的段落以及《人群中的人》里的一段对雇工的描述,②您注意到了一种"不合格的表述"的倾向,而这

---

① 中译文参看雨果:《东方集》,张秋红译,南京:译林出版社,2013,第221页。——译注

② 本雅明:《波德莱尔:发达资本主义时代的抒情诗人》,第31页。

个看法,也令人惊奇地同样可用于萨德。朱斯蒂娜的第一批折磨者中的一位,一个银行家,就被以这种方式描述:"杜博先生,肥胖,矮小,是那样傲慢,就像一个金融家。"关于陌生的挚爱之人的主题,在黑贝尔诗中以一种原初的形式出现了,这首关于一个无名女人的诗里包含着这样的值得记住的句子:即便我不能赠予您形式和状貌,也没有哪种形状可以把您推向坟墓。

最后,我觉得让·保尔的《秋日繁花》(*Herbst-Blumine*)的这些句子真是珍贵:"白天只得到一个太阳,但是夜晚却得到了一千个太阳,而这无边的碧海一样的天空似乎也正在光之微雨里慢慢沉落到我们身上。在这绵长的银河中,又有多少街灯在上下闪烁啊!这些街灯在那里亮着,即便这是夏日,即便月亮也在闪亮。同时,夜,它也没有仅仅让自己沉溺于披上那件挂满星辰的外衣,古人把这样的外衣描绘作千疮百孔,但我或许应该更有眼力地视它作宗教的虔诚祭袍,而不是公爵的长袍礼服;夜将它的美不断延展,模仿着西班牙的姑娘们。她们用暗夜里的萤火虫替换了自己头巾上的宝石,而夜也像那些姑娘一样,星星点点地装饰长袍的下摆,在那里它不再用那些闪闪发光的星斗了,那里只是这些小小的飞虫,而且它们还总是被孩子们带走。"同一个集子的另一篇很不同的文章里还有如下一些句子,这些句子在我看来也是对同一情境的描述:

"还有很多这样的情景;我发现意大利对我们这些像浮冰一样漂泊的可怜人来说,不仅仅是一个月光满照的伊甸园,因为每日每夜我们都能遭遇到那些用来游荡和歌唱的夜,那些让普遍的青春之梦得以鲜活地实现的夜,但是我也要询问,为什么夜晚人们只是在周围游逛,只是在街道里吟唱,就像那些易怒的守夜人那样,为什么他们不去举办晚星聚会和晨星聚会,为什么不集合起来,进行一个多姿多彩的游行〔因为每一个心灵在那时都会充满爱〕,这样的游行要信步穿过那些多叶的树林,那些被月光照亮的华丽的草场,而且我们还要给这个用长笛演奏的欢乐的和声再加入两个乐章,也就是说,我们往夜的两头伸展,加上日落和日出,加上黄昏和晨曦。"在这里表达的那种把人们吸引去意大利的渴望,就是对一个不需要睡眠的国度的渴望,这一渴望和后来出现的盖上了拱顶的都市形象有着意味深长的相关性。但是在这两种形象里都存在的那个光亮,我想除了汽灯的光亮之外不会有什么了,不过让·保尔对汽灯却并不熟悉。

您的全心全意的朋友!

1938 年 11 月 10 日于纽约

给阿多诺的回信

瓦尔特·本雅明

亲爱的泰迪:

为了给您 11 月 10 日的信写回信,我着实花费了不少时间,我想您不会对此感到惊奇吧。即便您迟迟不复的来信已经让我暗自揣度,不知道您在信里会说些什么,但您回信的到来还是给我以巨大的震荡。同时,我还想等等您在信里承诺会寄给我的长条校样,但是直到 12 月 6 日我也没有等到。这些原因给了我一些时间,让我有一个机会可以足够审慎地考虑您的那些批评。我绝不会认为这些批评是徒然无效的,更不要说会认为它们是无法理解的。我会用最基本的方式回应这个批评。

我的回应会顺着您的信第一页的一个句子的指引展开。您写道:"全景画和'踪迹',**游手好闲者**和拱廊街,现代主义和恒定,您谈了这些东西,却**没有**给出一个理论解释——难道这些是可以耐心地等待阐释的'材料'吗?"您在我的手稿里想要寻找一个清晰的**特征描述**,结果这引起了您的焦躁,是可以理解的,但这种焦躁在我看来却可能使您在一些重要的方面误入迷津。

特别是，一旦您发现在本部分的第三块内容①里现代主义在哪里都没有被引证为"恒定"，因此这部分逃出了您的注意力，而这时您一定会感到它是令人失望的；事实上，"恒定"这个关键概念在我已经完成的这个部分里完全没有被使用。

既然上文所引的这句话似乎是您的批评的一个纲要，那么我就应该想要去逐个词语地回应它。首先您提到了"全景画"这个词。在我的文本里我是捎带着使用这个词的。事实上在波德莱尔作品的语境里，说"全景式的视角"是不合适的。既然那一个涉及"全景画"的段落并不一定要在全书第一部分或第三部分得到呼应，也许最好略过它就算了。您提到的第二个术语是"踪迹"。在我手稿的附信中我写道，这本书的哲学基础是不能在这第二部分所提供的观视角度下被认识到的。如果说像"踪迹"这样的概念在我的手稿里需要被给予一个令人信服的解释，那么我认为它就应该在经验层面上以一种自然的状态被原原本本地介绍出来。当然这本来确实还可以通过一种更具信服力的方式做得更好。事实上，我回来以后做的第一件事就是在爱伦·坡的小说里找到了一个相当重要的段落，这个例子与我对侦探小说的建构的看法有关，即我认为侦探故事就是建筑在大城市的人群里的个人踪迹被涂抹删除或被固定下来这个基础上的。不过在这个第二部分，对踪迹的处理也就只能停留在这个层次上，而这恰恰是为了在以

---

① 本雅明计划中的波德莱尔研究有三个部分：对寓言诗人的研究、对巴黎都会的研究、对商品的研究。本雅明只完成了第二部分，他和阿多诺讨论的也仅是第二部分。这个部分又分三块内容："波希米亚人""游荡者"和"现代主义"。——译注

后的论述中它可以在一些关键的语境里得到一个突然的阐发。这样一种阐发是我有意设置的。"踪迹"这个概念会发现它的哲学规定是和"灵晕"这个概念的哲学规定相对立的。

这个句子里下一个我应该考察的术语是**游手好闲者**。即便我还是能相当明确地意识到您的材料和您个人的反对意见是建筑在哪一种深刻的内在考量之上的,您在这里的错误判断还是让我觉得好像我脚下的地基有些坍塌。不过感谢上帝,似乎还有一根看起来坚固的树枝我可以紧紧抓住。这就是您在别处提到的在您关于交换价值的消费的理论和我关于对商品的魂灵移情的理论之间的卓有成效的紧张关系。我相信这就是最严格意义上的理论,而我关于**游手好闲者**的讨论也会在这个理论里达到它的最高潮。对**游手好闲者**进行讨论的这个地方,是我这个部分中唯一一个让理论以一种**彻底清晰**的方式展开自身的地方。理论就像一束光线,穿透了一个被人为地弄暗了的居室。这样一束光,虽然它马上以棱镜折射的方式闪灭了,但它却已足以让我们看到这束理论之光的性质,而我要到本书的第三部分才会聚焦到对这束理论之光的阐述。这就是为什么我会认为我关于**游手好闲者**的理论充分实现了对**游手好闲者**这个在我脑海里游走了多年的形象的表征,当然这个理论还是尚待加强的,我会在下面谈及这个问题。

我将继续来谈下一个术语,"拱廊街"。不过我感到我真的不怎么愿意去谈论它,既然您已经感受到了由于运用这个术语而带来的无限的欢快氛围,为什么还要质问这个术语呢?除非我真是错得非常离谱,我还是认为"拱廊街"真的注定只能以这种嬉闹欢快的方式才能进入波德莱尔的语境。它进入波德莱尔的语境就如同在饮杯上看到一幅山泉图。而也正是由于这个原因,我觉得您推荐的那个让·保尔的珍贵段落也许并不属于波德莱尔的语境。最后关于"现代主义":正如我的文本已经清楚地说明了的,这是波德莱尔自己的术语。在小标题为"现代主义"的那个部分中,对这个语词的所有讨论都不能脱离波德莱尔自己的用法的限定。不过,您可能还记得我们在圣雷莫时谈到过,波德莱尔给出的对这些用法的限定并不是绝对的。对现代主义在哲学上的勘察将在本书的第三部分里进行,在那里,它将从对"新艺术运动"的讨论开始,并以讨论新和恒定之间的辩证法作结。

  回忆起我们在圣雷莫的谈话,我想接下来就您在信中提及这次谈话的那个段落再继续展开谈谈。如果说在当时,我以自己的生产性的兴趣①为由,拒绝为我自己采用一种隐秘的思想发展路径,并且拒绝忽略对辩证唯物主义的兴趣……那么正式一点说,在最终的层面上这涉及的……不仅仅是对辩证唯物主义的忠诚,而是对过去十五年我们所一起经历的那个思想历程的坚守。这里也有我个人的生产性的兴趣的原因;我不能否认这些对辩证唯物主义的兴趣可能会偶尔破坏我的原初兴趣。在这两者之间存在着一种对立,我即便是在梦里也不敢奢望这种对立能有所缓解。克服这种对立构筑了我研究的问题,而这个问题是一个思想建构的问题。我相信思辨如果要大胆地展翅飞翔并有所成就,它就不能求助于那隐秘的东西的苍白羽翼,而只能在思想建构那里寻求力量。正因为思想建构的需要,我的书的第二部分才主要由

---

  ① 关于这里的"生产性的兴趣"(produtive interests),可参看本雅明1934年的重要论文《作为生产者的生产》。——译注

文献材料构成。这一部分涉及的问题与其说是"节制主义的原则",不如说是方法论上的谨慎。附带地说,这个文献部分是整本书中唯一可以单独完成的部分——这是我不得不牢记的情况。

当您指责我"睁大眼睛去呈现纯粹事实"的时候,您正在描绘一种真正的文献学态度。这种文献学态度是必要的,不仅是为了文献所得的结果,而且是为了让文献学态度自身成为思想建构的一部分。正如您以非常恰当的方式表述了的,确实在魔力巫术和实证主义之间的那种两不相干的情况是要被废弃的。换句话说,首先,文献学上针对作者的解释需要被保存起来;然后,辩证唯物主义者们以黑格尔的方式将它超越和扬弃。文献学以细节推进的方式对一个文本作仔细的审视,并以一种有魔力的方式把读者深深地固着在这些细节上。浮士德带回家的白纸黑字的那些笔记①,格林兄弟所全心专注的小东西,它们是有着紧密的联系的。这个共通的地方就是:这些文献小材料上都有一种魔力,而对它们的驱魔则要等候着哲学来做,在我的研究里则是由第三部分来做。

您在《克尔凯郭尔:审美物的建构》一书里写道,"惊奇"(astonishment),显示了"对辩证法、神话和图像之间关系的最深邃的洞见"。在这里援引那个段落对我来说是充满诱惑的。不过,在这里我想做的却是修订一下您的这个说法〔这正如我计划在另外一个场合对"辩证形象"作一个进一步的定义一样〕。我相信应该

---

① 在歌德的《浮士德》第 1 部"书斋"一场中,学生说道:"白纸黑字的,人们可以放心地带回家。"("Was man schwarz auf weiss besitzt, kann man getrost nach Hause tragen.")

这样说:"惊奇"是这样一种洞察的一个显著的**对象**。闭合的事实性的表象联系着文献学的调查,它也吸引着调查者投身其中,但是表象会慢慢褪去,直到对象在一种历史的视角下获得解释。而这一思想建构的基准线聚拢在我们自己的历史经验中。由此,对象就将自己构筑成一个单体(monad)。在这样一个单体中,所有那些作为文献材料、以一种神秘的僵化状态呈现过的东西,会又一次复活。因此,如果您发现在我的研究中"直接从酒税谈到波德莱尔的《酒魂》",这在我看来就是对我处理材料方式的一个误判。情况正相反,这样的联结是在文献学的语境里被合理地建立起来的——就像通常我们在对一个经典作家进行解释时会做的那样。当我们以合适的方式去读一首诗的时候,诗歌就获得了一种它自身承担着的独特的重力——现在我们还没有能广泛地以这种方式去阅读波德莱尔的诗歌。只有当诗歌以这种方式到达它自己的时候,它才能被解释行为所触及,甚至可能被撼动。而就我们在谈的这首诗而言,这样的解释可以不把重心放在税收问题上,而是放在对波德莱尔来说醉的意义这个问题上。

如果您考虑了我其他的一些写作,您会发现我很早就对文献学家的态度进行过批判,而这个批判又与我对神话的批判在根本上是一致的。不过在每一种情况下,都是这个批判激发了文献的力量自身。用我谈《亲和力》时的语言来说,就是文献学工作催逼着我们努力去展示对象的物质内容(material content),而只有在这些物质内容里,对象的真理内容(truth content)才能被历史地揭示出来。我能理解对物质的这个方面的考虑在您的思考里并不占据很重要的位置。但结果是很多重要的解释就是这样的解释。我现在考虑的不仅仅是对诗歌的解释——比如对波德莱尔的《致一位过路的女子》(A une passante)的解释,或者仅是对一些散文的解释——比如对爱伦·坡的《人群中的人》的解释,最重要的是要打开"现代性"这个概念,我努力在文献学的界限里进行思考,特别关心的正是这个问题。

让我简略地对引用佩吉的那个地方作一些说明。您反对说,佩吉的这个段落不过是对在19世纪存在着的前史的召唤,但这段引用在我的著作中有合适的位置,它是为对波德莱尔作解释而准备的,我认为对波德莱尔的解释不应该建立在任何与亡灵相关的要素上〔我在写"拱廊街计划"的草稿的时候,仍然被这些东西所吸引〕。也因为这个理由,我相信不管是地下墓穴还是地下阴沟,都不属于对波德莱尔的解释。另一方面,我很看好夏庞蒂埃的戏剧;如果有机会的话,我会听从您的建议。拾垃圾者的形象在本源上是和地狱有关的。它会在我的论述的第三部分重新出现,用来抵消雨果的乞丐身上那种来自阴间的形象。

请允许我坦率地说几句。我觉得如果我的这份关于波德莱尔的研究没有任何一部分出现在你们的杂志上,我认为这是对这个研究的偏见,这个研究是在一种我之前的任何研究都无法轻易与之比拟的创造性紧张中被生产出来的。而如果能出版,首先的一个好处是一个已出版的形式能让作者远离他的作品——这种疏离是有着无与伦比的价值的。第二,如果它出版了,这个文本就可以成为讨论的对象,不管在这里可以进行这样讨论的人对我来说仍是多么的不足,这样的讨论至少可以给我一些补偿,我是在多么孤独的情境下从事这些研究啊。在我看来,出版的焦点应是关于**游手好闲者**的理论,我将它视为我的波德莱尔研究的一个重要组成部分。我当然不是说要出版一个不经修改的版本。如在新的版本里，对"大众"这个概念的批评性分析应被放在比它在目前版本中的位置更中心的地方，这是因为现代大都市已经使得"大众"这个概念凸显出来。我在讨论雨果的那些段落里已经开始了这些分析，但这个批评还要通过对更多的重要文学材料的解释被进一步阐发出来。作为一个范例，我想到的是"人群中的人"那个部分。对大众的曲折的解说——对他们所作的生理学视角下的观察——应该通过对我研究中已提到的霍夫曼的故事的分析而得到进一步阐明。就雨果来说，需要展开一个更加富于细节的阐明。这里关键的问题是，在这些持续更替的关于大众的观点里触发出一个理论发展的进程；这个理论思考的高潮点已在现在这个文本中被标识出来了，但这个进程还没能得到充分的呈现。而在这个系列中，是雨果而不是波德莱尔处在终点的位置上。雨果比其他任何作家都更准确地预言了当今的大众的经验。而他的煽动天赋也是他天才的一个组成部分。

您已经看到，您的批评中的一些要点对我来说是有信服力的。但是，根据以上陈述的主要精神来对这个作品作一个**全面**的修改恐怕是我难以做到的。您正确地指出了我的一个问题，即理论的清晰度在我这里消失了，然而这不是主导这个部分的文献学方法的一个**必然**结果。我更倾向于把这个问题看作这个方法没能依其本然地被运用的结果。这个缺陷可能部分由于我的一个大胆的尝试——想在写作第一部分之前先写这个第二部分——造成的。只有通过这样的方法，那些引起幻景的表象才能被先描述出来，而不是被过早结合到思想建构中去。不过，以上谈到的那些修补方案只有被牢固地定位在整个文本中，它才会对第二个部分真正起到作用。因此,我想我首先要做的工作是去重新审视整个文本的结构方式。

至于我上面谈及的那种悲哀感,除了来自我自己的一种预感外,也有很多实实在在的理由。一则是德国的犹太人目前的处境,我想我们当中谁也不能将自己与这种处境相分离。此外还有我妹妹的严重疾病,她在三十七岁的时候被发现患有遗传性动脉硬化。她现在几乎无法随便走动,因此就几乎无法获得可以谋生的工作〔目前她可能还有一些微薄的存款〕。在她这个年纪,这个疾病的预后状况几乎是完全没有希望的。就算所有这些都除去,要我在现在这个地方居住而没有一种压迫性的焦虑也几乎是不可能的。因此应该不难被您理解,我现在正在竭尽全力地为入籍①而努力。不幸的是,入籍的必要步骤不仅耗费了大量时间,也耗费了一些钱。因此,目前我的视野也或多或少地被阻碍在这个方向上了。

在此信中还附了日期为1938年11月17日的给马克斯的信的片段,以及相应的来自汉斯·布里尔②的一个便笺,它们涉及一件可能会有碍我入籍的事情。由此您可以认识到这个事情的重要性。我能请求您马上着手处理这个事情吗?希望马克斯能马上给布里尔许可,最好是通过发电报的方式,允许布里尔在你们下一期杂志中用我的笔名汉斯·费尔纳而不是我的真名发表我的评论。

---

① 指本雅明当时寻求入籍法国的情况。——译注
② 汉斯·布里尔是社会研究所巴黎办公室的秘书。

现在到了讨论您的新著①的时候了,因此这也是这封信里较阳光的部分。您研究的主题在两个方面引起我的关注,这两个方面您都已经指出了。首先,在一些部分您讨论了爵士乐所涉及的当代知觉形式的听觉方面的一些特征,而这和我讨论的电影所涉及的当代知觉形式的视觉方面的特征是有关联的。但您的研究出乎我的意料,我不能确定,是不是由于理论上的分歧,我们才在我们各自的文章里以如此不同方式分配光明和阴暗的领域?也可能这不过是我们观点之间的一个表面上的不同;可能确实需要注意用明显不同却同样可接受的视角来看待不同的对象。因为并不能假设视觉知觉形式和听觉知觉形式具有同等的革命化的潜能。而这也就可以解释如下事实,即您在您的论文的结论部分提供了一种不同的听的可能性,而这对我这样的人来说是不甚清楚的,对我来说聆听马勒的经验还不是一种能让我完全了然的经验。

在我的论文《技术再生产时代的艺术作品》里,我努力像您设法阐述消极环节一样清晰地去阐述积极的环节。因此,在我的研究比较薄弱的地方,我看到了您的研究的长处。您对工业所生产出的心理类型的分析以及您对它们的生产方式的表征的分析是最为妥帖的。如果之前我的那个研究能够在这个方面多加注意,我的研究可能会在历史的可塑性方面获得更多。我越来越清楚

---

① 本雅明指的是阿多诺的《论音乐的拜物教特征以及听觉的退化》("Uber den Fetischcharakter in der Musik und die Regression des Hörens"),在《社会研究杂志》1938 年第 7 期上发表,之后被收入阿多诺的文集《不和谐音》(*Dissonanzen*, Göttingen, 1963)。

地看到有声电影的出现必须被看作电影工业用来打破无声电影的革命主旨的操作,有声电影的出现产生了一些难以控制并因而在政治上十分危险的反应。对有声电影的分析会构成对当代艺术的批判,而这样的分析可能会在您的意见和我的意见之间搭建一个辩证的中介桥梁。

您论文的结论部分中,我最喜欢的部分是您指示出的对"进步"这个概念的保留意见。就目前的情况看,您只是偶然地提出了这个保留意见,所做的工作也限于追溯历史上对这个术语的运用。我想我会想要去认识这个概念的根源与起因。不过,我也充分意识到要做到这一点会碰到的困难。

最后,我想要回答您的一个问题,这就是在您的文章里所发展出的观点和我在我讨论**游手好闲者**的那个部分里所展现的观点之间到底有什么关系。在我那里,对商品的移情就像对其他无机之物的移情一样,这种体验都将自己呈现给自我观察或内在经验;在波德莱尔之外,我这里主要的证人还有福楼拜和他的《圣安东尼的诱惑》(*La Tentation de Saint Antoine*)。然而从根本上来说,对商品的移情恐怕就是对交换价值本身的移情。事实上,人们很难想象对交换价值的"消费"除了是对交换价值的移情之外还会是什么。您写道:"消费者真的崇拜他花在一场托斯卡尼尼音乐会门票上的钱。"因为对交换价值的移情,甚至大炮也能被消费,被变成比黄油更令人开心的消费品。在流行的说法里,人们会说某人"赚得盆满钵满,他有五百万马克";"民族共同体"①同样也

---

① "民族共同体"(racial community),即 Volksgemeinschaft,本雅明这里指的是一个独特的纳粹术语。

因为有了几十亿而感到自己"盆满钵满"了;它移情在这几十亿上了。如果我由此这样阐述这个问题,也许我就能得出这类行为模式的一个根本标准。我现在在思考借助运气的那些赌博游戏背后的标准是什么。一个赌徒/投机者直接移情的是他针对银行或某个对手打算赌上一把的那个金钱的数目。赌博游戏,以股票交易投机这种形式,为主体移情于交换价值铺好了道路,这正如世贸博览所做的那样〔后者是训练学校,在那里,那些被迫远离消费的大众也学会了对交换价值的移情〕。

我应该愿意为下一封信保留一个特别重要的问题,或者可能我们需要用一个面对面的谈话来讨论它。音乐和抒情诗成为喜剧的东西这样一个现实,到底意味着什么?我很难把它想象为一个完全消极的现象。或者说,您能从"神圣的和谐的凋落"中看到任何积极的元素吗?我承认我不是很能理解这个现象。也许您将来会有机会重新谈到这个问题。

无论如何我请求您尽快回信。也请让费利齐塔斯在有空的时候把威廉·豪夫的童话故事寄给我,那里有桑德兰的插图,所以我视它为珍宝。我会很快给她写信的,我也很想听到她的回音。

永远的,您最诚挚的朋友!

瓦尔特
1938 年 12 月 9 日于巴黎

英译者:哈利·左恩(Harry Zohn)

文论四

Presentation Ⅳ

在第二次世界大战结束以后,德国流亡知识分子逐渐在中欧重新集结。本雅明已经去世了,成为法西斯主义的牺牲品。布洛赫和布莱希特,在犹豫了一阵以后,分别选择回到民主德国的莱比锡和柏林。阿多诺,同样是在耽搁了一阵以后,回到了联邦德国的法兰克福。卢卡奇则立刻迁回了布达佩斯。随着冷战的开始,欧洲分裂成两个被动员起来的阵营。在匈牙利,卢卡奇的作品——尽管表面看似符合斯大林主义的成规——很快〔1949〕就被猛烈地攻击为"修正主义",随后他的著作马上在市面上消失了。在民主德国,布洛赫可以继续出版自己的著作而且受到尊重,同时布莱希特在创造自己的剧场这件事上得到了几乎所有物质上的优待。尽管言论自由受到了一些限制,他们俩谁也没有受到卢卡奇所遭受的那种威胁。在联邦德国,在阿登纳政府友善的支持下,霍克海默重建了法兰克福社会研究所,阿多诺成为研究所的副主任。

1953年斯大林统治的结束,为东欧带来了普遍的政治危机。第一个经历了它的冲击的国家是德意志民主共和国(DDR)。1953年7月,那里发生了一次工人起义,随之而起的是罢工运动和街头冲突,矛头指向东欧的国家机器。这场政治暴动最后在苏联军队的帮助下被镇压了。布莱希特对此感到非常困惑而且相当焦躁不安,在私人笔记里他对这次大众反叛的反应十分含混,既有粗暴的威吓,也有感伤的同情。① 他在去斯大林化的过程中没有发挥什么作用,在 1956 年苏共二十大结束后不久就去世了。卢卡奇却不同,他积极地介入了东欧"解冻"时期的文化和政治论争。1955 年,他在柏林、华沙、布达佩斯和维也纳做了多次演讲,重新讲述了自己那些一直以来都在被干扰和被审查的核心的美学理念,并且激烈地反击日丹诺夫的"革命的浪漫主义"的典律。卢卡奇这些活动的书面成果是《当代现实主义的意义》(*The Meaning of Contemporary Realism*)。该书完成于苏共二十大稍后一段时间。匈牙利事件在 1956 年 10 月爆发后,卢卡奇清晰地评估了这场实际上是自发的社会暴动的成功可能性,同时毫不犹豫地选择了与这些造反的工人和学生共命运。他参加了纳吉政府,在此期间颇有预见地警告当局者不要退出华沙条约组织。但之后,苏联出兵,卢卡奇遭到俄国部队逮捕,并且被监禁在罗马尼亚。他在 1957 年 3 月获释后完成了上述著作的序言,并把书稿寄

---

① 在笔记中,他扼要地谴责了这场工人阶级的真实骚乱,但和谴责混杂在一起的,也有对这次运动内在德性的工人主义式的赞美。6 月 17 日的示威伴随着"他们的毫无目标性与令人可怜的无助性",显示了工人阶级"又一次成为它们的阶级敌人——法西斯时代的资本主义又一次卷土重来——的捕获物";然而,即便在这样的"最堕落的条件中",工人阶级依然展示了"上升阶级"的力量,显示出"只有他们才能结束资本主义"。见《工作笔记(二,1942—1955)》[*Arbeitsjournal II*, (*1942-1955*), Frankfurt, 1973],第 1009 页。

到了国外。《当代现实主义的意义》于1958年在联邦德国出版。当书在西欧出现的时候，匈牙利正遭受严酷的镇压，卢卡奇也在自己的国家里被要求噤声，正承受着越来越猛烈的攻击。① 而阿多诺则对这本书给出了评论，即下面我们选入的阿多诺关于卢卡奇的那篇文章。

阿多诺在同一年成为法兰克福社会研究所的主任。这两个人所身处的情境，形成了极为鲜明的对照。这个时候的阿多诺正处于事业的顶峰，他可以在联邦德国写作任何他想写的东西。在这一与卢卡奇论辩的事件中，他的这篇文章在《月份》(Der Monat) 杂志上发表，这是由在联邦德国的美军创办的一份杂志，财政上受美国中央情报局支持。因此，阿多诺对卢卡奇的精神"锁链"的苛责本身就具有了反讽意味：阿多诺在写作的时候，卢卡奇正在确确实实地抵抗警察文化，而阿多诺自己却已不知不觉地屈从于警察文化。我们在阅读阿多诺对卢卡奇的评估时，这一语境需要牢记：阿多诺对卢卡奇的评估与这些环境并非绝缘。两位对立者所代表的批判立场的实质是什么？这在今天需要根据它们各自的情况重新予以评估。

---

① 他在布达佩斯大学工作的系所遭到了关闭，同时在1960年，东柏林出版了一本论文集，此书延续了1949年对卢卡奇的攻击，并发展出一些新论点——尽管正如编辑有些抱歉地指出的那样，这些文章"当然只是众多近年来由匈牙利、苏联和德意志民主共和国及其他地区的马克思主义学者们斥责卢卡奇理论的批判性评论和发言中的一个精选部分而已"。

《当代现实主义的意义》的理论前提本质上就是卢卡奇从20世纪20年代晚期就开始捍卫的那些东西。不过,这本书鲜明的重点则是由它成书的年代——在斯大林去世和苏共二十大召开之间的这段时间所形塑的,也是由当时苏东阵营内部的政治视角所形塑的。卢卡奇忠诚于"和平共存"政策,信赖资产阶级文化和政治的"进步"潮流,同时他也从一个片面的、右的角度对斯大林主义进行了批判,①这些都呈现在他的文学批评之中,即有着双重的批判性介入的形态:一方面针对他所认定的主导西方文学的反动倾向,另一方面针对他在苏东阵营观察到的过度的"唯意志论"的问题。他的书以激烈的、与主要的欧洲现代主义文学代表展开争论的方式开场。他坚持认为,这些作家全都联合在一种哲学上的"本体论主义"周围,这种本体论主义的美学效果是主观主义与形式主义,以及相应的对于历史现实作了稀薄化处理——如果不是像塞缪尔·贝克特那样完全将历史现实虚无化的话,也是如在穆齐尔那里所显示的那样,使历史现实淡化为了背景。事实上,最优秀的——因为他是最清晰的和最具批判性的——现代主义的理论家瓦尔特·本雅明,就曾经隐晦地预言了艺术因为取消了

---

① 关于卢卡奇从20世纪20年代到60年代的政治思想的演变,可见迈克尔·洛威的权威文章《卢卡奇和斯大林主义》("Lukács and Stalinism"),载《西方马克思主义:批判性读本》(*Western Marxism-A Critical Reader*, London, NLB, 1977)。

历史而杀死了自己的问题。① 但卢卡奇提出,对于20世纪中叶的西方艺术家来说,堕落并非不可避免的符咒。针对这种以卡夫卡为典范的非理性的风格主义和寓言的传统,还有另一个传统,这个传统只是表面上看起来不够"现代",其表率就是托马斯·曼。这另一个传统的作品实际上以一种适合社会主义革命时代的形式,让之前一个世纪的古典现实主义小说获得重生;而那个指导着这个悖论性的成就——在资本主义衰弱的时代成功地实践了一种古典的资产阶级的形式——的"观点",就是对于"理性的问题"的承认,即"不拒绝"社会主义作为历史的一种可能性。卢卡奇坚持说,在当下西方,这样一种"批判现实主义"是艺术得以达到卓越境界的唯一手段。和布莱希特自己所承认的情况正相反,卢卡奇认为布莱希特在后期的戏剧实践里,以自己的方式和"批判现实主义"结成同盟,这使他成为"这个时代最伟大的现实主义剧作家"。② 卢卡奇同时也希望去捍卫那些在苏东阵营中、在后资本主义社会里存在的各式现实主义。与诸如"古典"现实主义和"批判"现实主义这些现实主义兄弟形成对照,"社会主义现实主义"建基于"具体的社会主义观点",在社会与意识形态的意义上,都是"从内部"来进行写作。但正是由于这个原因,它作

---

① 卢卡奇:《当代现实主义的意义》(*The Meaning of Contemporary Realism*, London, 1962),第41—43页。
② 同上书,第87—89页。

为一种文学模式,在发展过程中就不可避免地会遭受过渡时期的意识形态的与物质的压力的形塑。因此,卢卡奇的论述主要强调的问题,就在于"社会主义现实主义"目前呈现出来的两种扭曲形态:一方面,对社会的事实状态作"自然主义式"的誊录;另一方面,作为对"自然主义"的补偿,出现了一种"浪漫主义",而这种浪漫主义又因政治上的错误而加剧,这就可能遮蔽社会主义发展中真正的矛盾。卢卡奇作出结论说,在过渡时期依然持续的阶段,"批判现实主义"仍然是工人国家文化中的一个正当的和有价值的要素。

哪怕仅仅是为了能引起我们对阿多诺的评论背后的政治性质的注意,也很有必要重提卢卡奇的双向介入。阿多诺在文章一开始就显示的锋利攻击——针对卢卡奇书里的辩护倾向——是很难被轻易驳回的。卢卡奇在书中或作吓或呈友善,总之他的这种语调和样式,都透露了布莱希特在多年前所反对的那种东西,一种官僚式的讲话方式。阿多诺强调卢卡奇的写作和社会达尔文主义具有某种亲近性,以及他的"堕落"概念背后的市侩的、遵奉主义的潜在意味,这些都是相当正确的。而且阿多诺还提出了一个重要的历史问题:目前到底哪里可以找到卢卡奇所暗示的替代选择———一种健康的、有活力的、正常的文学的可能?但另一方面,阿多诺在谈及苏东阵营国家时所诉诸的语汇中,有诸如"民族共同体"①这样的有

---

① 希特勒曾用这个词来描述他所统治的德国社会。——译注

倾向性的词,考虑到这是一个在西方冷战高潮时期出版的文本里的用法,这就像是一个故意的疏忽,表达了根本性的政治歧视,这一情况只能说明"极权主义"这样一种自由主义的意识形态在当时是多么盛行。阿多诺对卢卡奇美学立场显见的厌恶,也许可以帮助我们去解释阿多诺这样一种处理方式,但恐怕无法完全由此为阿多诺开脱。

阿多诺对卢卡奇主要的美学指控是:卢卡奇从多方面错误理解、低估或忽视了对于艺术作品来说具有构成性意义的**形式性**问题。卢卡奇固执地捍卫现实主义"反映"论——"模仿经验现实",致使他将现代主义的"形象"解读为粗糙的歪曲誊录,对客观现实的不合理的拙劣模仿。同时,卢卡奇拒绝承认审美技艺的"自律"的历史发展,并且误解了技艺自律发展在艺术生产中的作用。因此,他既看不到他所选择的经典作家——比如说巴尔扎克——创作中的非现实要素,也看不到现代主义从经验中提取出来的"形象"或"本质"的真实性质。对于阿多诺来说,艺术作品的生产,意味着主体以一种审美形式的"法则"对客观世界的占有与挪用。这样生产出来的"形象"就会和现实发生矛盾,并且会是对现实的批判——"艺术是现实世界的否定性知识"。在阿多诺看来,贝克特、卡夫卡和勋伯格的作品的最杰出的特征,就是他们固执地拒绝以任何形式与现实达成和解。正如他在另一个场合写道:"一个成功的作品……不是那种试图以一种伪造的和谐解决现实矛盾的作品,相反是那种在它最内在的结构里,以呈现纯粹的和不可妥协的矛盾的方式否定地表达和谐概念的作品。"①

阿多诺正确地指出了现实主义美学理论在认识论上的难题,也正确地重新确认了文学诸"系列"的相对自律性,并且正确地强调了文学形式的生产性作用。这些议题对任何一种关于卢卡奇美学的诊断来说都是核心议题,而这些议题也由《当代现实主义的意义》以一种独特的力量提出来。因此以下的情况就更加让人觉得不幸了:在阿多诺那里,这些主题都没有被充分地展开,它们目前只是仅仅停留在被强调或被确证这一步。阿多诺美学的一些根本性的范畴依然是暧昧不明的:"自律艺术",艺术形式的"法则"和"逻辑",和哲学观念论里的"本质"并非同种的"本质"——这些关键的术语没有任何一个被给予清晰的、界定了的定义。卢卡奇尽管有很多理解错误和故意回避之处,但他却正确地要求将概念的清晰性作为理论阐释的任务。而阿多诺则只是提供了一些辩证的譬喻或警句,这些并没有能够充分解释现代主义艺术,而不过是重现了现代主义的情绪和倾向而已。同样,虽然阿多诺能针对卢卡奇在阅读单个作品时〔贝恩的抒情诗,或者托马斯·曼的《魔山》〕的能力不济作出毁灭性的批判,但阿多诺所提出的反论,在就使用文本来阐明道理这一点来说,也一点都不能做到更为具体。我们详述两者在理论和具体分析上的共同缺

---

① 阿多诺:《棱镜》,第32页。

陷,首先是想要提醒大家,我们应平等地对待阿多诺和卢卡奇之间的交流。然而很有可能的是,这些缺陷其实是两人平等地参与其中的某个根本的理论共同体的症候。

在阿多诺对卢卡奇发起批评两年之后,也就是1962年,萨特的《什么是文学?》(*What is Literatare?*)的德文译本出版。阿多诺借机对"介入"(commitment)问题写了一篇详尽的讨论文章。这篇发表于《新评论》(*Die Neue Rundschau*)的文章,先就萨特的论文作了一些尖锐的引导性的评述,然后针对布莱希特的作品展开了讨论。这两篇分别关于卢卡奇与布莱希特的文章明显是互补的。第一篇是在对抗卢卡奇的文学批评所作出的政治上和美学上的不正当的诊断;第二篇则是旨在抵抗同一类型的倾向对于文学的入侵。在这两个问题上,现代主义"自律的"生产,都得到了肯定,被视为一种政治上有效的另一类型的选择。第一篇文章里从逻辑上和经验上得到强调的东西,在第二篇文章里被更加清晰地标记了出来,正如后者对于萨特的批评所明示的。阿多诺针对萨特的"作为观念的文学"的苛责,具有一种无法否认的力量,不过这种批判最终是否有效,还得看它能提供什么**可补偿之物**(*quid pro quo*)——在这篇文章的另外的地方,阿多诺自己也对布莱希特式剧场提过"什么是可补偿之物"这样的要求。一种声称革命的艺术,为了保持基本的一贯性,确实必须在某种程度上遵从政治上的正确标准。而对于任何声称是马克思主义的批评,也应该有同样的要求。萨特在文学上试图激励个人主体,让他作出自由和主动的选择;阿多诺否定了这样一种努力,他这么做是出于下述假定:晚期资本主义已经设计出了一个囊括一切的"受管控的世界",这样一个政治秩序被认为清除了任何矛盾,并因此清除了任何选择的客观可能性。今天我们依然尊崇阿多诺的断言,但恐怕很少有人会不作出这样的判断,即相比于萨特的"自由行动者的存在主义",阿多诺的"批判理论"的政治前提可能同样被严重地侵蚀了。这里还需要加上一句,"残留的超验主体"这样一个概念对阿多诺的思想结构来说是关键的,这给他提供了撬动这个假想的极权社会秩序的唯一支点〔并且这个残留的超验主体也建立了一种思想上的可能性,让他去作出对秩序的指控〕。① 没有一种对阿多诺的美学的估量能忽视这种半神迹化的主体的持存,即主体在一个让他完全物化的概念模式中的持存。在阿多诺的理论里,"自律"的艺术作品的生产几乎已成为一种魔术一样神奇的东西了,与此相比,萨特对个体介入的有效性的信仰也不是那么有问题了。

显然,阿多诺对布莱希特批评也应被给予同样的大体上的**告诫**。不过很有意思的是,可能和阿多诺声称他正讨论的艺术的马克思主义目标相一致,他的政治术语在批评布莱希特的时候显得更加具体和准确,并且阿多诺的美学判断在很多时候也相当具有穿透力。阿多诺

---

① 阿多诺:《最低限度的道德》(*Minima Moralia*, London, NLB, 1974),第15—18页。

对布莱希特戏剧的很多评论是无可争议的。比如指出《阿图罗·魏的有限发迹》所起到的将法西斯主义"琐屑化"的后果,对《屠宰场里的圣约翰娜》(*St. Joan of the Stockyards*)和《大胆妈妈和她的孩子们》这样的剧作作出的任性粗暴的"分析",持续地求助于各式仿古主义——在布莱希特的著作里还有太多的清晰的民粹主义的例子。阿多诺在这篇文章里没有谈到《三毛钱小说》,这部作品在暴露布莱希特民粹主义方面的问题上是惊人的。这个故事主要被设置在资本的流通领域,在一个流氓无产者的、半犯罪的环境里,叙事的展开事实上就是对资本主义**腐败**关系的暴露。没有哪一个因素可以用来充分解释布莱希特的美学向民粹主义方向发生位移的原因。在理论上滑向一种左翼功利主义是布莱希特众多著作的一个易见的缺陷。布莱希特也为他的政治弱点付出了代价,在这篇文章里被阿多诺批判的《措施》(*The Measures Taken*)这部戏,就是一个出名的糟糕的例子。①进一步而言,布莱希特的一些独特的美学特征总会有一些未能被解决的困难,这或许部分地造成了布莱希特剧

---

① 还有一些阿多诺没有提到却更有害的例子,这些例子可以用来证实阿多诺谈到的布莱希特语词的危险性,而其中可能需要注意的是布莱希特1951年为李森科主义(Lysenkoism)作的诵诗——《种子的培育》("The Cultivation of the Millet")。

[不管是英译者在这里对《措施》的评价,还是阿多诺在《论介入》里对《措施》的指责,都存在着对《措施》这个在艺术和思想上都颇为复杂的作品的简化。——译注]

场的一些矛盾。

然而,阿多诺说这些矛盾是内在于布莱希特的艺术工程的,这是错误的。1931年由布莱希特和恩斯特·奥特瓦尔德编剧、斯莱坦·杜多夫导演的电影《库勒·旺贝》可以证明这些矛盾不是布莱希特美学的内在问题,事实上这部电影可以作为指出阿多诺对布莱希特的一般化指控陷入失实陈述的一个反向证据。阿多诺对《屠宰场里的圣约翰娜》的评论仅仅是一些"内容分析",这些分析和卢卡奇的某些文字一样唐突。他没有将布莱希特的这出戏剧和他显然很了解的布莱希特的"史诗剧"的剧作法联系起来看——或者说,他没有哪怕以自己的术语,对这个剧作的不同寻常的形式予以重视。《四川好人》(*The Good Woman of Szechuan*)这部剧作也只是被提及为《屠宰场里的圣约翰娜》的"一个变体……在相反的方向上";可是,《四川好人》却是一部有着阿多诺所认同的"震惊效果"的剧作。这出剧的戏剧行动产生了对道德主义逐步予以颠覆的效果,呈现出"好人"沈黛如何只能在她的"邪恶的"、改变了的自我——隋大——的帮助下,才能继续做"好人"。这部戏剧没有解决这个矛盾,也没有开出药方,所以它只能以危机的方式结束,只是提出了一个它无法回答的问题。因此,将布莱希特的剧场实践简单说成"教化主义"并不实事求是。他的剧场所持续作出的努力〔至于他能多久或多么持续地维持这一努力,则是另外一个问题〕,就是不以萧伯纳的方式向一个被动的观众传播真理,相反,它是在提供一些结构性的可能,这些可能可以让观众对资本主义〔和社会主义〕的关系的性质以及观众在这些关系中的位置作出反思。

不管是卢卡奇还是阿多诺,都对布莱希特不够热衷,这本质上是因为布莱希特所构想的美学与政治的关系,与卢卡奇与阿多诺所构想的关系有着明显的不同。这三位都同意艺术可以也应该成为理解历史现实的一种方法。但是卢卡奇和阿多诺赋予了艺术一种内在的认知能力——更精确地说,赋予某种特殊形式的艺术一种内在认知能力。在这么做的时候,他们就以马克思主义的版本再次阐述了各式业已存在的关于艺术的意识形态。对于卢卡奇来说,正如亚里士多德和后继的现实主义美学思考的传统所构想的,艺术可能就是"对行动的模仿";"行动"在历史唯物主义的视角下被解释,但是"模仿"依然是所有有效的艺术不可抗拒的目的。而阿多诺的文章与其说是对现代主义的马克思主义式的捍卫,还不如说是对于一种现代主义马克思主义的明确表达:他的立场,如果**稍作调整**的话,就是现代主义的意识形态自身。这两位批评家各自的盲视形成互补的关系,而这决定于他们俩各自根本的美学-意识形态的承诺。卢卡奇猛烈抨击现代主义里的非理性主义元素,但是对这场运动里积极的、扰乱性的一面完全无感;阿多诺对苏联正统所开出的"乐观主义"的药方心存鄙视是合理的,但是他不能或者说也不愿意去承认同样反动的西方自由主义正统的"悲观主义"。阿多诺带着冷嘲地提到一个"有着新闻记者思维方式的西方人"会把《高加索灰阑记》赞颂为一首"母爱的颂歌",但他却忘记了如下事实:带着这样的庸常成见的人却从来不会把卡夫卡吹捧为极权主义的分析师,或把贝克特表扬为书写"人类状态"的唯一的不被蒙骗的诗人。

　　布莱希特的选择是一种迥然不同的观念的产物,即对政治在美学中所起作用的不同观念。正如他定义的那样,"现实主义"是一种政治的和意识形态的**目的**,至于它的**手段**则可根据时间与空间的要求变动。他使用"现实主义"这个语汇也并不意味着他忠诚于巴尔扎克的美学,正如他的"间离效果"未必透露出一种"现代主义者"的活动。古典叙事、流行歌曲、表现主义的剧场,所有这些技术不过是他的一整套艺术工具箱的组成元素,它们可以在一个给定的环境里根据需求进行自由组合。结果是,至少在概念上吧,布莱希特能创造出一种更加活跃的美学,相比于卢卡奇对过去的传统文学的研究,或阿多诺所主张的精英先锋艺术,布莱希特的美学更适应价态不断转换的艺术形式。当然,毫无疑问,阿多诺所强调的布莱希特政治剧场的那些问题是正确的。他对布莱希特的批评,对于任何一个社会主义者来说都是不能被忽略的,这些批评在今天依然比无数对布莱希特的滥套子赞颂有着大得多的思想力量。但是,像阿多诺那样只是去质疑成功的政治艺术的可能性,就会或多或少地把马克思主义美学局限在对于现成的资产阶级艺术的静观式评估里。此外,布莱希特和阿多诺各自的限度,也可由他们在所写作的那个公共领域里的最终的狼狈状况显示出来。布莱希特在证谬(实现)了他的政治的一场无产阶级暴动面前困惑不解,而这一情况有一个精确的对应物,在十五年以后,在20世纪60年代的那场伟大的学生示威中,阿多诺也在挫败(挪用)了他的哲学的一场知识界起义面前心烦意乱。自那以后,对革命艺术的渴求在西方得到了恢复,并且获得了一种新的强度。

强迫之下的和解

西奥多·阿多诺

今天,即便在苏联阵营的外面,卢卡奇这个名字依然带有光晕,这得益于他年轻时写作的一些文章——《心灵与形式》(Soul and Form)和《小说理论》这两本文集,以及他收录在《历史与阶级意识》里的一些研究,在其中,卢卡奇成为第一个将物化范畴系统地应用于哲学的辩证唯物主义者。他的思想受齐美尔和卡斯纳的启发,之后又由于"西南学派"(South-Western school)[①]有了进一步发展。不久以后他就开始拒绝心理主观主义,并支持当时很有影响的客观主义的历史哲学。特别是《小说理论》一书,拥有很多卓越和深邃的思想建构,在当时是非同凡响的,以至于此书建立了一种自那以后一直都被保留着的哲学美学标准。不过从20世纪20年代早期开始,尽管也不能说没有最初的纠结,但总之他的客观主义开始将自己调整到官方的教条上去。他默认了官方的那一套规矩,并且否定了他的早期著作。他牢记和内化了来自党的科层体制内部的那些最粗暴的批评,扭曲了一些黑格尔的主

[①] 比如,在海德堡的新康德主义者文德尔班、李凯尔特、埃米尔·拉斯克,另外还有马克斯·韦伯。

题,并且用这些扭曲了的主题来批判自己。而且他几十年来持续在一系列的著作与文章中努力将他明显尚未受损的天赋和苏联无限贫瘠的套话协调起来,在这样做的同时也将他所赞颂的哲学贬低成了一种纯粹服务于统治的工具。仅仅是因为卢卡奇那些被他的党指责也被他自己公开放弃的早年著作的原因,在东方阵营之外的人才会去注意他在过去三十年出版的著作,其中还有一厚本关于青年黑格尔的著作。今天的情形仍是这样,即便说他此前的天赋在他的一两个对德国19世纪现实主义作家的研究——特别是如在对戈特弗里德·凯勒和威廉·拉伯的研究——中依然可被看到,但毫无疑问,《理性的毁灭》(The Destruction of Reason)一书最清晰地展示了卢卡奇自己的理性的毁灭。以一种高度非辩证的方式,这个获得官方确认的辩证主义者将所有现代哲学的非理性主义潮流都扫入反动阵营和法西斯主义阵营里。他毫不费神地忽视这样的事实,即与学院的唯心主义不同,这些非理性主义的学派都在努力对抗卢卡奇一直致力反对的思想和生活上的物化。尼采和弗洛伊德被他轻易地标记为法西斯主义者,他自己甚至也能采用一种威廉时期地方检察官的居高临下的口吻,去说尼采不过是一个"超过平均能力"的人。在一个表面上激进的社会批判的面具的掩护下,他偷偷输送回了最老套的遵奉主义教条,而这些教条正是社会批判曾经攻击过的。

至于我们要考虑的这本书,《当代现实主义的意义》①,此书在西方由克拉森出版社(Claassen Verlag)于1958年出版,我们可

---

① 英文版1962年由梅林出版社(Merlin Press)出版于伦敦。下面提到的页码都是根据这个版本,不过翻译在有些地方作了调整。

以在其中看到这个七十五岁高龄的作家的态度发生了一点变化。这大概和他因在纳吉政府担任积极角色而卷入政治冲突有关。他不仅谈到了斯大林时代的罪恶,甚至为"大体上要坚持自由的写作"这样一种立场发言,这种说法在之前是无法想象的。布莱希特死后,卢卡奇在这个多年对手那里发现了他的一些优点,并且把布莱希特的《死兵的传说》(Ballad of the Dead Soldier)表扬为天才之作,而这首诗却是一首会让民主德国统治者吃惊的诗,一首像"文化布尔什维克主义"①那样的野蛮行为的诗。和布莱希特一样,他希望拓展社会主义现实主义的概念,这个概念在过去几十年中一直被用来遏制任何自发冲动,遏制任何为官僚所怀疑或不为他们所理解的东西,所以卢卡奇这样做也是想打开一些空间,为了能创造一些比可鄙的垃圾好一些的作品。但他只是胆怯地做了些反对的姿态,这些姿态显示出他因为意识到自己的无力,从一开始就已失去了勇气,而他的胆怯也不仅是故意的策略性的。卢卡奇个人的正直不需要被怀疑,然而问题是他牺牲自己的智慧后得出的思想框架是如此束缚人,以至于它窒息了任何想要更自由地呼吸的可能;**理智的牺牲**(sacrifizio dell'intelletto)没能让思想不受损害。这就投下了一道忧郁的光,我们在这里看到卢卡奇对他的早期作品有不再遮掩的怀旧之感。来自《小说理论》的概念"生活的内在意义"(immanent meaning of life)在这里重新出现了,但是它现在被简化为一个断言,即在一个正在建设社会主义的社会里,生活事实上就是充满意义的——这是一个足够好的

---

① cultural bolshevism,指批判的、左翼的、现代主义倾向的创作潮流。——译注

教条，它足可以提供一个有说服力的哲学证明，去支持那些人民共和国里的对艺术正面的、玫瑰色的期待。卢卡奇现在这本书就像一块冻糕或一个圣代，它处于一个中间位置上，一面是所谓的解冻，一面则是新的冰冻。

依然是简化而专横地使用一些散播性的标签，比如批判现实主义和社会主义现实主义这样的标签，卢卡奇依然扮演着类似苏维埃文化委员会委员的角色，而这样一来，他就走到了动态地把握的反面。在卢卡奇那里，黑格尔对康德美学上的形式主义的批判被简化为一个简单的确认，即现代艺术对风格、形式和技术的强调被过分夸大了〔特别见第19页〕——即便是卢卡奇想必也完全清楚，这些形式特征正是使艺术作为一种知识有别于科学知识的特征，而一旦艺术忽视了自己的形式，就只可能将自己毁掉。对于卢卡奇来说是形式主义的东西，可能真正就是根据适合艺术的规则去建构作品中的各个元素的那种努力，因此这些正是和卢卡奇所怀念的"内在意义"相关的东西——而与这个"内在意义"相对的正是从外面任意强加的意义，卢卡奇一方面客观地捍卫"内在意义"，一方面又确证了它的不可能性。现在，卢卡奇不去认识到形式元素在决定现代艺术作品的美学内容时的客观作用，相反却专横地将它们错误地解释成由一种过度膨胀的主观主义而添加的任性元素。卢卡奇在现代艺术中怀念一种客观性，并且以为这种客观性可以在获得了某种"视角"后从主题内容方面得到，但事实上这个客观性却正是由那些在自身的展开过程中溶解并重组了主题内容的文本程式和文本技术来完成的，这个溶解和重组的过程确实提供了一个视角——但卢卡奇却希望扫除掉这些程序和技术。卢卡奇依然漠视以下这个哲学问题，即一个艺术作品的具体意义是否可以被等同为纯粹的"对客观现实的反映"〔第101页〕,卢卡奇正是教条地盲从了这样一种庸俗唯物主义的常用套语。

无论如何,就卢卡奇自己的文本而言,它会全然无视卢卡奇的早年著作参与建立的、负责任的批评所遵循的那些规则。任何一个留着胡子的枢密院官员在以目空一切的方式去谈论艺术时,都不会比卢卡奇更远离这些规范。卢卡奇用一种死守教条的教授口吻说话,这样的教授确信他不能被打断,不管他的论说已多么冗长,他也不会规避任何题外话,而且他明显取消了那些可能的反对意见,他把这些反应诋毁为唯美主义的、形式主义的和堕落的,然而恰恰只有这些反应才能提供与艺术的真正关联。即便黑格尔的"具体"概念依然在他的理论里具有崇高地位,但这也是在他只注意将文学限制在对经验现实的模仿的时候才被提到——他自己的议论基本上还是相当抽象的。他的文本很少遵循这样一种规矩,即应用于某个具体的艺术作品,并且只谈这一个作品所暗含的问题。相反,他总是在发表一些判词。他的方法是相当学究气的,而与此相配合的是,他在具体细节上又特别马虎。卢卡奇并不会害怕讲一些如下的粗陋的老生常谈,比如"演讲和写作是非常不同的行为",比如不断使用**最佳表现**(*Spitzenleistung*)这样的词,须知这个词是商业世界或在体育比赛中破纪录的时候会用到的〔第11页〕;他说取消抽象的可能性和具体的可能性之间的区别"**糟透了**"(*verheerend*),还回忆说,"自从乔托以来,一种新的世俗性越来越胜过了此前的寓言化"〔第40页〕。我们这些在卢卡奇的用语里被描绘为堕落者的人可能确实过于重视形式和风格了,但是至少对形式的重视不会让我们说出"自从乔托以来"这样的话,我们也不会因为卡夫卡是一个"令人惊叹的观察者"〔第45页〕而试图去表扬他,也没有哪个现代主义者想对"一系列共同构筑起人的内在生活的、异乎寻常的丰富的情感"说些什么。面对这样一些好像在奥运会上接踵而至的"最佳表现",我们可能真的会产生怀疑,是否一个以如此方式写作的人,一个文风傲慢、明显忽视文学技法的人,还有权力去对文学问题发表见解?卢卡奇本来是可以写得很好的,但他却以这种迂腐老套和不负责任相混合的行文方式写作,这里我们能够感觉到一种恶意的蓄谋,一个刻毒的、故意以糟糕的方式来写作的决定,这里明显有这样一种信仰,仿佛他在这个方面的牺牲会魔术般地证明如下的事,即任何不是这样写作的人,或任何用心写作的人,都一无是处。但是我们想顺便提一下,对于风格的忽视,几乎总是症候性地伴随着内容上的教条和老化。这种假谦逊暗指这样一种风格:只因为不再作自我反省,就相信自己已不动感情。而这只会隐瞒如下事实:它已将辩证过程里客观的价值和主观的价值都单纯化了。辩证法只是在口头上被坚持着,但事实上对于这样一个思想者来说,所有事情都已被事先决定了。这样的写作变成了非辩证的写作。

  卢卡奇理论的核心是教条的。除了那些可以被归纳为批判现实主义或者社会主义现实主义的部分,整个现代文学的传统都被抛弃了,并且对堕落的厌恶被毫不犹豫地堆积在现代文学上面,哪怕这些滥用的指控可能会带来迫害和杀人这样令人恐惧的真实事件,且这种事也不仅仅只在俄国发生。事实上"堕落"这样的用词来自保守主义语汇。卢卡奇以及他的上级使用它的目的,就是在为一个共同体主张某种教条的权威,然而事实上这个共同体却不符合该教条所主张的东西。如果没有正面对应物——一个充满活力而丰盈的自然形象——堕落这个概念很难大行其道。也就是说,"自然"的概念现在以不合法的方式偷偷潜入了社会的各种中介过程中,而这样的做法恰恰是马克思与恩格斯进行意识形态批判的对象。即便和费尔巴哈的"健康的感性存在"这一主张或有呼应之处,这也未使社会达尔文主义的语汇进入马恩文本。到了1857—1858年,也就是在《资本论》的写作阶段,我们发现马克思在《政治经济学批判大纲》(*Grundrisse*)草稿里有如下表述:"这个运动的整体虽然表现为社会过程,这个运动的各个因素虽然产生于个人的自觉意志和特殊目的,然而过程的总体表现为一种自发的出于自然的客观联系;这种联系尽管来自自觉个人的相互作用,但既不存在于他们的意识之中,作为总体也不受他们支配。他们本身的相互冲突为他们创造了一种凌驾于他们之上的**异己**的社会权力:他们的相互作用表现为不以他们为转移的过程和强制。……个人相互间的社会联系作为凌驾于个人之上的独立权力,不论被想象为自然的权力、偶然现象,还是其他任何形式的东西,都是下述状况的必然结果,这就是:这里的出发点不是自由的社会的个人。"①

---

① 马克思:《政治经济学批判大纲》(*Grundrisie*, Harmendsworth, 1973),第196—197页,英文版由马丁·尼古拉斯(Martin Nicolaus)翻译。

[中译参看马克思、恩格斯:《马克思恩格斯全集》第46卷上册,中央编译局编译,北京:人民出版社,1979,第145页。译文据阿多诺文章的用意稍作修改。这里"异己"二字强调为阿多诺所加。阿多诺强调的是,马克思要批评的是一种将本来是他人的、异己的社会力量认作"自然"的力量的做法。——译注]

这样的批评即便在一个相当敏感的领域也没有停下来,在这个领域里有机体的表象提供了针对社会的最顽固的抵抗,同时在这个领域里所有对堕落的愤怒也找到了家,这就是"性"的领域。在更早一些的时候,在对格·弗·道梅尔的《新时代的宗教》(The Religion of the New Age)的评论中,马克思嘲笑了他的如下段落:"自然和女人不同于人类和男人,前者是真正神圣的……人类为了自然而自我牺牲,男人为了女人而自我牺牲乃是真正的、唯一真实的温顺和克己,是最高的甚至是唯一的美德和笃敬。"对于这一段落,马克思附上了如下评论:"在这里我们看到,我们诡辩的宗教创始人的浅薄无知怎样转变为显然的畏怯。道梅尔先生在逃避威胁他的历史悲剧,求救于所谓的自然,即笨拙的农村田园诗歌,宣扬女性崇拜以掩饰他自己女人式的退缩。"①

无论在哪里,只要人们想痛骂堕落,这样的退缩就要重新出现。卢卡奇被卷入这样的退缩是由于他所处的社会情形:尽管那个社会声称废除了社会不公,社会不公却依然存在。于是承担责任的问题被从人们应该对它负责的社会条件转移回了"自然",要不就被转移到了作为"自然"反面的"堕落"之上。卢卡奇当然也在努力去消除在马克思主义理论和官方马克思主义之间的矛盾,他的方法是把关于病态艺术和健康艺术的想法扭曲地放回到社

---

① 马克思:《评格·弗·道梅尔〈新时代的宗教〉》("Review of G. F. Daumer's *The Religion of the New Age*"),见《新莱茵报》(*Neue Rheinische Zeitung*, Hamburg),1850。

[中译参看马克思、恩格斯:《马克思恩格斯全集》第7卷,中央编译局编译,北京:人民出版社,1959,第240页。——译注]

会性的概念中去:"在历史的发展过程中,人们之间的关系是在变动着的,同时建立在这些社会关系之上的理智和情感的价值也相应变动。但是意识到这一点并不是就意味着要去拥抱相对主义。在任何特定时期,总有一种进步的社会关系和一种反动的社会关系。我们因此可以利用社会健康这个概念,并将它构建为所有真正的伟大艺术的基础,因为那些社会意义上的健康的东西会成为人类的历史意识的一个组成部分。"①

但是,这样一种努力的无效是显而易见的。在任何关于历史问题的讨论中,像"病态"和"健康"这样的概念最好被完全避免。它们和进步/反动所代表的方面没有关联,它们只不过因为在宣传鼓动方面的效果才被拖曳进来。进而言之,健康/病态这样的二分法是非辩证的,正如资产阶级的上升和下降这样的修辞也是非辩证的,这种二分法自身就来源于资产阶级意识所产生的范畴,而这样一种资产阶级意识已赶不上它自身发展的步伐了。

我不想过多地去谈这一点,即在诉诸堕落和现代主义——在他眼里这两者意味着同一事物——这样的概念时,卢卡奇把绝对是完全不同的人和事都绑缚在了一起——不仅仅是普鲁斯特、卡夫卡、乔伊斯和贝克特,也包括贝恩、荣格,或者甚至海德格尔;并且在理论范围内,包括本雅明和我。现在确有一种流行的也很容易执行的策略,即去指出被攻击的那个对象没有像攻击者所称的那样真正存在,而存在的只是一系列其实并不相容的部分。不过

---

① 卢卡奇:《健康的艺术,或病态的》("Healthy Art, or Sick Art"),收入《卢卡奇七十诞辰集》(*Georg Lucács zum siebzigsten Geburtstag*, Berlin, 1955),第243页。

我不想摆出"这不适用我"这样的姿态,这样的姿态太容易减弱攻击并回避敌意了。这样做的危险是过度简化我对卢卡奇式的"过度简化"的反对。所以我接下来将紧紧抓住卢卡奇议论的核心线索,除非是他歪曲得太严重了,我不会比卢卡奇自己更多地去区分他攻击的对象。

卢卡奇努力去支持苏联对现代艺术——任何一种会给简单的、现实主义的、被规范了的脑子带来震惊的文学——的简单裁定,他给这些裁定提供了哲学良知上的理由,不过他去实现这些努力的工具却是相当有限的,而且全部都源自黑格尔。首先,为了坚持主张现代主义文学就是对现实的背离,他在讨论中插入了对"抽象的"潜在性和"现实的"潜在性的区分:"这两个范畴,它们的相似点,它们的不同,以及它们的对立都来源于生活自身。以抽象的方式去看待,比如说以主观的方式去看待,潜在性往往比现实生活更丰富。无数的可能性似乎都在人类脑海里展开了,但在这些可能性中只有微乎其微的那个部分能实现。现代的主观主义,在从这个表面的丰富里看到人类土壤的真正富足以后,就带着尊敬和同情,以一种忧郁的方式沉思着它们。然而,一旦现实拒绝去实现这些可能性,这些感受就转变为同样带着忧郁的轻蔑。"〔第21—22页〕尽管这种问题不多见,但卢卡奇指出的这个问题不能被轻易地忽略。打个比方,当布莱希特设计了一种孩子气的速写方式,试图用一个帮派行为的形式去具体呈现法西斯主义的实质时,他把他制作出来的"可被抵抗"的独裁者,即那个阿图罗·魏,设定为一个想象的、不足凭信的花椰菜帮的头子,而不是最有力量的那些经济组织的头目。这样一种非现实主义的设计造成了一个混杂的祝愿:这种想法把法西斯主义考虑为属于一小撮罪犯的小集团,这样的一群人显然没有在社会体系里占据真正的位置,因此就可以随意地被"抵抗",于是你就不再对它们恐惧,同时也就在主观上缩小了它们的社会意义。但这种做法使得讽刺夸张变得很无用,甚至使这样一种讽刺从它的形式看来也显得愚蠢:一个小罪犯崛起成为一个独裁者,这在这个戏剧自身展开的过程中也失去了说服力。讽刺,如果不能在主题选择上保持水准,就会显得索然无味。

但是,要求作家对生活有一种实际的忠诚,只能是指一个作家对现实的基本经验以及对用以构思作品的主题内容的**碎片**(*membra disjecta*)的忠诚。在布莱希特的例子里,这些只能意味着作品与政治和经济事实之间的纽带,以及对符合现实的最初情境的需要。但这不能指在制作作品的过程中、对这些事实的处理。在这个问题上,普鲁斯特给我们提供了一个令人印象深刻的将对具体实际的忠诚和卢卡奇所谓非现实主义的形式统一起来的例子,这是因为在他的作品里,我们发现了一种极端"现实主义"的对细节的观察和一种来自非意愿追忆的美学形式的密切融合。而如果在这样一种综合里的两者之间的亲密关系丧失了,如果"具体的潜在性"被用一种非反思的、大体笼统的现实主义立场来解释,被僵化地从观察到的对象那里分割开来,同时,任何作为主题内容的反题的艺术元素只能仅仅以"观点"的方式呈现,也就是说,这意味着意义在没有接触到作品的内核、它最核心的真正对象的时候,就能被允许得到显示——那么结果就只能是遵照某种传统主义的意图而滥用黑格尔的区分,而我们知道这种传统主义在美学上的缺点提供了它的历史的虚假性的指示。

然而,卢卡奇攻击的根本点在于对"本体论主义"的指控,而这个指控,如果能够维持的话,他就能将全部现代主义文学钉在海德格尔的陈旧的存在主义的概念上。当然,卢卡奇自己也跟随着存在主义的潮流,坚持"人是什么"这样的问题应该被追问〔第19页〕,而且他认为不能因为这个问题所可能引起的某个导向,我们就不去作这样的探寻。然而,他至少修正了这个问题,他以回到亚里士多德的我们非常熟悉的"人是社会的动物"的定义的方式修正了这个问题。从这里出发,他推导出了这个很难成为争议的命题,即"人的意义",作为"特殊的个体、具有典型特征的"伟大作品里的人物,"他们的感性的、艺术的现实,不能被与创造他们的语境分离开来"〔同上〕。"恰恰相反,"卢卡奇继续谈道,"在那些重要的现代主义作家那里,存在本体论的观点统治着人的形象。简单地说:在他们的眼中,'人'意味着总是存在着的个体,这样的人本质上是孤独的,非社会的,而且——本体论地——无法进入与其他人的关系之中。"〔同上〕在谈论这样一种观点时,卢卡奇引证了沃尔夫的有些愚蠢的说法,一个显然没有涉及文学作品的说法,大意是孤独是人的存在的无法逃脱的事实。但作为声称以激进的历史立场去思考的人,在所有人中卢卡奇应率先知道,在一个个人主义化的社会里,孤独是一个经由社会中介所构成的重要现象,因此是拥有一个重大的历史内容的。

所有这些范畴,诸如堕落、形式主义、唯美主义,都可以回溯到波德莱尔,然而波德莱尔却对人的永恒本质、他的孤独或者他的**被抛入**(*Geworfenheit*)的状态没有兴趣,相反,他的兴趣在于现代性的本质。而"本质"在这样一种诗歌艺术中不是本身抽象的东西,它是一个社会现象。客观来说,在波德莱尔作品里的一个主导概念是所谓"新",或者说历史发展的产物,这是必须从他的诗句里召唤出来的东西。用本雅明的表达来说,我们在他的作品里发现的不是古代的形象,而是"辩证"形象。因此,这就是《巴黎图景》(*Tableaux Parisiens*)那一辑诗里的东西。而即便在乔伊斯的例子上,我们也找不到卢卡奇可能想强加给他的无时间性的人的形象,而只能看到仍然作为历史产物的人。在他众多的爱尔兰传说中,乔伊斯从来不想召唤一个超脱他所描述世界的神话;相反,他做的是通过使用卢卡奇今天如此鄙视的风格化的技术去将这个被描述的世界神话化,即去努力创造这个世界的本质,不管这个本质是良善还是恶劣。我们甚至可以这样衡量现代主义写作的成就,即去问一问在他们的作品里,特定的历史内容是被赋予了实体,还是被稀释为一些无时间性的东西。

在美学上使用"形象"或"本质"这样的术语,卢卡奇毫无疑问会将这抨击为唯心主义。但是,它们在艺术领域的应用却和在哲学上谈本质或谈原始的形象,特别是以那些柏拉图的理念的翻新版本来谈的方式有根本不同。卢卡奇的立场的最根本的弱点恐怕就在于他不能作出以上这个区分,由于无法作出这个区分,他就会将指涉意识和现实世界的关系的范畴移植到艺术领域,就好像两者之间没有区分。艺术确实存在于现实世界中,在现实中发挥着某种作用,而且艺术和现实确实被大量的中介链接联系着。然而,艺术作为艺术,就会和它所呈现的东西处于对立或反题的关系中。哲学承认这种状况,它把艺术定义为"审美表象"。甚至卢卡奇自己也会发现不可能不去承认这样一个事实,即艺术作品内容的真和社会现实的真是不同的。如果这样一种区分丧失了,那么所有企图为美学提供一个真实基础的努力就都注定要失败。但是艺术的表象,或者说艺术以一种质的方式和直接的现实性——那个在其中艺术才能神奇地产生出来的东西——区分开来这一事实,既不意味着意识形态意义上的"堕落",也不意味着可以让艺术成为一个主观任意的符号体系,就好像它仅仅再生产世界而不再声称要拥有这同一个直接的现实。任何这样简化问题的看法都不过是对辩证法的拙劣嘲弄。

　　在这个问题上更需要指出的是,确认艺术和经验现实的不同,这就击中了艺术的最内在的本质。艺术提供了本质,提供了"形象",这不是艺术的唯心主义罪过;而很多艺术家自己倾向于相信唯心主义哲学这个情况并不能用来解释他们作品的内容。在这个问题上的真实情况是,除非艺术违背了自己的性质,以至于简单地复制存在,艺术在面对那些仅仅存在着的东西时的任务,就是要成为其本质和形象。仅这一点就构成了美学;艺术并不是通过涉及纯粹的直接现实就成为一种知识,比如说,通过公平对待那个仅赞同一个分类秩序却遮掩它的本质并压迫它的真实的现实,就成为一种知识。只有在艺术提炼出自己的形式法则,而不是被动地接受从现象那里涌入的对象时,现实和艺术才可能真正地汇聚。在艺术中,知识是完全经过美学中介的。即便是在那些被指认为唯我主义的例子上,这些对于卢卡奇来说意味着个体衰退到一个幻想的直接性的例子,也并非如一些关于知识的糟糕理论所设想的,是对现实对象的拒绝;相反,它们也以在主体和客体间作一个辩证的和解为目标。在形象的形式里,客体被吸收进了主体,而不是另一种情况,即在艺术作品中客体依然追随着异化世界的命令,并且顽固地以一种物化的状态让自己持存。现在在主体那里获得了和解的客体,即那个被不由自主地吸纳进主体的东西,和事实上在外在世界的那个无法与主体和解的客体对象，两者之间就存在着矛盾，而这个矛盾就给予艺术一个视点，艺术可以借此批判现实性。艺术是现实世界的否定性的知识。类比目前的哲学措辞，我们可以说这是与存在保持的"美学的距离"：只有凭借这一距离，而不是去否认它的存在，艺术作品才能同时成为艺术作品和有效的意识。一个忽视这一点的艺术理论马上就会陷入庸俗和意识形态。

关于唯我主义，卢卡奇只满足于叔本华那个概要的说法，即唯我主义的原则"只有通过哲学的最抽象的形式才能完全一致地获得"，并且"即便在那里也不过是些诡辩的操作"〔第 21 页〕。但是卢卡奇这样的说法是自我取消的：如果说唯我主义不能被维持，如果它只能通过"悬置"——用现象学的术语说——不断再生产它一开始的起点才能延续，那么我们就没有必要再去害怕这样一种作为风格原则的唯我主义了。然而，客观地说，在现代主义者的作品里，他们已经超越了卢卡奇指派给他们的位置。普鲁斯特借助他自己内省的艺术方式打碎了统一的主观意识：心灵通过把自己转变到一个客观现实得以呈现的舞台终止了自己。所以他的个人主义的作品反而成为卢卡奇指摘的东西的反面：它成了反个人主义的艺术。**内心独白**(*monologue intérieur*)，现代艺术的无世界性的一面，这个使得卢卡奇如此愤怒的东西，却既是那个自由漂移的主体性的真理，也是它的表象。它是真理，是因为在世界普遍的、原子式的状态中，异化已经统治了人，把人转变为了自己纯粹的影子——这一点我们可能毫不怀疑地同意卢卡奇。然而，这样一个自由漂移的主体也仅是一个表象，客观来说社会总体性总是决定着个体，而总体性总是通过异化和社会矛盾被创造出来，并再造自身。现代主义者的伟大文学作品，通过把呈现为虚弱状态的个体设置在社会语境中,通过捕捉到个体内部的总体性——在这个总体性中所谓的个体不过是一个环节,尽管这个个体必须处于对这个总体性保持无知的状态——现代主义作品就打碎了主体性的表象。卢卡奇明显也相信,当哈布斯堡王朝在卡夫卡和穆齐尔的作品里,或当都柏林在乔伊斯的作品里,被作为"一种行动的氛围背景"〔第21页〕感受到时,这就无论如何有些违背作品原先的规划了,只是卢卡奇还是会说这只是次等重要的。卢卡奇为了为他的论点服务,很明显地把一些很重要、很切实的东西,一个不断增长的有着史诗般充盈的同时又包含着所有否定可能的东西,简化成了一些仅仅是附属性的、次等重要的东西。"氛围"这个概念不管怎么说应用在卡夫卡身上是很不合适的。这种用法回到了印象主义,而卡夫卡通过他对历史本质的客观主义的兴趣已超越了印象主义。甚至在贝克特那里——可能尤其是在他那里——在这个似乎所有的具体历史元素都被消除了,并且只有最简单原始的背景条件和行为形式被他的作品所容忍的例子中,这个非历史的外观也是那个反动哲学崇拜的绝对"存在"的具有挑衅意味的反面。使得他的作品以极其突兀的方式开始的那种原始主义布景,正表征了衰退的最后一个阶段,这一点在他的《终局》(*Fin de Partie*)一戏里特别明显;在那里,场景好像是来自一个不言自明的遥远国度,而此前整个大陆上曾发生大灾难。贝克特的原始的人于是就是最后的人。我们在他的作品里发现的一个主题正是我和霍克海默在《启蒙辩证法》(*Dialectic of Enlightenment*)里已经讨论过的那个主题:一个被文化工业完全控制的社会展示出一个两栖动物会有的所有反应。在这个精确的、无语词的论辩性情境里,在这个描述了一个荒谬世界的破晓时分的戏剧情境里，一个艺术作品的实质内容存活下来了；但一旦这个作品的实质被从正面确定，一旦存在已声称对其负责，那么这个实质就会再次消失，而这样的作品实质的命运就像我们在《安娜·卡列尼娜》(*Anna Karenina*)之后的托尔斯泰小说里找到的人物命运一样，降临在了"对的生活模式"的教诲和"错的生活模式"的教诲的对立之中。

"内在意义"是卢卡奇过去青睐的一个概念，这个概念也指向同样的、在事物表面价值中的那个可疑的信念，而卢卡奇自己的理论正是要打破这个信念。而贝克特这种思想建构方法，却正具有客观的、论辩性的力量。但卢卡奇却把它们扭曲为"对病态的、反常的、愚蠢的状态的直截了当的描绘，所有这些都被看成'人的境遇'的种种类型"〔第32页〕——他这就像一个电影审查员所做的那样，把作品的内容作为审查对象的缺点来谈。尤其是，卢卡奇将贝克特的思想混同于那种对"存在"崇拜的思潮，甚至把贝克特的思想和活力论的一个糟糕版本——如在蒙泰朗那里找到的活力论混淆在了一起〔同上〕，而这正暴露出他在面对作品时的无能。而这种盲目正源于他对文学技术的中心地位的顽固拒绝。他总是冷漠地只关注被叙述出来的东西。但是在文学中，主题内容的要旨只有在使用了技术后才能发挥效用；卢卡奇也希望主题发挥效用，但是这绝不是仅仅通过那个可疑的概念——观点——能达到的。我们可能会向卢卡奇提问，我们在评价被卢卡奇——像黑格尔那样——充分经典化的古希腊戏剧的价值时，如果评判的标准只是那些几乎可以在街头随处听得到的"故事"，那么古希腊戏剧还会剩下什么？同样的问题对于那些传统的小说家来说也是一样的，甚至对于像福楼拜这样在卢卡奇的范畴中属于"现实主义"的小说家来说也是一样的：在这些作家那里，构思和风格也处于根本性的地位。

今天，当对经验真实的欲求被降低到肤浅的报告的层面，技术问题也就愈来愈显出它的重要性。一个作者通过建构他的作品，可以期望去把控卢卡奇如此激动地攻击的那些任意性和个别性的东西。卢卡奇没能将他在最后一章里的洞见推至它的逻辑终点：不能仅靠一种声称要以更客观的方式看待事物的决心，就如此简单地克服那些纯粹主观任意的东西。卢卡奇应该很熟悉历史上的生产力技术的重要性。毫无疑问，那里说的技术更关切的是物质生产而不是文化生产。但是卢卡奇真能闭着他的眼睛，不去看到艺术的技术也根据着自己的规律而不断发展这样的事实吗？他真能满足于"随着社会的改变，完全不同的美学的原则就会自动产生"这样一个抽象的断言吗？他真的能说服自己，去相信这一论说能允许他去取消生产力在技术方面进步的影响，并能允许他去提供一种经典却也老旧的形式的复归吗？难道他不是只不过戴了一个专断的社会主义现实主义的斗篷，实际却是为了阐发一个一成不变的教条，而这个教条与他曾合理地拒绝的那个教条的不同之处不过是它更加迟钝无感罢了？

卢卡奇把自己放置在一个伟大的哲学传统之下，这个传统把艺术构想为一种有着具体样式的知识，而不是一些和科学相对立的非理性的东西。这当然是完全合理的，但是他还是让自己也陷入对直接性的崇拜之中，而这一直接性，正是他自己目光短浅地指为现代主义文学的缺陷的东西——单纯确信的谬误。艺术并不是通过像照相一样地反映现实来提供知识的，或者"通过一个特殊的观点"就可以提供知识，艺术要做的是去揭露那些由现实假定的经验形式所遮掩的东西,而只有依赖艺术的自律状态,这种揭露才会成为可能。即便是"世界是不可知的"这样一个意见,这个卢卡奇不知疲倦地用来严厉批评艾略特或乔伊斯的东西,同样能成为知识的一个时刻。一边是压倒性的和无法被吸纳的物的世界,另一边是人们的经验世界,他们正无力地努力想去把物的世界牢牢掌握,而在两者之间出现了巨大鸿沟的地方,这种世界不可知性的知识便发生了。

卢卡奇过于简化了艺术和科学之间的辩证统一,将这个统一降格为单纯的同一,就好像艺术作品无非是去提供一种观点,这种观点可预示一些随后被社会科学所证实的洞见。然而,艺术知识和科学知识之间的本质的不同正在于,在艺术中经验的东西是不可能不加改变就存留下来的;这些经验的事实只有在它们完全融合了主观意图以后才能获得它们的客观意义。即便卢卡奇在现实主义和自然主义之间画出了一条线,他却没有能够讲明如下这个问题,即如果说现实主义和自然主义的区分要被明确地坚持,那么现实主义的写作就一定要达到一种和主观意图的综合,而这个主观意图又恰恰是卢卡奇希望排斥在现实主义之外的。卢卡奇像一个检察官一样,为现实主义方法和形式主义方法的对立创立了一个绝对的标准,但事实上是没办法去始终保存这种对立的。一方面,为卢卡奇所强烈谴责的被视为非现实主义的和唯心主义的形式原则具有一种客观的美学功能;另一方面,同样很明显的是 19 世纪早期的那些作家,比如狄更斯和巴尔扎克这样的为卢卡奇如此尊重且毫不犹豫地奉为小说艺术典范的作家,也绝没有达到他所设想的那种"现实主义的"程度。确实,马克思和恩格斯在和当时市场上受欢迎的流行的浪漫主义文学的争论中,可能把这些作品认作现实主义的。然而在今天,我们不仅在这两位作家身上看到浪漫主义的、古代的、前资本主义的元素,并且可能问题还要更严重,巴尔扎克的整部《人间喜剧》(La Comédie Humaine)可以被看作对一个异化世界——一个个体主体已无法经验到的现实世界——的想象性重建。从这一种眼光来看,《人间喜剧》和那些成为卢卡奇阶级正义的牺牲品的现代主义作品之间的不同也就没有那么大了。正是这个巴尔扎克,与他对形式的完整概念一起,以真实生活的宽阔思考着他的心理独白,但同时20世纪的那些伟大的小说家,则将他们的世界的丰富性压缩到他们的独白之中。

这就摧毁了卢卡奇的方法的基础。他关于"观点"的概念无可挽救地沉入到一个层面,在那里他努力将"观点"这个要素和"倾向性"这个要素区分开来,这是他这个著作的最后一章徒劳地努力在做的,"倾向性"这个要素,用卢卡奇的话来说就是从外面施加的"鼓动"。于是卢卡奇的整个立场是矛盾的。他无法躲避这样一种认识,即从美学上讲,社会的真实只能在自律地创造出来的艺术作品里获得生长。但是在现代的那些具体的作品里,这样一种自律性是伴随着其他一些东西一同诞生的,这些东西已经被目前主导的教条所禁止,也是卢卡奇过去和现在都不能容忍的东西。他希望一些过气的、无法令人满意的美学技术还可以被合法化,比如说这些技术可以在一个不同的社会体系里获得不同的地位,也就是希望它们可以从外面、从它们自己的内在逻辑之外获得合理性。但是这个希望是一种纯粹的迷信。卢卡奇没法让我们无视这个现实,即那些声称要再现意识的先进状态的社会主义现实主义的文化产品,事实上却无非是资产阶级艺术形式的破烂的、无活力的残留物。这样一个事实是需要一个客观解释的。社会主义现实主义并非如那些党的理论家所希望相信的那样,简单地来自社会意义上健康美好的世界;它同样是落后意识和落后社会生产力的产物。这些神学理论家提出了在资本主义与社会主义之间发生了质变的论题,但这一论题的唯一功用是篡改那种落后性;这个落后性长久以来都不允许被提及,并且被扭曲为一种更进步的东西。

卢卡奇将对本体论主义的指控和对个人主义的指控结合起来;而就这个个人主义,他根据海德格尔在《存在与时间》(*Being and Time*)里谈到的关于人的存在的被抛入状态的理论,将其解释为一种非反思的、孤独个体的立场。卢卡奇批判了这样一种立场〔第 51 页〕,展示了这样的文学作品如何以一种极其偶然的方式从诗性个体那里浮现出来,就像黑格尔在他严格的推论中展示过的,哲学如何从个人的感性确定性那里浮现出来①。但是,因为这个直接性实际上是将自己置于中介之中的,艺术作品就包含了所有那些卢卡奇在这样一种直接性里找不到的元素,同时在另一面,这样一个诗性主体,为了使意识和客观世界获得预期中的和解,也会发现很有必要从离他最近的那个地方出发。卢卡奇把他对个人主义的谴责扩展到对陀思妥耶夫斯基的批判上。陀思妥耶夫斯基的小说《地下室手记》(*Letters from the Underworld*)被认为是"最早描写颓废个体的作品之一"〔第 62 页〕。但是,一旦卢卡奇这样把颓废和孤独结合起来,原子化过程——这个在资本主义

---

① 《精神现象学》(*The Phenomenology of Mind*),贝利(Baillie)译本。特别见第四章中"苦恼意识"一节"自我意识过渡到了理性"部分的结尾,这个部分重新展示了早先在第一章和第二章都演示过的精神运动方式。

社会的原则中有着很深根源的过程,就无非是对衰败的表征。除此之外,"颓废"这个词含有个体的生物学衰朽这样的隐含意味,而这就成了对这一现实的模仿讽刺,即个体的这种孤独在资本主义社会之前更早的社会里似乎就已经有根源了,因为同一类社群动物可能会形成博尔夏特所谓的"孤独的共同体",而亚里士多德的**政治动物**(*zoon politikon*)是要在后一个阶段才被发展出来。这样一来,现代艺术的一个历史前提,这个只有在被完全地认识到后才能被超越的历史前提,在卢卡奇那里就呈现为一个可以被避免的错误,或者说一个资产阶级的幻觉。然而,一旦他认真去处理最新的俄国小说,他就发现他所预设的结构性转换事实上并没有发生。但是这个教训没能使他废止使用"颓废的孤独"这样的概念。他所责备的现代主义者的立场——或者用他早期的术语说他们的"超验的情形"——并不是一种本体论的孤独,而恰是一个由历史条件决定的立场。今天的本体论者过于关注表面上将"人"和纯粹"存在"联系在一起的纽带,事实上却是将永恒性的假象给予了各式各样的世俗权威。就此,可能不像人们所想的那样,也许他们和卢卡奇所说的并非完全不对路。比如我们很容易同意卢卡奇说,把孤独作为一个**先在**形式来思考是一种纯粹的幻觉;孤独是社会的产物,而一旦它反省到了这一点,它就可以超越它自己。①

---

① 请注意阿多诺也反对存在主义的本体论者将"人"和纯粹"存在"联系在一起的做法,他同意卢卡奇对存在主义者的批判,即指出孤独是一种社会的产物,而不是非反思的、先在的。卢卡奇的问题主要是不承认这样一种由历史和集体所决定的、经社会中介的个体孤独状态的真实性,过于潦草地回避了现代主义艺术对这一人类绝望状态的挖掘。——译注

但是,这正是美学的辩证法反弹到卢卡奇的地方。个人是无法仅通过自己的决定和决心就去超越一个由集体所决定的个体孤独状态的。在卢卡奇处理那些标准的苏联小说中带有倾向性的内容时,我们可以清晰地听到以上问题的回声。总体来说,当人们在阅读卢卡奇的这本书,特别是关于卡夫卡〔见第 49,50 页〕的充满激情的几页时,都很难摆脱这样一种印象,即他对他谴责为堕落的作家的反应很像一匹传说中拉车的马的反应,在突然听到军乐声以后,它就停步不前了。为了使他自己能够更容易地反抗现代主义作品的哄诱,卢卡奇加入了那些检察官的合唱队伍,而那些检察官,如果我们不那么远地追溯到施莱格尔以及早期浪漫派引起的公愤①,至少可以说自从出现克尔凯郭尔〔卢卡奇自己把克尔凯郭尔排到了先锋派的队伍里〕以来,这些检察官就常常对那些仅仅是有趣②的艺术表达极大的愤怒。我们需要改变这个讨论的性质。一个见解或艺术作品被说成有趣的,即使"有趣"的事实确实使得这些见解或概念变得流行,该事实也并不自动就意味着这个见解或艺术品可以被简化为哗众取宠或是迎合文化市场的。"有趣"这个事实当然不是对真实的封印,它是真实不可或缺的前提;这是在问"对我来说重要的东西"(mea interest)是什么,主体在关心的东西是什么,而与这些东西对立的,则是那些占统治地位的、当权者的力量——比如商品——用来哄骗我们的

---

① 主要集中在对施莱格尔的"淫秽"小说《卢琴德》(Lucinde)的反应上。

② 在浪漫主义时代,"有趣"发展成了一个概念。在这一时期,人们倾向于定义一种关于现代艺术和现代批评的特性,用来对抗古典的美。在后者那里,如果用康德的语言说,公众得到的是"无利害的愉悦"。

东西。

卢卡奇一面表扬卡夫卡吸引他的那些东西,一面又把卡夫卡放在他批判的目录上,如果不是因为如下这个事实,他是不大可能这么做的,即像晚期经院哲学的怀疑论者一样,他已经暗中将一个两种真理标准的原则放在了手边:"所有这些都在论证,历史地讲,社会主义现实主义的优越性〔但这一点再如何强调也不为过:这个优越性并不能赋予社会主义现实主义的每一个单个作品自动的成功〕。之所以会有这种优越性,是因为社会主义意识形态、社会主义的视角使得作者可以获得洞见。相比于传统的意识形态所提供的东西,这些洞见使得作者能够对人作为一种社会存在有一个更全面和更深刻的理解。"〔第115页〕。换句话说,艺术质量和社会主义现实主义在艺术上的优越性是两件不同的事情。文学自身的合理性和文学在苏联话语里的合理性是分离的,后者仅凭借一种世界精神的"赐福"就可以被认定为"正确的"。

这样一种双重标准成了一个如此充满激情地发出呼喊要捍卫理性统一的思想者的病症。但是,如果说他主张孤独是不可避免的——并且他也几乎不想去否认恰是社会的否定性与它普遍的物化状态为人规定了这样一种命运——同时,如果他的黑格尔主义同时使得他认识到这个社会的客观的非现实性,那么他就不大可能去抵抗这样一个推论,即从逻辑上推到顶点,孤独终将转变为它的反面:孤独意识通过在艺术作品中将自己展示为人类共有的潜在真实,它就很可能摧毁并超越自身。而这正是我们在现代文学的那些真正的作品里发现的东西。这些作品通过完全地、单体式地沉入它们自己的、在美学上根植于它们自身的社会内容的艺术形式法则里,获得了客观性。正是这一点给了乔伊斯、贝克特和现代作曲家力量。时代的声音在他们作品的独白里获得了回响:这就是为什么这些作品如此让我们激动,远比那些简单的、以叙事的形式描述世界的作品更让我们激动的原因。它们向客观性的过渡之所以依然是沉思默想的且并没有成为实践,是因为这个社会的性质;尽管确定它会走向对立面,但在这个社会里,单体式存在的社会条件还是以一种普遍的方式持续着。此外,卢卡奇自己的古典主义也应该会阻碍他去期待艺术作品突破默想状态。他对艺术品质的认定和他实行的实用方法不相匹配,后者使他能用"资产阶级的,资产阶级的,资产阶级的"这样叠句的方式去笼统而草率地否认现代艺术家那些负责任的、进步的作品。

从我有关现代音乐衰变的著作里,卢卡奇以肯定的态度引用了一些内容,颇有些悖论的,这样的引用刚好可以和塞德麦尔[①]的著作互为参照。卢卡奇这样做的目的是用我对现代艺术的反思来反对现代艺术,反对我自己的意图。我并不是舍不得让卢卡奇这样利用我的观点,"只有那些正确的思想才无法理解自身"[②],并且没有哪个作者可以声称拥有自己的思想的所有权。然而,如果说卢卡奇想从我这里夺走我对这些观点的权力,那么他可能需要一个更有力的论述。我在我的《现代音乐的哲学》(The

---

① 塞德麦尔的《中心之殇》(*Verlust der Mitte*)是一个关于现代艺术的论辩性的小册子,这本书里对现代文化的绝望认识使得它在20世纪50年代的德国很流行。这本书从一个右翼的、法西斯主义的暗中支持者的观点出发写作,设想宗教信仰的恢复可能是一条突破危机的道路。这是一个冷战时代具有重要意义的文本。

② 参看阿多诺:《最低限度的道德》。

Philosophy of Modern Music)里确实认可了这样一种信念,即艺术不能通过将自己建立在一个纯粹表达的、如**畏**(*Angst*)这样的概念之上而存活下来,同时即便我并不同意卢卡奇的官方的乐观主义,我也认为从历史的角度讲,现在对**畏**的合法化可能更缺乏理由,而"堕落的思想界"恐怕也不大需要对它感到害怕。但是,如上这种思想表达的外观姿态,"这"(this)的纯粹性,它一方面确实不能通过采用一个非动态的、物化的形式风格——这正是我在讨论"现代性音乐的衰变"时特别指控的东西——来超越,另一面也不能通过跃进到一个就黑格尔的意义上说既不是实体的也不是本真的一个"实证性"的东西来超越,而这样一种"实证性"的东西如果不经历各种反思,也是无法构筑它自己的形式的。从逻辑上讲,面对现代音乐的衰变这样一个情形,我们不应该将作曲家赶回到那些过气的形式,而是相反应把他们导向一个持续的自我批评状态。然而从一开始,对这个**畏**以一种不减弱的方式进行再现,就已别开了一个层面:为了坚守自己的立场而使用言说,而言说中内含了"按照事物的本名呼唤事物"的力量。于是这样的再现,就完全是卢卡奇用贬损性的"堕落"这个词引起的各种联想的反面。事实上,卢卡奇已经承认了他所污蔑的艺术的一些功绩,说它们是对否定的现实的一种否定性的回应,即指出所有那些统治的东西都是"可恶的"。"但是,"他继续谈道,"既然现代主义在呈现扭曲的时候没有站在一个批判的、超然的立场上,既然它设计了这么多风格化的技术,而这些技术又强调在任何社会里扭曲都是必然的,这就可以说它们不过是对扭曲的进一步扭曲。通过将扭曲归因于现实,现代主义艺术将现实中正起作用的各种反抗的力量和潮流都看作非实质的或者在本体论层面上无关紧要

的而忽略掉了。"〔第 75—76 页〕

在这里"各种反抗的力量和潮流"这样的概念中暗含了一种官方的乐观主义,这种乐观主义使得卢卡奇放弃了黑格尔的否定之否定的命题——"对扭曲的扭曲**是**肯定的。仅就这一命题,就可以揭示出在具有"复杂和含混"性质的艺术这样的概念中所潜藏的真理,要不然这样的艺术就只能是一个令人绝望的非理性主义的概念了。这个真理就是,在为卢卡奇所嘲笑的"哗众取宠的,从为创新而创新那里获得快乐"〔第 105 页〕的作品里,痛苦和愉快是不和谐地共存着的,这一现象不可避免地缠绕在现代时期真正的艺术作品中。这个现象与现实和艺术领域之间的辩证紧张这一问题联系在一起,而这个问题却是卢卡奇避免去处理的。既然艺术作品从未以直接的方式去聚焦现实,它就从来没有作出在其他知识领域里可能作出的陈述,比如说指出"这个或那个即是这个情况"。相反它确证的是:是的,这就是事物存在的方式;于是这种艺术知识的逻辑不是主谓逻辑,而是内在的和谐的逻辑。只有通过这种和谐,通过它创造的各个部分的元素之间的关系,它才能采纳一种立场。它装入现实,同时它也被现实装入;于是艺术以一种反题的方式对应着现实。这是因为,不像那些直接关系着现实的思维过程,艺术从来不以一种明白无疑的方式定义现实的任何一个部分。它不产生命题;它只有在作为一个整体的时候才成为一个命题。在黑格尔看来,非真实的要素内在于任何一个特定的命题中,因为不存在完全符合一个特定命题的内容的事物。而这种非真实被艺术消灭了,这是因为艺术作品综合了它蕴含的所有元素,在这种综合中,没有哪一部分可以被另一部分陈述。"进行陈述"这样一种在目前很流行的概念是和艺术无关的。

艺术作为一种综合从来不产生命题,艺术会放弃这样在细节上作出明确判决的权力;但是作为对这个放弃的补偿,它获得了更多的东西,它更公正地处理了通常被排除在命题之外的东西。艺术作品只有在被看作一个总体性的时候,即通过它所有的中介元素,而不是通过它个别的意图的时候,才是一种知识。我们不能从作品中分离出一些单独的意图,也不应该基于单独的意图去判断作品整体。然而,卢卡奇却通常都以这种方式作判断,尽管他确实也反对在实践中用一成不变的方法去创作的那些被官方认可的小说家。但即便他很明确地看到了这些作家的标准化产品的缺点,他自己的艺术哲学却很难使他不对创造过程作简化处理,很难使他不受从上往下施加理念的愚蠢之举影响,于是他退缩了。

有些时候,艺术作品本质上的复杂性是不能被一个不重要的独特例子所蔑视的,而卢卡奇却总是在这些地方抽搐一样地闭上了眼睛。在一些场合,他也会对具体的作品瞥上一眼,这个时候他会标红那些直接的细节,却忽视整体的意义。比如说,他就抱怨贝恩这首诗歌,当然必须承认这首诗歌的确微不足道,这首诗是这样的:

> 哦,但愿我们是人类的远祖。
> 温热沼泽中的一团黏液。
> 生与死、受精和生育
> 从我们无语的体液中排泄。
> 一片蓝藻或一座沙丘:
> 经风成形,下部很重。

>一只海鸥翅和一个蜻蜓头
>飞得太远,受苦的鸟虫。①

卢卡奇在这首诗歌里发现的是"作为动物、作为一种原始的现实的人和作为社会存在的人的对立",然后他把它放在了海德格尔、克拉格斯、罗森堡的传统里。他总结道,这是"对反常的赞颂;一个不加掩饰的反人道主义宣言"〔第32页〕,就算这首诗可以因它显白的内容被简单地认识,然而也很明显的是,这最后一个诗行,在哀悼更高级阶段的个体化只能给自身带来更多伤痛时是追随了叔本华的,而贝恩对原始时代的乡愁也不过反映了在当下世界里的无法忍受的重担。卢卡奇几乎所有的批评性概念都沾染上了一种道德主义,如他因主观主义"丧失现实"而哭泣与悲叹,就是一个很典型的姿态,就好像现代主义者们都要将胡塞尔的现象学所告知的东西原封不动地放到实践中,要以一种足够荒诞的形式在方法上取消这个世界。他抨击穆齐尔说:"当他的伟大小说的主人公乌尔里希被问及如果所有权力被托付在他手他会做什么时,他这样回答:'我只能被迫去废除现实。'在此,我们不需要作进一步分析就可以确立这个事实,即外在现实的废除是'没有个性'的主体的存在状态的对应物。"〔第25页〕然而,卢卡奇所反对的这个句子却明显是在以一种否定的形式指向绝望,指向无法控制的厌世,以及指向爱。卢卡奇压制了这种指向,相反

---

① 该诗于1913年首先发表在《行动》(*Die Aktion*)杂志上。
〔中译参看贝恩:《贝恩诗选》,贺骥译,重庆:重庆大学出版社,2012,第65页。——译注〕

只依赖一个当真是"直接"的、完全非批判的"常态"的概念,并附带上一个很自然就随之而来的"病态的扰乱"的概念。只有在思维上完全被清除了精神分析的残余的脑袋才会看不到这一种"常态"的概念和一种社会压迫形式之间的密切关系,而正是后者宣布了"片面冲动"的不合法。所以,任何一种社会批评,只要它还在不脸红地继续谈论着常态的和变态的,这就说明它自己依然受到它声称已取代了的那些思想的控制。现在卢卡奇使用了一个男性气概十足的确信的、嘹亮的声音,用一种很地道的黑格尔的方式去断言实质的普遍性对那华而不实、站不住脚的、纯粹个体的"坏的存在"的优先地位,而这让我们回想起那些公共检察官的声音,他们呼吁着去消灭那些不合适生存或那些偏离了"常规"的人。

他欣赏抒情诗的能力也许也值得怀疑。"哦,但愿我们是人类的远祖"这个诗句,具有一种和它的字面意义完全不同的意义。"远祖"这个词,吟诵它的时候我们会咧嘴一笑。这样一种风格——就这一点来说碰巧是一种传统的而不是现代的方式——传达了一种诗歌里的角色的感觉,这是一种喜剧式的、非本真的人格;在这里,贝恩在玩一种忧郁的游戏。诗人假装希望回到这个令人反感的自然状态,但事实上却没有可能回去,所以这只能加强他对某种由历史原因造成的苦痛的反抗之强度。所有这些,包括那些像蒙太奇那样的、由于贝恩对科学词汇和主题的使用而引起的"间离效果",都需要被感受到和被经验到。贝恩的这些夸张表达抵消了卢卡奇毫无保留地归咎于他的退化的含义。任何一个错过了所有这些暗示意义的读者都酷似次等的作者,这样的作者勤奋且伶俐地着手模仿托马斯·曼的风格,而对于他们,有一次托马斯·曼却笑着说:"他的写作确实很像我,只是他用意过于严肃。"卢卡奇对贝恩作的这些附带说明中的过度简单化的处理并不完全缺乏细腻,但往往无视艺术作品的核心所在,而艺术品之所以能成为艺术品靠的正是这些核心的细腻之处。卢卡奇的分析症候性地显示了一种愚笨化的过程。哪怕是最有智慧的头脑,只要让自己臣服于那些比如说管制着社会主义现实主义的规定,就会马上变得完全受人摆布。

早些年,在把现代诗歌定罪为法西斯主义的一次努力中,卢卡奇以一种耀武扬威的方式揭露了里尔克的一首糟糕的诗歌。卢卡奇在其中狂暴地横冲直撞,就像维也纳工坊①里进来的一头大象。以下的问题尚无定论,即是否我们在卢卡奇这个曾经有最进步的心灵的人身上看到的这个倒退过程自身就是整体退化的一个客观症候,这个退化威胁着要给欧洲的整体心灵都投下一个阴影,本来落后国家已开始跟随着发达国家的样子,而现在这个阴影却是由那些较落后的国家扩散到发达国家的。也许卢卡奇的姿态向我们显示了一些与理论的命运相关的东西。理论看上去已经全面萎缩:不仅在人类学方面的假设上出现了问题,也即从事理论研究的人的智性能力上的问题;同时理论的命运也使卢卡奇的实存萎缩到一种存在状态,目前在这种状态里理论

---

① 维也纳工坊创立于1903年,是"新艺术运动"的一个支流。这个团体在古斯塔夫·克里姆特的影响下,试图通过将由这个运动发展起来的装饰技术应用到普通物件的方式来改革家居生活风格。从1908年开始,他们组织了一些自己作品的公开展览,奥斯卡·柯科施卡正是在其中一个展览上开始获得公众的注意。

被认为不如实践有活力,而后者的唯一目的是要挡开即将到来的灾难。

卢卡奇拿托马斯·曼来反对乔伊斯,并且对其极尽谄媚,程度或令这个堕落时代的伟大编年史家作呕,但卢卡奇上述的这种新的天真状态甚至在谈托马斯·曼时也不减弱。关于时间问题的争论,柏格森已经激发了很多讨论,它就像戈尔迪之结一样难解。然而,既然卢卡奇在所有事情上都是一个很好的客观主义者,在他那里客观时间就总会胜出,同时主观时间就被他认为不过是由于颓废所引发的扭曲。而引起柏格森去阐发他基于个人经验的时间理论的原因,并不像那些被愚化的官僚所想的那样——不管它是什么政治倾向的,都只是主观主义的那种颠覆性的精神。事实上导致柏格森提出他的时间理论的,恰是纯粹没有能力去忍受异化的、物化的时间之无意义流逝——就这一点,早期的卢卡奇曾经以一种令人惊叹的方式在对福楼拜《情感教育》(*L'Éducation sentimentale*)的评论里作过描述。但是在《魔山》中,托马斯·曼也使用了柏格森的**时间的绵延**(*temps durée*)概念。于是为了把托马斯·曼拯救出来,使他符合卢卡奇自己的批判现实主义理论,这部作品里的一些人物就被标上了良好的标记,这仅仅是因为"即便是以主观的方式,他们对时间的经验也是正常的和客观的"。他接下来写道,我现在一字不差地将它记录下来:"事实上齐姆森模糊地意识到对时间的现代经验仅仅是疗养院的非正常生活的一个结果,这样的生活以一种隐居的方式把自己从日常生活那里封锁出来。"〔第 51 页〕围绕着齐姆森这个人物的所有反讽都躲过了我们的审美,社会主义现实主义钝化了卢卡奇在阅读他所赞赏的批判现实主义作品时的敏感性。事实上,齐姆森是一个思想狭隘的军官,是像歌德的华伦丁①的继任者那样的人,一个打算作为战士而死去的人——尽管死在他的病床之上。但在卢卡奇那里,齐姆森成了真正的生活的发言人,很像托尔斯泰试图通过列文这个人物表达但最终还是没能表达成功的那种情况。事实上,托马斯·曼描述了两种时间观念之间的关系,他没有明确反思到这个关系,但是用他极为敏锐的感受力表达出来了;他将这个关系表现得足够曲折和暧昧不明,而这正是他反思他自己的位置及他对任何属于资产阶级的东西所持有的辩证态度必需的——正确和错误被平等地划分在两种意识之间:一面是市侩阶级典型的物化意识中的时间,在这种时间中齐姆森这个市民如此徒劳地想离开疗养院,去回归他的职业;另一面则是那些仍然待在疗养院里的人的魔幻无常的时间,一个关于波希米亚主义和主观主义的寓言。托马斯·曼相当明智地让自己不去为这两种时间观念争取和解,也不去宣布他自己更倾向于哪一种。

卢卡奇哪怕面对他最喜欢的文本,也会如此戏剧性地错过这个作品的美学要点,这个事实可以由他对内容以及对文学作品所提供的信息持有的那种先入偏见来解释,他误将一个艺术对象所传递的信息认作艺术的本质。即便他拒绝让自己关心那些风格要素,比如那些远不能说是微妙与隐秘的对反讽的使用,更不要说那些更加明显的修辞技巧,他也并没有因为这样的拒绝而得到回报,比如去获得一种被清除了任何主观表象的真理内容。相反,他让自己满足于一些沉淀物,即那些主题内容,这些东西当然

---

① 华伦丁是《浮士德》第1部中甘泪卿的哥哥,他像一个"好样儿的士兵"一样死去,这个说法照应了《魔山》里齐姆森的死。

是发现作品的真理内容的关键准备。即便卢卡奇热烈地希望阻止小说的衰退,他依然不过是持续地列举了教义书里的各式条款,诸如社会主义现实主义、得到意识形态审核通过的认知问题上的反映论,以及人类自动走向进步的教条,即认可一个独立于那个同时受抑制的主体自发性而走向进步的过程——即便以那个无法被唤回的过去的性质来看,这样的"对最终的理性的信仰,对世界充满意义以及人类能洞悉这个世界的秘密的信仰"〔第43页〕,是要求太过了。这个信仰迫使卢卡奇采纳了一些相当天真的关于艺术的观念,事实上若是卢卡奇自己在不及他博学的那些文化官僚那里遭遇这些观念,他也会不快的。他想要逃出的努力是徒劳的。他自己的美学感知能力已经被损毁了,这个损毁的程度可以从下面这个例子里看出。他在谈拜占庭镶嵌画的寓言问题的一个段落里说,在文学中,这种特质的寓言艺术只有在"例外"的情况下才会发生〔第40页〕。他这样说,就好像在例外和规范之间的区分在学术机构和艺术院校之外还会有效似的,好像他忘记了每一个美学作品都是一个个体产品,因此就艺术作品自身所蕴含的原则以及它大体的含义来说,它总是例外的,而任何符合总体规范的东西就总是会被剥夺在艺术世界找到位置的资格。"例外的例子"这样的词汇是卢卡奇从别处借来的,就像他也从别处借来"最佳表现"这样的说法一样。

  过世的弗兰茨·柏克瑙曾经在他脱离德国共产党以后谈过,他已经不能忍受用黑格尔的逻辑范畴来讨论市政规范,以及用市政会议的精神气质来讨论黑格尔的逻辑。这些污染可以回溯到黑格尔那里,现在它们将卢卡奇绑在了某个文化水准线上,而本来卢卡奇是会想要将它提升到自己的文化水准上的。在黑格尔对"苦恼意识"的批判里头,有一种在思辨哲学内部相当有力的、想要克服孤立的主体性这样的肤浅气质的冲动,这一冲动在卢卡奇手里成了偏狭的政党官员的意识形态,而这些官员甚至自己还没有达到主体性这个高度。他们咄咄逼人的狭隘态度,一种19世纪小资产阶级的落后性的残留,此时却把自己解释成摆脱了纯粹个体性束缚的现实,并借此获得了一种伪造的尊严。但是一种真正辩证的跨越不是那种跳出辩证法本身的跨越,后者是一种以牺牲统领者艺术性生产的客观的社会力量和技术要素为代价、把苦恼意识简单地用强力转换为一种快乐的共谋意识的跨越。如果以这种跨越为基础,那么这个即将形成的崇高的立场按照黑格尔的一项卢卡奇很难反对的主张来看的话,就必然会是一个抽象的立场。尽管为了对抗那种弱智的"男孩遇见拖拉机手"的文学,卢卡奇的确在竭尽全力地想去获得一种深邃性,但即便如此,也不能免除他去作如下这样的既抽象又幼稚的慷慨陈词:"一个艺术作品的主题的意义越是普遍,并且一个作家越是深入地去探索统治着现实的各种法则和趋向,这个现实就越是完整地被转换为一个纯粹的、社会主义主导的社会,批判现实主义和社会主义现实主义之间的联系就会越发紧密。在这个过程中,批判现实主义的否定性的〔但不是拒绝性的〕视角就会逐渐转变成为一种积极的〔肯定性的〕视角,一个社会主义视角。"〔第114页〕在一种否定的〔但不是拒绝的〕视野和积极的〔肯定的〕视野之间的这个虚伪诡辩的区分,将文学质量的问题转换成了事先确定的信念领域的问题,而后者本来正是卢卡奇最想避开的领域。

当然,他确实想回避这样的领域,这是毋庸置疑的。如果我们要对这本书作公正的处理的话,我们还是需要在脑海里牢记如下事实:这本书是在这样一些国家里写作的,在那里决定性的事实都不能被直呼其名。于是在另一面,也是作为以上情况的一个逻辑结果,哪怕是微弱的、半心半意的、不彻底的那些思考,也能在一个特殊的、在它们的字面内容不能表达的语境里获得一种力量。正是在这种考虑下,我们需要去阅读整个第三章,尽管很明显在这一章里,在处理的问题和用以解决这些问题的思想工具之间存在着不一致。但是这一章还是包含了大量论述,如果说这些论述能以它们可以得到的逻辑结论被思考的话,它们就是一些可以带领我们走出泥潭的论述。比如这一条:"仅仅是使用马克思主义自身〔更不要说仅仅是对社会主义运动同情或想保持一个党员身份〕是不够的。一个作家可能由此获得一种有用的经验,并且由此意识到某些思想或道德问题;这对他的个人人格来说可能被证实是有着重大价值的,并且可以帮助我们将可能性转变为现实性。但是去假定说,将面对现实的正确意识翻译为一个有效的、现实主义的艺术形式在原则上要比对错误意识的翻译更加简单或更加直接,就是一个严重的错误。"〔第96—97页〕或者又一处,他对目前到处泛滥的纪实小说所呈现的贫瘠的经验主义有如下说法:"甚至在批判现实主义那里也出现了完成专题报告那样的工作理想,比如像左拉那样的形式,这是一个内部问题的突出例证。我在后面会展示,同样的问题,并且也许是更大的问题,也内在于社会主义现实主义之中。"〔第100页〕

卢卡奇在继续展开他的论述时,用了他年轻时候用过的术语去强调内敛的总体性(intensive totality)对广博的总体性(extensive totality)的优先位置,他只需要沿着他自己的建议迈入艺术创造领域,就会发现他必须接受一些他在对现代主义作权威论断时认为是错误的东西。于是,他还会继续坚持去"克服"这个"反现实主义的颓废运动",就实在是太古怪了。他在这里甚至是如此接近地发现,俄国革命远没能创造一个这样的社会,这个社会要求而且可以维持一个"正面的"(positive)文学的社会:"无论如何,我们都不能对这个微小的事实视而不见,即,即便无产阶级获得了权力,这表征了一个巨大的进步,但是人们中的大多数,包括艺术家,还是不能由此就自动发生转变。"〔第104—105页〕然后他就一步步地去说出这个所谓的社会主义现实主义的真相,尽管是以一种稍微有点温和的方式,就好像他只是在讨论一个极端的状况:"结局是一种不健康的、资产阶级现实主义的无力的版本,或者至少是一种相当可疑的对它的模仿,而理所当然的,这样的完成不能不以牺牲它的重要优点为代价。"〔第116页〕在这样的文学中,"艺术家的视角的真正性质"被忽略了。这意味着"很多作家发现他们在呈现那些真正的进步潮流,但是这些潮流只是提供了一些走向未来的指导原则。如果正确地看待这些潮流和原则,它们可以成为一个个杠杆,从而把运动带入现存条件中。但相反的情况是,很多作家只是简单地把这些潮流和现实等同起来,他们把那些在现实中只不过以胚胎形式存在的东西呈现为一个完全成熟的事实,简而言之,他们相当机械地将一个可能的视点、一个前景,等同成现实自身"〔第116—117页〕。

概括地说,这里的说法意味着,社会主义现实主义以及卢卡奇看作其补充的社会主义浪漫主义的那些章法,不过是对广泛的令人不甚满意的各种事物状况的一种在意识形态上的转化。卢卡奇在这里看到,文学中最典型的官方客观主义的方法,最后变成了一种纯粹的主观主义。卢卡奇提出一种客观性的美学概念来反对它,而这种客观性也与人的尊严更加一致:"艺术也是被客观规律所统治的。违反这些客观规律可能不像违反经济客观规律那样立刻会有实践结果,但是它也同样不可避免地导致了有缺陷的和糟糕的艺术作品。"〔第117页〕在这里,当卢卡奇对自己的确信更有勇气的时候,他的判断比起他那些带着市侩气的对现代艺术的发言要令人信服得多:"打碎这些起到中介作用的元素将导致一种错误的两极化。一方面,理论从对实践的指导固化为一种教条;另一方面,矛盾的元素〔甚至机会或可能性〕在生活的个别现实那里消失了。"〔第118页〕他简洁地总结了核心的问题:"在这些作品中,文学不再反映社会生活中动态的矛盾,它成了对抽象真理的阐发。"〔第19页〕"以鼓动作为出发点"这样一种做法对此负有不可推卸的责任,这种做法作为一种艺术和思考的范式,它枯萎、石化和堕落,成了一种僵化的公式,以及对实践的过分强调。"不是一种新的辩证结构,相反我们发现了一种静态的公式主义。"〔第121页〕没有哪一个现代主义者能对此说得更好了。

就以上这些,人们很难摆脱这样一种感受,我们看到有一个人如此绝望地使劲拖曳着他的锁链,同时还想象着锁链发出的铛铛之声正预言着世界精神向前行进。卢卡奇依然迷失在他所服务的权力中,尽管这个权力,就算说是可以容忍卢卡奇的这些想法的话,也永远不可能会真正关切这些不驯服的思考。更糟糕的是,尽管当代俄国社会受到压迫和剥削,卢卡奇还是不能驱散这样一种幻觉,用中国人现在发明的那个过分拘于细节的区分来说就是,这个矛盾在性质上不属于对抗性的矛盾。卢卡奇反对的所有那些症候问题之所以会产生,都是因为那些独裁者和他们的追捧者需要向大众强行灌输一些在卢卡奇使用社会主义现实主义这样的术语时就已经暗中认可的主题，还需要努力祛除任何会使得大众的思想走入迷途的东西。这样一种教义所形成的霸权要实现这些现实的功能，而仅仅依靠揭露它的错误，是不能将其打破的。卢卡奇引用过黑格尔的一个冷嘲的句子，黑格尔用这个句子概括了在传统的资产阶级成长小说里可看到的这个过程的社会意义："在这样的实习期结束的时候，往往是这些情况：这个主体已经播撒完他的种子，他教育了自己，他让自己的愿望见解和现存的社会关系以及它们的合理性相和谐，进入这个世界之网中，为他自己找到一个面对世界的合适态度。"①卢卡奇在这段评论后加了这些话："从某种意义上讲很多伟大的资产阶级小说和黑格尔这里的认定相冲突；但是从另一个意义上看，同样是在一种特殊的角度上讲，这些小说确认了黑格尔的观点。就这些小说所描述的教育过程并不必然会终结在对资产阶级社会的承认这一点来说，这些小说是和黑格尔的认定相矛盾的。年轻人总是努力挣扎着去实现自己的梦和信念，但往往会以社会对它们的压迫作结，反抗被打败，这些人被驱赶到孤立无援之中，而黑格尔所说的和解并不总能从这些人那里得到。但毫无疑问，既然这个斗争经常以一种断念（resignation）的方式结束，这也就和黑格尔所谈的那个结果并不遥远。因为一方面来说，这个客观的社会现实确实是胜过了这个纯粹的主观的个体的努力，但是另一方面，黑格尔所预言的和解也绝不会和断念的感受完全不同。"〔第112页〕

---

① 参看黑格尔：《美学讲演录》（*Aesthetics*, Oxford, 1975）第1卷，第593页，对诺克斯（T.M.Knox）的翻译有所调整。

卢卡奇美学的最高标准,就是去假定一个现实,这个现实一定要被描述成一个连接主体和客体的没有破裂的连续体,这是这样一个现实,如果用卢卡奇顽固地坚持着的术语来说,这个现实必须被"反映"——所有这些都建立在和解已经获得完成这样一个假设上;也就是说,社会一切都好,个人自主自在,并且个体在这个世界上感到如在家园一样安然。在一段反对禁欲主义的枝节处,卢卡奇承认了他的美学对这一切的需要。但是这样一来,就会要求去掉卢卡奇在黑格尔那里看到的断念,他肯定得承认在他所推崇为典范的现实主义者歌德那里,这个断念也是存在的,而且事实上歌德是支持这种断念的。但是,裂缝存在着,对抗永存着,像他们讲的那样声称在东欧国家这些都已经被"克服"了,是一个纯粹的谎言。卢卡奇所深陷的魔咒,使他不能回到他所渴望的青年时代的乌托邦,这个魔咒要他去重新执行他曾在绝对观念论的中心看到的东西——强迫之下的和解。

英译者:罗德尼·利文斯通

论介入

西奥多·阿多诺

自从萨特的长文《什么是文学?》出现以后,关于介入文学和自律文学的理论争论已经少得多了。然而相对于人的苟活,这论争到底还是和我们今天的精神生活更相关的东西,所以今天对"介入"问题的争论依然还是很紧迫的。萨特被激起去发表自己的宣言,这是因为他看到——他当然不是第一个去这么做的——现在很多作品被并排放在万神殿里供随意选择消遣,已经堕落为文化商品。而当不同的艺术作品以这种并排的情形共存,它们就是在互相亵渎。如果说一个艺术作品,哪怕它的作者并不一定会这样想,确是以提供一个卓越的效果为目的的,那么它就不能真的容忍它还有一个并排的邻座。这一种不宽容大有益处,不仅作品会有,美学类型或美学态度也会有,就像那些现在已快被忘记,却在关于"介入"的争论里曾出现的各种象征性的态度一样。

有两种不同的"关于客观性的立场",这两种立场,哪怕有时候思想生活会错误地把它们展示为是可以和平共处的,事实上却始终处于交锋之中。介入的艺术作品剥掉了满意于拜物崇拜的那种艺术身上的神秘魔力,这些艺术满足于让自己成为一种为一些人服务的悠闲娱乐,这些人希望在时刻威胁着他们的大灾难面前依然能安然入睡,所以虽然表面上这是一种非政治主义,但实际上是相当政治的。对于介入的艺术来说,这样的作品让人们从真实的利益斗争的战场分心,而就这个真实斗争而言,现在没有谁可以不卷入两大阵营间的冲突。现在思想生活的可能性是如此受这场冲突制约,以至于目前只有盲目的幻想,才会继续坚持那些可能在明天就会被击得粉碎的权利。然而对于自律的艺术来说,介入艺术这样一种考虑,特别是在这些考虑背后的对艺术概念的理解,本身就是从事介入艺术的人一直在警告会发生的那种精神的灾难。一旦思想生活放弃了它自己纯粹客观化的责任和自由,它就让渡了自己的权力。在这之后,艺术作品就以如此临时短暂易变的形式〔这项指控恰是介入艺术对自律艺术提出的〕——这一形式从开始那天就知道自己的命运无可避免地终结在学术研讨会上——让自己被它们所反对的残酷现实吸收。以上这些对立双方所提出的具有威慑力的论点,提醒了我们在今天艺术所处的位置是多么危险且不确定。这个对立中的每一方都与另一方一起否定了自己。介入艺术,本来很有必要将自己认作为与现实相分离的艺术,却取消了现实和艺术之间的距离。"为艺术而艺术"以这样的绝对口号,否认了艺术与现实的不可磨灭的联系,但实际上正视与现实的关系正是让艺术从现实那里获得自律的一个前提条件。从过去直到现在的每一个时代,艺术都处于这两个端点之间的紧张中,但是现在这个紧张却消失了。

当代文学自身也提出了怀疑,这样非此即彼的两个选项是否涵盖全面?因为文学毕竟还没有那么彻底地要屈服于世界历史进程,以至于非形成对立的两大阵营不可。萨特式的山羊和瓦莱里式的绵羊不会被分开。即便一些艺术创作是由政治激起的,这样的介入只要它不想把自己仅仅简化为宣传,是依然保持着在政治上的多价态的样态的,而实际上宣传作品的那种乖顺的样子会给任何主体的介入带来嘲讽。另一方面,它的对立面,即在俄国的教义书里被称为形式主义的东西,不仅仅被苏联官员或被自由主义的存在主义者所诋毁,甚至那些"先锋"批评家自己也会经常指责这些所谓的抽象文本,指责它们缺乏煽动性与社会的进击性。其他方面的情况还有,萨特对毕加索的《格尔尼卡》(Guernica)的评价怕很难再高了;但他很难由此就被指控说对音乐或绘画有了形式主义式的同情。萨特将他关于介入的概念局限在文学这种体裁上面,这是因为文学在概念上的特性:"作家在这里处理意义。"①作家当然在处理意义,但是作家处理的不仅仅是意义。如果说没有什么进入文学作品的语言能够完全脱离日常语言中的意义,那么同样可以说没有哪一种文学作品,甚至传统的小说,会把日常语言里的意义用一种未加改变的状态呈现出来,就好像这些意义是外在于文学的。甚至像很普通的词"是",在说明某事"不'是'"的时候,也从"不是这样"的事实那里获得了一种新的形式特征。在构成一个作品的意义的更高层面上,同样的改造过程不断发生,直到达到我们以前常说的作品的"理念"这个层面。另外,萨特赋予文学的那个独特立场也必然会引起一些人的怀疑,这些人不接受无条件地让多种样式的美学体裁归于一个普遍的更上一级概念的统辖。来自外在意义的那些雏形的东西,是在艺术之中不可化约的非艺术元素。艺术的形式原则并不存在于这些雏形的东西之中,而是存在于非艺术元素和艺术元

---

① 萨特:《什么是文学?》(*What is Literature?*, London, 1967),第 4 页。

素两个环节的辩证发展的过程中——在这个辩证法的展开中,意义完成转化落入艺术之中。在艺术家和文人之间作区分是肤浅的,但是如下一点是正确的,即任何艺术哲学或美学的对象,即便是像萨特所理解的那样,都不会是艺术的新闻宣传那个方面的东西。而且,它更不是艺术作品所传达的"信息"。这种"信息"只能不幸地摇摆在以下两者之间:一方面是艺术家的主观意图,另一方面是被要求客观明确表达的形而上意义的需求。在我们现在的语境里,这样的意义通常会沦为一种具有不常见的实用性的**存在**。

同时,我们谈介入文学有什么社会功用,这个问题也会令人困惑。那些要求艺术作品必须说些什么的文化保守主义者,会和他们政治上的对手一起向没有现实功用的、隐逸的艺术作品展开攻击。那些歌颂艺术的"相关性"的人更可能会发现萨特的《间隔》(*Huis Clos*)意义深远,要远比去耐心听一个用语言挑战意义且通过和意义保持距离就先在地反叛实证主义对意义的驯服的文本要有意义得多。另一方面,对于无神论者萨特来说,由艺术作概念的引入是介入的前提。然而东方阵营那些被禁的作品,往往会被那些真正的信息的地方守卫者以一种煽动性的方式猛烈批判,这却是因为它们看上去说了一些它们实际上并没有说的东西。纳粹在魏玛时代已经使用了"文化布尔什维克主义"这一术语,而针对这种说法所指的东西的敌意,在这种敌意获得了体制化的希特勒时代结束以后依然存在。今天,这种敌意又被一些著作煽动起来,就像四十年前同一类型的著作所煽动的那样,那些论著中包括一些有着很久远渊源且毫无疑问是既有传统的一部分的著作。

激进右翼的报纸和杂志总是会挑起对那些不自然的、过于思想化的、病态的和堕落的东西的愤怒：它们了解它们的读者。社会心理学对独裁主义人格的研究所得出的那些洞见也证实了它们对读者的期待。这种人格的最基本特性包括遵奉主义，对僵化的见解和社会的那个石化面向充满敬意，对那些试图扰乱秩序、试图激起那些不能被允许的无意识内在要素的刺激坚决抗拒。这种对任何异在，或针对具有间离效果的那些努力的敌意可以更容易地和随便什么种类的文学现实主义——即便它声称自己批判现实主义或社会主义现实主义——相适应，至少比起那些声称从不效忠于任何政治口号，但仅仅依靠它们的装束外观就足以扰乱整个僵化的、统治着独裁主义人格的协调体系的作品更容易适应——这些独裁主义人格越是强烈地效忠于这个僵化体制，他们就越是不能对任何没有被官方批准的东西发出自发的欣赏。为阻止布莱希特的戏剧被搬上联邦德国的舞台而发动的战役还是政治意识的一个肤浅的层面。这些举措甚至还不是特别有力，或者说他们可以在 8 月 13 日①以后以一种更粗俗的形式作出。与此相对照，废止与现实建立契约，文学作品不再像在谈论现实那样说话，这才是令人头发竖起的恐怖之事。就关于介入的争论而言，其中的一个缺陷在于，它忽视了某些作品的力量，这些作品的形式法则不会去留意形成清晰一致的效果。只要这场争论不能认识到那些不被理解之作所传达的令人震惊的力量，整个论争就会像在打空拳。讨论这个问题时出现了以上所列的种种混乱，这些混乱并不能在事实上改变这个讨论，但是它们使我们认识到有

---

① 这里指的是 1961 年柏林墙的修建。

必要去重新思考是否可能提供别样的解决方案。

在美学理论中,"介入"应该与"倾向"区分开来。以一种恰当的方式理解介入艺术的话,那么它就不是要去产生出改良措施、立法行为或实践制度——比如早年的反对梅毒、决斗、堕胎法、感化院的那些宣传剧要做的事,"介入"要做的事涉及根本性的态度层面。对于萨特来说,介入艺术的任务是去唤醒执行人的自由选择,让他可以创造出一种本真的存在,以此反对那种旁观者的中立。但是,使得介入获得超出倾向性(认同)的审美优势的特性,也导致了艺术家所要介入的那个内容内在地含混不清。在萨特那里,选择这个源自克尔凯郭尔的范畴是基督教教义"不和我相合就是敌对我"的后嗣,只是现在被清空了任何具体的神学内容。现在留下的东西仅仅是那个发出选择命令的抽象权威,却不考虑这样一个事实,即选择的可能性依赖于可待选择之物。萨特经常用一个原型的情境来证明自由的不可化约性,但这个情境正好强调了以上这一点。在一个已经被事先决定了的现实之中,自由成为一个空洞的呼喊:马尔库塞已经揭露了"总是可能内在地或者接受或者拒绝去牺牲"这样一种哲学原则的荒谬性。① 但萨特的戏剧性情境被设计出来,恰恰是想去证明这一点。然而这样他的戏剧就成了他自己的存在主义的坏模型,因为这些戏剧在它们那一面显示出了萨特的哲学所忽视的东西,即整个宇宙被牢牢管控这一真相,我们从这些戏剧里得到的教诲只能是"不自

---

① 这里指马尔库塞的文章《萨特的存在主义》("Sartre's Existentialism"),收入《批判哲学研究》(*Studies in Critical Philosophy*, London, NLB, 1972),第157—190页。

由"。萨特的剧场理念捣乱了他的范畴的目的,但这不是他的戏剧的一个特有缺点。艺术的职能不是去照亮可能的选择,而是仅仅用自己的形式去抵抗世界运行的道路,而这个世界永远会用手枪指着人们的脑袋。而事实上一旦介入的艺术作品确实在它们的层面上煽动了一些决定,这些决定自身也会成为一些可以互换的东西。正因为这个含混性,萨特相当坦率地承认,他不期待通过文学引发世界的任何真正的变革——这样一种怀疑主义反映了自伏尔泰以来,社会和文学的实践功能两个方面所发生的历史改变。于是,介入艺术的原则悄悄滑向了这个作者的独特倾向,这符合萨特哲学的极端的主观主义倾向,这种哲学虽然有着各式唯物主义色彩的潜在意味,却依然回响着德国的思辨的观念论。在他的文学理论中,艺术作品成为对主体的呼唤,因为它自身除了表明是主体的一个声明之外毫无意义,它只是或者宣布了主体自己的选择,或者宣布了主体无法作出选择。

萨特不会允许任何一个艺术作品从最初的阶段起就让它的无论多么自由的作者直面构思的各种客观要求。因为如果这样的话,作家的意图就仅仅只是其中的一个因素了。萨特的问题,"为何写作?"以及他对这个问题的解决——作一个更深入的选择,都是无效的,这是因为作者的动机和最后完成的一个作为文学产品的作品是不相关的。萨特也注意到,随着名望的提升,作品就会如黑格尔很久前就看出的那样,越来越少地和那个创造了它的经验的个人发生联系;看到这些的时候,他自己就已经和上面提到的看法并不远了。当他使用涂尔干的术语,把文学作品称为一个社会事实,他就又一次不由自主地重新唤起了作品内在的集体客观性,而这个客观性是不能被作者的纯粹主观意图所穿透的。因此,萨特并不希望将介入放置在作家的意图这样一个层面上,而是要将它放置在作家的人性这个层面上。① 然而,这样一种决定太过于一般化,以至于使得"介入"无法区别于人的其他形式的行动或态度。萨特说,关键点在于作家能够让自己介入**当下之中**(das le présent),但是既然他无论如何都不能逃避这个当下,他对当下的这个介入姿态本身并不能指示出一个规划。一个作家需要承担的现实义务可能会要更精确:这不是一个选择的问题,这是实体的问题。尽管萨特谈论了辩证法,他的主观主义使得他几乎很少表达对那个特殊的他者②的注意——对于那个"他者"而言,主体必须先放弃自己才能最后成为一个主体;萨特是如此少地提及这个他者,以至于他将所有的文学的客观化都怀疑为一种僵化。然而,既然他所希望拯救的纯粹的直接性或自发性在他的著作中没有遭遇到任何可以让这个直接性或自发性重新定义自己的抵抗,那么这些自发性和直接性就已经历了第二次物化了。为了让自己的戏剧和小说发展成为比纯粹的宣言更丰富的东西——这种宣言的一个常见模型是被折磨之人的哭喊声——萨特就不得不求助于一种浅显的客观性,一种没有任何形式和表达的辩证法参与其中的客观性,这一客观性简单说就是和他自己的哲学交流的过程。萨特的艺术内容成了哲学;除了席勒之外,再

---

① 参看萨特:《因为他是一个人》("Because he is a man"),收入《处境(二)》(Situation II, Paris, 1978),第 51 页。

② 那个特殊的他者应该指"实体",阿多诺这里指的应当是黑格尔在《精神现象学》里谈到的"主体即实体"的问题,主体要成为自身,必须首先让自己投入实体世界中。——译注

没有这样的作家了。

但是无论多么崇高,思想不过就是艺术的种种材料中的一种。萨特的戏剧是传达他思想的工具,而这些戏剧却在美学形式的竞争中落后了。它们运用的是传统的情节,并且被一种无法动摇的信仰所高扬,这个信仰就是,意义可以被从艺术传播到现实中。但这些戏剧阐发的主题,或者在那些有所陈述的地方,主题总是只把戏剧当作例子,错误地使用了萨特自己的戏剧想表达的感情,这样这些戏剧就否认了它们自己。萨特的一个最著名的戏剧以"他人即地狱"这样一句箴言结束,它听起来很像是《存在与虚无》(Being and Nothingness)里的一句引用,而如果这句箴言是"我们即地狱",同样的情形也可能会发生。可靠的情节,以及同样可靠的清晰的、可萃取出来的理念,萨特的作品因将这两者结合起来而获得了很大的成功,并且毫无疑问地、被有悖于他意愿地吸收进了文化工业。这样的"主题-艺术"的更高层次的抽象把他带到了一个错误的地方,这个错误让他把自己最好的作品——比如电影《戏演完了》(Les Jeux sont Faits)或剧本《肮脏的手》(Les Mains Sales)——表演为政治事件,而不是让它们去为那些沦为黑暗的牺牲品的观众表演。以一种或多或少同样的方式,目前的一种萨特讨厌的意识形态也将那些不过像纸娃娃那样的领袖的行动和遭遇与历史的客观运动混淆起来。而与这样一种个人化的面具交织在一起的,是一种认为是人类自己而非无名机制在控制并决策的信念,以及是人的生命在社会的高地上发号施令的信念:贝克特的垂死的、令人惊悚的场景却暗示了关于这个问题的真理。但萨特的视域却令他无法认出他所要反叛的地狱。他的很多警句可以被他那些不共戴天的敌人学舌,比如"此时作决定才是唯一有用的"这样的想法,甚至可以涉及纳粹的口号"只有牺牲让我们自由"。而在法西斯主义时期的意大利,秦梯利的绝对的活力论也作出了在哲学上的类似的发言。萨特在介入概念中所犯的错误反过来打击了他自己要去承担和介入的那个事业。

布莱希特在他的一些戏剧里,比如说将高尔基的《母亲》(*The Mother*)搬上舞台的那部戏剧,或在他的《措施》里,直接地美化了党。但有时,至少根据他自己的理论文件,他也希望能教育他的观众去获得一种新的态度,这种态度会帮助他们建立一个有距离的、深思熟虑的、有实验精神的立场,并可以由此反转幻想式的移情和认同。在抽象化的倾向上,他《屠宰场里的圣约翰娜》之后的戏剧胜过了萨特的戏剧。两人的不同之处在于,他比萨特更能坚持一贯的主张,并且是一个更伟大的艺术家,他将这一抽象化发展为一种艺术形式原则,这一原则作为一种教育的诗学,摒除了诸如戏剧角色这些传统概念。他意识到社会生活的表面、消费的领域——这里也包括个体由心理所鼓动的行动——都隐藏了社会的本质,而这个本质就像交换的法则一样,其本身是抽象的。布莱希特拒绝作为一种意识形态的美学上的个体化。因此他通过直接把社会真实拖出伪装的方式,努力将社会的可怖之处转译入剧场的表象。在观众眼前,他的舞台上的人缩小为社会过程和社会功能的代理人,而当这些人在经验现实里时,这些社会功能和社会过程就只是非直接的、无意识的。布莱希特不再像萨特那样,在活的个体和社会本质之间假设一种同一性,更不要说赋予主体什么绝对的主权了。然而,布莱希特为了追求他的政治真理所使用的美学化约过程,却阻碍了他对这个真理的发现。这是因为这一政治真理卷入太多中介中,而布莱希特却厌恶中介。布莱希特将幼稚状态间离出来——布莱希特的第一批戏剧和达达主义来源于同一个社会语境——这种努力在艺术上是合理的,但一旦这种努力要宣称具有理论和社会的正确性,合理的就变成仅仅是幼稚的东西了。布莱希特希望在形象中呈现资本主义的内在性质。而从这个角度看,他的目的事实上正是他为抵制斯大林主义而将自己伪装成的东西——现实主义。社会本质呈现为它表面上那样的、在一种残破的生活中的无形象和盲目的样子,从而去剥夺它的意义——布莱希特本可以拒绝去做这些,现在由于要承担呈现资本主义内在本质的重负,他就要被迫去承担责任确保他想要清晰无误展现的东西在理论上的正确性。然而他的艺术自身却拒绝这种交换:于是艺术一方面将自己呈现为教育的艺术,另一方面却声称艺术没义务对它所教东西的正确性负责。

对布莱希特的批判不能忽视这样一个事实,即由于一些在他自己创作的力量之外的客观原因,他没有实现那个他为自己设定的好像可以作为拯救的手段的标准。《屠宰场里的圣约翰娜》是他的辩证剧场的核心戏剧〔《四川好人》是以反向的方式书写的一个变体:在《屠宰场里的圣约翰娜》里,约翰娜做的善事直接帮助了恶;而在《四川好人》里,沈黛必须成为恶人才能完成善的意愿〕。《屠宰场里的圣约翰娜》这个戏剧的场景设置在一个芝加哥这样的地方,是一个《马哈哥尼城的兴衰》(Mahagonny)里的西部森林寓言的世界和经济事实的世界之间的中间地带。但是,布莱希特越是被戏剧要传达的信息所占据,越是轻看艺术的形象,他就越是丧失对资本主义实质的把握,而后者正是他的寓言试图呈现的东西。《屠宰场里的圣约翰娜》所表现的只是一个在流通领域发生的插曲,布莱希特仅仅重述了一个竞争者在那里互相撕咬的故事,而不是去呈现在生产领域里所发生的剩余价值被占有的事实——但和生产领域发生的事情相比,牛羊贩卖者因他们对所获之物的分配而发生的争执就纯粹是一个副现象而已,也远不会引起大的危机。更进一步说,戏剧中被呈现为贪婪商人的阴谋的那些经济交易,也绝不是就像布莱希特使它们显示出来的那样是天真的,事实上它是无法被哪怕最原始的经济逻辑的标准轻易理解的。然而,现在在这个不易穿透的经济现实对面的,却是一个政治的天真状态,而布莱希特的这种认识只能让他的敌人嘲笑他的天真幼稚。所以面对这样的布莱希特,他们会感到很舒服,就像他们看到这部戏的最后一个令人印象深刻的、描述约翰娜正在死去的那个场景时的感受一样。即便对诗性自由我们可以持一种最开明的宽容态度,但这个戏剧呈现的如下想法,即在一场由党支持的罢工中,领导阶层会将如此重要的任务托付给一个非党员,是很难想象的;这正如接下来的那个想法——这样一个个体的失败会毁掉整个罢工斗争——同样是无法想象的。

布莱希特关于"大独裁者阿图罗·魏的有限发迹"的戏剧以一种严苛而精确的方式展示了主体的无价值和一个法西斯领袖的伪装。然而,这里对这个领导者的摧毁——就像布莱希特的其他戏剧里对个人的摧毁一样——却延展到一个去重构那个独裁者借以行动的社会和经济联结的努力中。可是,戏剧展示给我们的不是财富和权力的共谋,相反,我们只得到一个小帮会组织的状况的展现,一个花椰菜联合会的故事。于是,法西斯主义的真正可怕之处被驱散了;法西斯主义不再是一个逐渐发展的社会权力的聚集过程的终点,而成了一个不过如此的冒险行为,就像一个事故或一桩犯罪事件一样。由于骚乱的紧急状况,一个结论被宣布:敌人必须被消灭。结果就是糟糕的政治,在文学里如此,在1933年之前的政治实践中也确实如此。但布莱希特这样的做法不符合任何辩证法,魏引发读者的嘲笑,让读者觉得法西斯主义没有多大危害,它早就在几十年以前由杰克·伦敦精确地预言了。于是,这个旨在反意识形态的艺术家已做好准备将自己的观念也降格为一种意识形态了。他已经暗中接受这样的说法,即世界上一半的人已经生活在一个无对抗的世界里,而作为对这样的意识形态设想的补充,他就嘲笑另一半人的世界里任何使官方的神正论落空的现象。然而,如果说我们要禁止他把希特勒仅仅嘲笑为一个油漆工——尽管我们用油漆工这样一个术语反对希特勒,这件事本身就已经是对资产阶级的阶级意识的一次痛苦暴露——倒不是因为历史上的法西斯规模要大得多。那个通过运作占领了德国权力的团体当然也是一个帮会。但问题在于这样一种亲和力不是社会疆域之外的:它们扎根于社会自身之中。同样的,这就是为什么说被卓别林唤起的那种将法西斯主义滑稽化、小丑化的做法同时显示了法西斯主义最根本的恐怖。如果法西斯主义以这样的方式被压制了,并且只是一些糟糕的、剥削菜农的人被嘲笑了,那么这样的攻击就完全失了准头,因为在这里真正关切要害的是经济权力所占据的核心位置问题。当在《大独裁者》(*The Great Dictator*)里一个犹太女孩可以用一个平底锅打击几个纳粹分子,而不是自己被撕成碎片时,这部电影就失去了它所有的讽刺力量,并且变成了猥琐可憎的东西。为了进行政治介入,就先将政治现实琐屑化,好像这样做政治的后果就会减少似的。

萨特对毕加索《格尔尼卡》的坦率的怀疑，即这个作品"没有为西班牙共和国的正义之战争取到一个支持者"，应该也可以应用到布莱希特的教育剧上。很难说有人需要被他的教育剧里的寓言所教诲——比如告诉他们这个世界上存在着不公正；同时，道德自身当中也很难有布莱希特曾草率地表达过的要对之忠诚的辩证法的踪迹。史诗剧的设置方式让我们想起美国人的一句俗语："向皈依者布道。"在布莱希特戏剧中，将教育放置在比纯粹形式更优先的位置是他想要实现的，但这意图本身也成了一种形式装置。于是对形式的搁置回过来反对自己，将这个搁置形式的特征仅仅看作表象。这样的在戏剧领域里发生的自我批评，与应用视觉艺术领域里的**客观性**(*Sachlichkeit*)教义有关联。通过外在条件的引入纠正形式，为功用服务消灭艺术的装饰元素，这个做法的结果却是增加了形式的自律性。布莱希特的艺术作品的实质就是将教育剧作为一种艺术原则。他的方法，把直接呈现出来的表面事件转变为让观众感到间离的现象，也是为形式上的建构作中介，而不是在对实践功效作贡献。确实，布莱希特没有像萨特一样，以如此怀疑的方式来谈论艺术的社会功效。但是，作为这个世界里的一个敏锐而又有经验的人，他很难完全被艺术的种种社会效果所说服。有一次他很平静地写下，老实说，相比于由剧场可能引发的对世界的改变，剧场本身对他来说是更重要的。然而，"单纯化"这样一种艺术原则，不仅如布莱希特所意图的，使得政治被清除掉由对社会客观性的主观反思所投射出的幻想特征，却同时也篡改了教育剧努力想要提炼出的那个客观性。如果我们对布莱希特的言语信以为真，并且将政治作为标准去判断他的介入的剧场，那么政治就会证明他的剧场是不真实的。黑格尔的《逻辑学》(Logic)教导我们说,本质必须被呈现在表面。如果真是这样的话,那种忽视了本质与表象关系的对本质的再现,就一定是内在根本地错误的,这就如同用流氓无产阶级去替代法西斯背后的人群这样的做法是错误的一样。使得布莱希特的化约技术获得合法性的唯一基础就是"为艺术而艺术"的原则,然而布莱希特的那种介入却像谴责卢库鲁斯那样谴责这个口号。①

当代德国文学界急切地想要区分艺术家布莱希特和政治家布莱希特。对西方来说,这个大作家是必须被解救的,如果可能的话要把他放在全德诗人的基座上,并且像**超越战争**(Au-dessus de la mêlée)②那样使他被中立化。这样一种想法里是有正确成分的,特别是不管是布莱希特的艺术力量,还是他狡黠的、不可控的智力,这些都远远超出那些官方信条和被规定的美学。尽管如此,布莱希特还是需要被辩护,用以针对以上这种辩护。他那些带着很明显弱点的作品,如果不是因为充满政治因素,是不会有这么大的力量的。甚至他最受争议的创作,比如《措施》这样的戏剧,也会马上让人获得一种认识,即这里与那些最严肃的问题利害攸关。在这个程度上讲,布莱希特说他的剧场促使人们思考是有理由的。所以,想把他作品里的美——无论是真实的还是想象的——从他作品的政治意图里区分出来是徒劳的。批评要想辩证只可能是内在批评,而内在批评的任务,毋宁说正在于将他作

---

① 指布莱希特最后的关于罗马将军卢库鲁斯的戏剧。

② 这里应当是借用了罗曼·罗兰的政论文章《超越战争》("Au-dessus de la mêlée")。——译注

品的形式和政治放在一起,去综合地评估它们的有效性。萨特那一章"为何写作?"包含了如下无法被否认的陈述:"没有人可以哪怕只是去想一下,一部赞颂反犹主义的小说可能成为一部优秀的作品。"①同样,也不可能去写作一部优秀的赞颂清洗案的作品,哪怕这样的赞颂是在事实上处决季诺维也夫和布哈林之前作出的。② 政治的虚假败坏了美学的形式。任何时候,一旦布莱希特在他的史诗剧里为了某个论题而歪曲了真实的社会问题,整个剧作的结构和基础就会崩坏。《大胆妈妈和她的孩子们》是像插图识字课本一样的东西,布莱希特试图用它来简单地呈现蒙泰库科利所谓"以战养战"的荒谬性。那个拉着篷车随军叫卖的大胆妈妈,她利用三十年战争来养活她的孩子,因此对她的孩子的毁灭这个结果负有责任。但是在这部戏剧里,这样一种责任问题既没有严格地落实到战争的事实上,也没有严格地落实到这个小倒卖者的个人行为上;如果大胆妈妈在那个关键时刻是在场的,这场灾祸可能就不会发生,而她因为要去赚钱所以才不在,用这样的理由来解释行动太笼统、太一般化了。布莱希特的插图图书一样的技术只需要他说出他的论题,而这就阻止了他去证明这个论题。但如果作社会政治分析,就像马克思和恩格斯对《弗兰茨·冯·济金根》(Franz von Sickingen)的批评那样,我们就会发现布莱希特简单地把三十年战争和现代战争对等起来的做法是颇成问

---

① 萨特:《什么是文学?》,第46页。
② 这里指的是写于1930年的《措施》这部作品,其中包含了一种隐秘的对清洗的合法化,而这是在一系列的莫斯科案件之前。季诺维也夫和布哈林是在1938年被判罪的。

题的,这种做法正排除了格里美豪森的小说展现的对大胆妈妈的行为和命运来说最关键的那些要素。因为三十年战争的社会不是现代那种运转有效的资本主义社会,所以我们就不能——哪怕以一种诗性的方式——去设想一个闭合的、有效的体系,设想在这个体系中私人个体的生和死都会直接显示出经济规律。但是,布莱希特需要将过去的无法治的日子作为他自己时代的一个形象,这恰恰是因为他清晰地看到他自己时代的社会在人的问题或事的问题方面不能被直接理解了。由此,他对社会现实进行重建的意图,先是导向一个错误的社会模型,继而又导向了在戏剧性方面的不真实。糟糕的政治成了糟糕的艺术,反之亦然。作品越是不去强行宣布那些他们自己也不完全信的东西,它们就越能依据自身而更加有效,而它也就越不需要一个外在于它们的多余的意义。而至于其他,每个阵营的利益团体现在都成功地经受了战争,它们都可能如过去一样成功。

这类难题不断繁殖,直到影响到了布莱希特的风格调子,而这调子正是编织布莱希特的诗性艺术的纤维。尽管布莱希特的诗性艺术的质量——那个成熟的布莱希特可能会认为这个质量是不重要的——是无法比拟的,但是它被它政治的虚假性毒害了。因为布莱希特试图论证的政治,不是简单地像他长期真诚相信的那样,是一个未完成的社会主义,相反,这是一个压迫性的统治,在那里那些盲目的、非理性的社会力量又卷土重来。一旦布莱希特成为这样一个社会的歌颂和谐的写手,他抒情的声音就不得不咽下苦果,并且开始发出一些让人难受的扰人之声。事实上,早期那个夸张混乱的、具有男子气概的青年布莱希特就暴露过一种知识分子的虚妄的勇气,他在面对令人绝望的暴力时,也会突然采取一个暴力行动,而本来这样的行动他是有足够理由感到害怕的。在《措施》里,布莱希特就提取出一种能将摧毁事业的灾难所发出的噪声湮没的野蛮的轰鸣声,并以一种痉挛的状态赞美这个野蛮之声,认为它可以作为一种救赎。甚至布莱希特最好的作品也被他所介入的政治的欺骗感染了。他作品的语言显示出在潜在的诗性主题和这些主题所要传达的信息之间的距离。布莱希特为了要努力去填补这个沟壑,他就要设法影响那些被压迫者的言语。但他支持的那些教义却又需要一套知识分子的语言。因此布莱希特的语言的朴素和简单就是一个虚构的东西。在那些夸张的符码里,或者在风格上向古旧的或地方性偏狭的表现形式退化的语言里,这种虚构性都会露出马脚。这样的语调经常会缠绕不休,而那些没有让自己被剥夺最天然的敏感性的耳朵是不能不发现它们正在被灌输一些东西的。这样说话,好像作者就是这些牺牲者中的一个,这是一种僭越,甚至可以说这是对这些被牺牲者的蔑视。所有角色都可以被扮演,但是你不能去扮演一个劳动者。对介入的最严重的指控就在于,即便是正确的意图,在它们被发现的时候就出了问题;而当它们试图去隐藏,问题就会更严重。在布莱希特后来的剧作中,这些问题依然存在,这在"智慧"这种言语的"姿态"里被暴露出来,比如在作品里虚构一个老农,这个老农被设置为浸染着史诗般叙事经验的诗性主体。但世界上没有哪个地方的人还会亲历德国南部农民那种日常生活的经验。作品里那个冗长的宣讲语调成为一种宣传工具,它要使得我们相信好的生活就是苏联红军占领区的生活。既然关于这样一种人性并没有什么实体性的内容可以展示,既然这只是我们被规定必须要相信的东西,布莱希特的语调就退化成了一种像远古社会关系的回声似的东西,这是一种很难再被追忆起来的东西。

已故的布莱希特没有远离官方的人道主义。一个受新闻记者式头脑影响的西方人会盛赞《高加索灰阑记》,赞美它是对母爱的一曲颂歌。确实,相比于那个易怒的有偏头痛症的贵妇,当这个伟大的女孩最后被奉为楷模,又有谁会不为之感动呢?然而波德莱尔这位将自己的作品献给"为艺术而艺术"这一箴言的缔造者,可能会不太适合这样的戏剧净化。甚至布莱希特那些更气象恢宏、技艺精湛的诗,比如《老子流亡途中撰写〈道德经〉的传说》("The Legend of the Origin of the Book of Tao Te Ch'ing on Lao-Tzu's Journey into Exile")这样的诗,也被一个完全由直白坦率之言所构成的戏剧性玷污了。布莱希特那些经典作家前辈们曾谴责乡村生活的愚昧,但布莱希特和那些存在主义的本体论家一样,把这样一种朴拙看作古老的真理。布莱希特的所有创作加在一起,可以看作一次次西西弗斯式的劳作,他一直在努力协调两个方面的冲突,一面是他相当有教养的、微妙的趣味,一面是那些他不顾一切地加在自己身上的粗鲁的、他律的要求。

我不想去减弱这样一种说法的锐利程度:在奥斯威辛之后,再写抒情诗是野蛮的。这样一种说法,以一种否定的样式,表达了激起介入的文学的那股冲动。在萨特的《死无葬身之地》(*Morts sans Sépulture*)里,有人这样发问:"当那种会将人们打到骨头在他们身体里碎裂的人存在的时候,生命还会有什么意义吗?"这个问题和如下的问题是一样的:现在任何形式的艺术还有没有存在的理由?是否思想的退化是由于社会的退化,而并非内在于介入的文学这样的概念里？但是恩岑斯贝尔格①的反驳依然是有道理的,文学必须反抗这一裁定;换句话说,文学必须保证它在奥斯威辛之后的存在不向犬儒主义屈服。而文学自身存在的情形本身就是一个悖论,所以问题不仅仅是如何对这个情形作出反应。大量真实的苦痛绝不会容忍健忘;帕斯卡的神学语言,**人们将不再安眠**(*On ne doit plus dormir*),必须被世俗化。然而这样一种苦痛,黑格尔所谓的苦恼意识,却也在禁止艺术存在的同时要求它继续存在;实质上就现在而言,只有在艺术中,这样的苦痛才能找到它自己的声音,找到安慰,而不是马上被艺术背叛。这个时代的那些最重要的艺术家认识到了这一点。他们作品的不妥协的激进主义,也就是被污名化为形式主义的那些特质,给了它们一种震慑性的力量,而这样一种震慑力量在那些写给时代牺牲品的无助的诗歌里是寻找不到的。但是,甚至勋伯格的《一个华沙的幸存者》(*A Survivor of Warsaw*)也依然受限于这样一个难题,它完全屈服于其中:它是在以一种自律的形式构筑一个已经达到地狱强度的他律的世界。在勋伯格的作品里有一种令人尴尬的东西——这个尴尬不是它引起德国人恼怒的那个方面,确实,因为勋伯格的作品不让德国人压制他们竭尽所能想压制的记忆而引起了恼怒——这个尴尬是由把苦痛转变成形象这个过程带来的;尽管这

---

① 汉斯-马格努斯·恩岑斯贝尔格(Hans-Magnus Enzensberger,1929—2022),德国诗人、散文家、小说家、剧作家、翻译家、出版家和政治评论家,当代德国最具批判性的知识分子之一。他秉持法兰克福学派传统,发展和推进了本雅明的技术文化理论,关注媒介技术的政治意涵,提出了"意识工业"概念。——译注

些形象是刺目的、不妥协的,但这种形象毕竟损伤了我们在看到那些牺牲者时会产生的羞耻感。现在这些牺牲者又被利用起来去创造成艺术作品,于是他们被再一次扔进这个世界里以供消费,要知道正是这个世界毁灭了他们。而在对"人被用枪把儿打倒在地"的纯粹物理痛苦的所谓的艺术呈现中,不管多么遥远,也还是包含着一种从惨状里招引愉悦的力量。我们时刻都不能忘记,这样一种艺术的道德情怀会滑向它的对立面的深渊。风格化的美学原则,甚至合唱队那些肃穆的祈祷者,也还是会让那些难以置信的命运看上去获得了一些意义;于是痛苦就被转化了,它的恐怖之中的一些东西也被移除了。而仅仅这一点就是对那些牺牲者的不公正;然而另一面也没有哪一种试图去回避这样一种直面伤痛的努力的艺术可以宣称它们是公正的。即便是绝望的声音也在向那个可怕的确证的世界表达着敬意;而那些水平次一级的作品则常常会很乐意被确证的世界所吸收、为清扫干净过去作贡献。当在介入文学的主题中连种族灭绝都成为文化遗产的一部分时,人们要继续参与到这个培育了谋杀者的文化中,就会更容易一些。

这样的文学有一个固有的特点,那就是,不管是故意的还是无意的,它总是在暗示即便在那些所谓的极端条件下,而且事实上特别是在那种情况下,人性依然能繁茂地生长。有时候,这个特点发展成了一种阴沉的形而上学,这种形而上学在竭尽全力地将那些暴行放置在"临界处境"里,然后就开始接受这些暴行,因为它们显现了人们的本真性。在这样一种舒适的存在主义的氛围里,刽子手和被害人之间的区分变得模糊了;毕竟,两者都同等地被悬置在虚无的可能性之上,而这个情况对于那些刽子手来说,通常当然不会让他们很不舒服。

这种哲学已经转变成一种纯粹的意识形态的游戏,现在它的追随者却依然以一种1933年前的风尚对艺术性地呈现生活的扭曲、畸形和变态给予严厉谴责,好像这些作者因为忠实地反映了暴行,就要替他们所反抗的暴行负责。这是一种依然在大多数德国人中流行的态度,关于这一态度的一个最好的例子,我们可以从以下毕加索的故事里看到。一个纳粹占领军的军官造访了这位画家的工作室,他指着《格尔尼卡》问道:"是你把它作出来的?"据说毕加索是这样回答的:"不,是你作出来的。"自律的艺术作品和这幅画一样,也在坚定地否定经验现实,去摧毁摧毁者,摧毁那些仅仅是存在的,并且仅仅通过它们的存在就持续不断制造出罪恶的东西。不是别人,正是萨特,看到了作品的自律性和作品的意图之间的关系,但这种意图不是从外面授予作品,而是一种作品自己指向现实的态度。"艺术作品,"他写道,"**不需要**有一个目的,在这里我们同意康德。但是艺术不需要目的的原因是它就**是**目的。康德的公式并不能解释每一件绘画、雕塑作品或每一本书所散发出来的那种魅力。"①现在只需要再加上这样一句,在这样一种魅力和作品介入的主题之间没有直截了当的关系。自律艺术不愿意流通,它避免通俗化,避免让自己适应市场,这就不知不觉地成为对市场的攻击。这样的攻击不是抽象的,不是所有艺术作品都有的一个固化的对待这个世界的态度,以及世界因艺术不和它完全联系在一起而不谅解它们。这些作品与经验现实所维持的距离,自身也部分地经由那个现实中介。一个艺术家的想象不是一种"无中生有"的创造,只有那些一知半解的业余爱好

---

① 萨特:《什么是文学?》,第34页。

者和那些唯美的美学家才会相信这一点。艺术作品针对经验现实作出反应,同时它也遵守那个现实中的强力,这些强力拒绝思想创造,会把这些精神创造重新扔回它们自己身上。没有哪一种作品的物质内容,没有哪一种艺术创造的形式范畴——不管它被以一种多么神秘的形式传达出来,不管它如何地连自己也没有意识到被生产出来的过程——会不源自那个它试图冲破的经验现实。

正是这样一种关系构筑了现实对于艺术来说的真实关系,现实的各种元素根据艺术自己的形式法则在艺术中被重新组合。甚至先锋艺术的抽象工作,这个引起市侩们愤怒的、与概念的或逻辑的抽象没有任何共同之处的抽象,也是对客观上主导社会的那种抽象法则的反射性反应。这些可以在贝克特的著作中被看到,他的这些作品配享在今天唯一值得尊敬的名声。每一个人都对它们感到害怕,可是没有人能够说服自己去相信这些古怪的戏剧和小说与每个人都知道但没有人会承认的那些东西无关。哲学的辩护士可以称赞他的作品说这就像人类学上的概略图景。但是这些作品却是在处理相当具体的历史现实:主体退位的现实。贝克特的《瞧,这个人》(*Ecce Homo*)是要去看人类变成了什么。仿佛人类用泪水已经干枯的眼睛,静默地凝视着自己被宣判死刑。人类所掷出的魔力,这个绑缚着人类自己的魔力,现在通过在人类中的反映被消散。然而,这里包含着对最低限度的快乐的承诺,它拒绝被用来换取安慰,而如果不是以全面错位以至于到达一种无世界性的程度为代价,它就不会被获得。在这里,为了满足介入的艺术作品的理念,每一种对于世界的介入都要被放弃。这是作为理论家的布莱希特曾经发明的一种论争性的异化手段,但一旦他自己更加牢固地承诺了去承担一个人类朋友的角色，作为艺术家的他就会越来越少地去实践这一艺术手段。这样一种悖论，可能会被认为是诡辩的一种悖论，却可以不通过哲学而通过最简单的经验来获得支持：卡夫卡的散文作品和贝克特的戏剧，或者他的一部真正名副其实的荒谬小说《无法称呼的人》(*The Unnameable*)都会产生这样一种效果。而比起这样一种作品，那些官方的介入文学就不过是一些哑剧。存在主义仅仅是在谈论恐惧，但卡夫卡和贝克特引起了真实的恐惧。通过拆毁表象，它们从艺术内部获得了内爆，而那些声称是介入艺术的艺术不过是从外部试图让艺术屈服，于是也就仅留在表层而已。卡夫卡、贝克特这些作品所呈现的无可逃脱性迫使读者去改变态度，而那些介入的文学作品不过是在呼求改变态度。那些被卡夫卡的巨轮碾过的人，永远无法与世界和平共处，也不再能仅仅通过作出"世界的运行方式是坏的"这样的判断就得到安慰；当对恶的统治作出一种隐忍的同意时，就会潜藏着一种认可的元素，这种认可在读了这些作品的人那里被焚毁了。

然而抱负越大，遭遇挫伤和失败的可能也越大。那些远离了客观的表征，离开了可理解的清晰意义的绘画和音乐，明显会让它们自己丧失紧张，这个失去紧张的情况以各种方式散布到了作为"文本"——一个令人讨厌的行话——的文学中。这样的作品已经飘向了冷漠的边缘，不知不觉地退化为渺小的艺术癖好，退化为对一些已被其他艺术抛弃的公式的无聊的重复，退化为一些琐屑的样式。而正是这样一种发展，为那种粗糙地呼唤介入文学的声音提供了口实。本来艺术上的形式结构正是要挑战虚假的实证主义式的意义呈现的，现在却会很容易滑向另一种空虚，另一种实证主义的安排，空洞地摆弄着各种元素。它们于是跌落到了它们想逃脱出来的那个领域。一个极端的例子是文学非辩证地将自己与科学混同起来,并且徒劳地努力去与控制论相融合。在这里两个极端相遇了:那种切断交流的最后一个线头的创作成了交流理论的捕获物。在对意义的确定的否定①和一种指向无意义性的坏的实证主义之间,是很难画出一条牢固的标准以使一个勤勉的士兵为之守卫的。这样一条界线也完全不能因对人性价值的追求或对机械的诅咒而被轻易画下。艺术作品就其存在的本性来讲一定站在合理性——这个合理性征服了自然——的牺牲品一边,但即便在它们反抗的过程中,它们也会被牵连在这样一个合理化的过程里。而如果它们想脱离与这个合理化过程的关系,它们就会变成在美学上和在社会意义上都无力的、像黏土一样的东西。每一个艺术作品的组织原则和统一原则都是从那种合理性那里借来的,尽管艺术作品努力在否认这种合理性所声称的那个总体性。

在法国人和德国人的意识的历史里,介入的问题是以相反的方式被提出来的。在法国,公开地或未公开地,美学被"为艺术而艺术"的原则所主导,而这个原则又和学院的保守倾向有着联盟关系。② 这就能解释种种对"为艺术而艺术"的反叛。在法国,即便是最极致的先锋艺术也会有一些装饰性的诱惑力,而就是因为

---

① 确定的否定,英语为 determinate negation,阿多诺这一重要的美学概念承自黑格尔,是他赋予他最理想的艺术的一个重要特质。——译注

② "我们很清楚纯艺术和空洞的艺术是同一回事,而美学纯粹派运动是上个世纪资产阶级的一个巧妙策略,他们宁愿自己被抨击为市侩,也不愿意自己被斥责为剥削者。"参看萨特:《什么是文学?》,第 17 页。

这个原因,在那里呼唤对存在的重视,呼唤介入,听起来就是革命的了。在德国,情形则完全相反。尽管是一个德国人率先以纯粹的和不受侵蚀的方式提出要让艺术自身建立一种趣味标准,要让艺术从外在目的那里解放出来,但是在一个深受德国观念论影响的传统里,这个提法还是常常遭到怀疑。这个观念论传统的第一个著名的文本就是被指导老师们奉为思想史圣经的席勒的《论作为一种道德机构的剧院》(*Treatise on the Theatre as a Moral Institution*)。这种对艺术自律的怀疑,并非很大程度上源自伴随着这个怀疑的、将精神提升到绝对者的那种态度———一种德国哲学里越来越狂妄自大的态度。毋宁说,这种对艺术自律的怀疑是如下一个方面激起的,这个方面即任何不再内含别的动机的艺术也都依然向社会呈现。这样的艺术会让我们记起一种感性愉悦,甚至哪怕是——事实上特别是最极端的不和谐也能以一种升华和否定的方式参与到这种愉悦中来。德国的思辨哲学让一个艺术作品内在包含着超越的源泉,于是它的内在意义就总是要比作品本身更深远——但也因此就会向艺术要求一种行为良善的资格证书。根据这样一种潜在的传统,艺术作品就不应该为自己存在,因为如果它为自己而存在,它就会成为一种柔弱的源泉——正如柏拉图那个胚胎状的国家社会主义以一种经典的方式对艺术所污蔑的那样——并因此会成为迈向外在行动的障碍,而这成了德国人的原罪。这样的败兴之人、禁欲主义者、道德主义者,让我们想起路德或俾斯麦这样的名字,他们是无暇去获得美学的自律性的。而且在"绝对律令"这样的痛苦情境里,也有一种奴性地服从他律的潜流。这个"绝对律令"事实上一方面是理性自身,另一方面则是一个要被盲目遵守的绝对命令。而在五十年以前,格奥尔格和他的圈子还曾经被攻击为法国化的美学家。

今天，那些炸弹也炸不走他们身上的洋洋自大的老顽固，和那些对新艺术所谓的不可理解性愤怒不已的市侩联合在了一起。而这些攻击之中的一个潜在冲动，是小资产阶级对性的憎恨，西方的道德主义者和社会主义现实主义的意识形态理论家在这个地方有了一个共同的基础。但没有哪一种道德恐怖可以禁止艺术作品在它这一边给它的观众提供愉悦，哪怕仅仅是一个形式的事实，一个暂时离开实践目的的强迫而带来的短暂的自由的事实。托马斯·曼把艺术的这个特性称为"高级精神"，这是一个那些崇尚道德的人所不能忍受的概念。布莱希特自己并非没有禁欲主义的特征，这种禁欲主义以一种变异的形态，即在他对将任何伟大的自律艺术变成消费品的抵制中表现出来——他正确地嘲笑为烹调艺术；但是他过于智性，以至于不知道不管作品多么冷酷，愉悦也是不能在整体的美学效果里被忽略的。将美学对象优先考虑为纯粹的再塑形的对象，这并非在隐秘地贩运消费，并因此想取得虚假的和谐。尽管愉悦的片刻哪怕从作品的效果中被完全清除了也还会持续回归，但笼罩自律艺术的原则并不是它们的总体效果，而是它们的内在结构。艺术是作为一种非概念的对象而被认作知识的。这是它们的高贵性的来源。这不是那些必须要劝说人们去相信的东西，因为这是被直接给到人们手上的东西。这就是为什么在今天的德国，得到鼓励的应该是自律艺术而不是介入艺术。介入艺术太容易赋予自己种种高尚价值了，然后它就可以随心所欲地操纵它们。这在法西斯主义统治时期也是一样，没有哪一种暴行在犯下的时候是没有道德虚饰的。而今天在德国鼓吹道德和人性的人不过是在等待一个机会，这个时机可以让他们去迫害那些为他们的规则所谴责的人,并且去在实践中执行与他们在理论上对现代艺术进行指控时做出的一样的非人性的事情。在德国,介入往往意味着重复人们已说过的话,或至少是说人们内心想听的话。而在艺术里,"信息"的概念——即便这"信息"在政治上是激进的——也已经包含了对世界的一种调整适应的态度:演讲者的站立姿态已经包含着和听讲者的一个暗中约定,而这样的听讲者如果想让自己从谎言中被拯救,那么他就只能拒绝这个约定。

那种符合介入文学原则的文学,同时也符合市侩的道德主义要求的文学,它声称为人存在,然而却背叛了人,因为它诽谤那些可以帮助人的艺术,而只是因为那些艺术没有摆出帮助别人的姿态。但如果因为这个情况,又有一种文学得出结论说它可以是面向自己的一种法则,并且只为自己存在,那么它就同样沦为了一种意识形态。艺术,即便在它反对社会的时候,也依然是社会的一部分,所以它必须让自己的眼睛和耳朵紧贴着社会:它无法从社会的非理性阴影下逃脱。但当它对这一非理性发出呼喊,将这一种非理性认作它的存在理由,它就将这个非理性施下的诅咒转换成了神圣的正义。即便在一个最纯粹化的艺术作品里,也藏着一个"事情应是另一种样子"的声音。如果一个作品仅仅是自己而不是另外的东西,比如说它自己像是一个纯粹的、假的科学建构,那么它就变成了一种糟糕的艺术,更精确地说就成了一种前艺术的东西。然而艺术真正的决断片刻,是通过艺术作品自身的形式而不是其他什么东西获得中介的,这时艺术作品完成了一个结晶化的工作,它提供了另外的情景与条件的一个类比、一个应然世界的类比。一个被建构或生产出来的对象,一件艺术作品,包括那些文学艺术作品,指向的是一个它到目前为止被戒除的实践,即对一个公正的生活的创造。这样一种中介并非介入艺术和自律艺术二者的妥协,也不是将先进的形式元素和由真的或假定的进步政治激发的知性内容混合在一起。艺术作品的内容绝不是那些被灌输到艺术里的思想。如果它是什么的话,它是这种东西的反面。

然而,对自律作品的强调本身也具有社会政治的特性。此时此地到处是对真的政治的各种假装,同时是哪里也没显出要融化的不断僵化的历史关系,这些情况迫使思想要努力走向那些不会让自己贬损的地方。今天,每一个文化现象,即便是那些独立完整的典范艺术,都特别容易在这样一个庸俗的文化环境里被窒息。但是悖论性地,也就是在同一个时刻,正是艺术作品被要求担起重担,去用一种无言的形式声张那些被政治禁绝的东西。萨特自己在一个段落里表达了这个真理,这显示出了他的诚实。①现在不是政治艺术的时代,但是政治转移进了自律艺术,并且越是在看上去政治死掉的地方,越是政治出现的地方。比如卡夫卡的关于玩具手枪的寓言,在那里一个与非暴力相关的想法和一个对政治走向瘫痪的最初意识融合在了一起。保罗·克利也在介入艺术和自律艺术的争论中拥有一席之地。他的画作是一种卓越的写作,所以有文学的根源,而如果没有文学根源,或者没有将文学消耗在其中的话,就不会是那些作品了。在一战期间或刚刚结束的那段时间,保罗·克利画了威廉二世皇帝的漫画,把他画

---

① 萨特:《存在主义是一种人道主义》(*L'Existentialisme est un Humanisme*, Paris, 1946),第 105 页。

成一个非人的"钢铁食客"(iron-eater)①。在这之后的1920年,我们可以很清晰地看到这里的发展——这幅画变成了《新天使》(*Angelus Novus*),一个机器的天使这样一个形象,尽管不再有讽刺画的象征意味或一种介入,却远远高于讽刺或政治介入。这个机器天使神秘莫测的眼睛迫使它的观看者努力去决断,它是在宣告灾难到达顶点还是在宣告其中隐藏的救赎。但是,正如这幅画的拥有者本雅明所说的,这是一个不再给予而只是拿走的天使。

英译者:弗朗西斯·麦克唐纳(Francis McDonagh)

---

① 德语原词为 Eisenfresser,是"吹牛大王"的意思,讽刺威廉二世是夸夸其谈的吹牛大王也说得通。但是这个合成词的两个部分 eisen 和 fresser 分别是"铁"和"食客"的意思,所以也可以直译为"钢铁食客"(英译为 iron-eater,也是保留了这种拆分出来的意思)。克利的讽刺画画了一个有金属材料外观的天使形象,用来讽刺德皇威廉二世是一战德国方面的战争煽动者和总指挥,是"战争天使"。用"钢铁食客"这个不太通顺的译法,是为了保留这一层显然阿多诺也很清楚的讽刺意味。——译注

作为结语的反思

弗雷德里克·詹姆逊

不只是在政治历史中,那些被忽视的注定要重新出现;诸多近年来的"后马克思主义"文献证明了一种事实,即那些试图去"超越"马克思主义的主张,通常都以重新发明更古老的前马克思主义立场而告终〔从一再出现的新康德主义的复兴,到最近尼采主义的回归,这一回归经由休谟和霍布斯而发生,并一路上溯至前苏格拉底哲学〕。甚至在马克思主义自身内部,那些问题——如果不是问题的结论的话——也早已被提出来过,那些更古老的论争浮出水面:马克思与巴枯宁、列宁与卢森堡、民族国家问题、土地问题、无产阶级专政问题,它们萦绕并困扰着那些认为我们现在可以转向别的问题而把过去抛在身后的人们。

就"被压抑者的复归"而言,没有比"现实主义"和"现代主义"之间的美学论争更引人注目的了。在当下,对这一论争进行定向和重新讨论对于我们来说仍然是不可避免的,尽管我们可能觉得两种立场在某些意义上都是对的,但任何一种都不会再被全盘接受了。这一争论本身比马克思主义更为古老,在一个更长时段的视野里,我们也许可以说它是 17 世纪的**古今之争**(*Querelle des anciens et des modernes*)在当代的政治性的重演——那是美学第一次正面遭遇历史性(historicity)的难题。

在20世纪的马克思主义中,现实主义与现代主义论争的导火索是表现主义在二三十年代的德国左翼作家之中活生生的存在和它持续的影响力。1934年,卢卡奇对表现主义进行了毫不留情的意识形态批判,这为布洛赫、卢卡奇、布莱希特、本雅明和阿多诺之间一系列互相关联的辩论和对话搭建了舞台,这些交锋都收入这个文集中。这些交锋的很大一部分魅力其实来自各种逻辑可能性轮流迅速生成的内在活力,以至于它很快就延伸到表现主义这一局部现象之外,甚至延伸到现实主义的理想形态之外,将通俗艺术、自然主义、社会主义现实主义、先锋派、媒介,最终是整个现代主义——政治的与非政治的——都纳入自己的问题视野之中。今天,论争中许多基本的主题和关切经由法兰克福学派,尤其是马尔库塞,传播到了20世纪60年代的学生与反战运动中,同时,布莱希特的复兴确保了它们在戴格尔圈①那样的政治现代主义的支持者间的传播。

德国表现主义的遗产,比起它当时在法国的对手超现实主义,为马克思主义内部这一重大论争的发展提供了一个更为合适的框架。因为在超现实主义者的写作中,尤其是在布勒东②那里,

---

① Tel Quel 意为"如原来的样子"(as such),常见译法还包括"太凯尔""如是""原样"等。戴格尔圈(Tel Quel group)是由法国学者组成的思想团体,创办了先锋文学杂志 *Tel Quel*,对20世纪60年代结构主义和符号学的发展产生了重要影响,罗兰·巴尔特、朱莉娅·克里斯特娃等均与这一团体有密切交往。——译注

② 安德烈·布勒东(André Breton, 1896—1966),法国作家、诗人,超现实主义创始人,1924年编写《超现实主义宣言》。——译注

大部分现实主义的问题根本不需要被提出；这首先是因为从一开始他们就没有将小说视为一种形式。而他们在法国的主要对手萨特——在那一代作家中唯一一个没有听从超现实主义指挥的重要作家，他的"介入"概念后来被阿多诺视为政治性美学的原型——那里，现实主义与现代主义的两难困境也同样不成为问题，但却是出于相反的理由：在他对文学性质和功能的概述中，已经预先排除了诗歌艺术，特别是抒情诗〔见《什么是文学？》〕。因此在法国，在以**新小说**(Nouveau roman) 和**新浪潮**(Nouvelle vague)、戴格尔圈和"结构主义"为代表的第二次现代主义〔或后现代主义〕浪潮到来以前，**叙事**的领地——这个现实主义和现代主义在别处激烈争夺的领地，实际上已经被两方提前划分好了，仿佛处于一种相安无事的分隔状态。如果说叙事的问题在这里收录的文本中不那么突出的话，也部分是因为卢卡奇的主要例证是小说，而布莱希特主要的活动领域是戏剧。而自他们辩论的时代起，电影在艺术生产领域日益上升的影响力〔见证了布莱希特与戈达尔经常被并置的情况〕同样提醒着人们，媒介和体裁上的结构性差异在加剧现实主义／现代主义之争的两难困境的情形中，起着越来越重要的作用，而这是论争的早期参与者没有预见的。

不仅如此，美学自身的历史也表明，德国文化内部的马克思主义论辩中一些更具悖论性质的转变，来自"现实主义"这一概念的内在矛盾，这一概念与传统美学范畴，如喜剧、悲剧，或是抒情诗、史诗、戏剧相比，有着令人不安的巨大体量。后者，无论它们在这个或那个哲学体系里被诉诸何种社会功能，都仅仅是美学概念，在分析和评价它们时无须在美的现象或艺术性活动之外寻找参照物〔这些范畴把"美学"的概念孤立起来，建构成一个单独的领域,使之独立发挥作用〕。然而,现实主义概念的原创性,正在于它宣称自身具有认知和审美的双重地位。它是一种与资本主义条件下的世界的世俗化过程同时发生的新价值;现实主义的理想预设了这样一种美学经验的形式:它是美学经验,却又声称与真实(the real)自身绑缚在一起,也就是与知识和实践的领域绑缚在一起,而知识和实践领域在传统上一直与审美领域——以无功利性判断和作为纯粹表象的构造为特征——区分开来。但让现实主义这两方面的特质同时得到充分展开是十分困难的。在实际操作中,对认知功能的过分强调往往导致对艺术话语中必要的虚构特质的简单否定,甚至以政治斗争的名义摆出破除因袭的姿态,宣称"艺术终结"。而在这一概念张力的另一极,则是如贡布里希或罗兰·巴尔特这样的理论家所强调的,凭借"技巧"可以制造关于真实的"幻觉"或**真实的效果**(effet du réel),由此他们偷偷摸摸地将现实主义的"现实"转化为表象,从而削弱了它自身关于真实——或曰指涉性——的价值的主张,而正是这一主张使现实主义区别于其他的文学类型〔在卢卡奇后期著作中包含的诸多隐秘的戏剧性事件中,无疑包括熟练处理这个仿佛走钢索一般的问题,即使在他最富意识形态性的或最"形式主义的"工作中,他也从未真正跌落下来〕。

但这不是说现代主义的概念,这个现实主义的历史对应物、它的辩证的镜像概念,就不是同样地矛盾丛生;[1]在某些方面,如

---

[1] 关于现代主义理念的内在矛盾的补充性分析,参看保罗·德曼:《文学史与文学现代性》("Literary History and Literary Modernity"),收入《盲点与洞见》(Blindness and Insight, New York, 1971)。

果我们将这些矛盾与现实主义自身的矛盾并置在一起,会很有启发。我们足以观察到,以目前的状况,它们当中的任何一组矛盾都无法被充分理解,除非把它们重新放置在更广阔的历史性危机的语境下,并将这些矛盾看作当一种辩证性的批评试图让日常语言在两个相互排斥的层面——绝对性的层面〔在这种情况下,现实主义与现代主义都转向了如抒情诗或喜剧这样的无时间性的抽象范畴〕和相对性的层面〔在这种情况下,它们又不可阻挡地转回到古文物研究术语的狭窄范围之中,只被用于描述历史上特定的文学运动〕——上同时发挥作用时所要面对的困境。然而,语言并不那么平和地顺从于想要辩证地使用这些术语的尝试;换言之,即使是相对的,甚至是已经从考古学历史中消失的概念,也仍然向我们传递着某种微弱却绝对的主张。

  同时,后结构主义又为现实主义与现代主义之争添加了另一个不同的参数,这个参数就像叙事问题或历史性问题一样,暗含在最初的交锋中却很少被阐释或被主题化。福柯、德里达、利奥塔和德勒兹等思想家将现实主义作为一种价值吸收到"模仿"这一古老的哲学概念中,并通过对"再现"(representation)的意识形态效果进行柏拉图式的攻击,重新定义了现实主义与现代主义之争。在这个新的〔也是古老的〕哲学论争中,原初讨论的诸多论点的地位意外地被抬高,而那些原本主要聚焦于政治领域的问题,则增添了形而上学〔或反形而上学〕的含义。这些哲学武器当然是为了增强现实主义捍卫者们的防御力;但我的感觉是,在我们还未能将它的作用放入意识形态理论自身的领域进行思考之前,我们无法充分估量攻击"再现/表象"的后果以及后结构主义大体上带来的后果。

无论怎么说,显而易见的是,如果预先就确知现实主义与现代主义其中一方会赢得胜利,它们之间的争论就会变得索然无味。布莱希特与卢卡奇的这场论争是为数不多的势均力敌的论争之一,论辩双方在当代马克思主义的发展中都占据了无比重要的地位:一位是重要的艺术家,可能还是共产主义运动产生过的最伟大的文学家;另一位在那个时代的哲学家中占据了核心地位,并且继承了整个的德国哲学传统,并特别强调将美学作为独立的研究领域。诚然在最近关于这场论争的解释①中,布莱希特与卢卡奇相比似乎占据了上风,相较于卢卡奇所宣扬的"高雅"文化,布莱希特的"平民"风格和帅克式的身份认同如今被证明更具吸引力。② 在这些阐释中,卢卡奇通常被视为一名教授,一个修正主义者,一个斯大林主义者——总而言之,正如马克思描述他同时代的激进分子关于黑格尔的普遍看法时所说的:"就像大胆的摩西·门德尔松在莱辛的时代将斯宾诺莎视为

---

① 参看沃纳·密滕茨威:《布莱希特与卢卡奇的论争》("Die Brecht-Lukács Debatte"),《论证》(*Das Argument*),1968 年 3 月,第 46 页;尤金·伦恩:《斯大林与希特勒时代的马克思主义与艺术:布莱希特与卢卡奇的比较》("Marxism and Art in the Era of Stalin and Hitler: A Comparison of Brecht and Lukács"),《新德国批评》(*New German Critique*)第 3 期(1974 年秋),第 12—44 页;以及更早期的评论,赫尔格·加拉斯:《论〈左翼阵线〉(1928—1932)》["Die Linkskurve(1928—1932)"],《无产阶级革命作家联盟的马克思主义文艺理论论争》(*Marxistische Literaturtheorie-Kontroversen im Bund proletarisch-revolutionärer Schriftsteller*, Neuwied, 1971)。

② 尤金·伦恩:《斯大林与希特勒时代的马克思主义与艺术:布莱希特与卢卡奇的比较》,《新德国批评》第 3 期,第 16—18 页。

'死狗'一样。"①

考虑到卢卡奇以一己之力使表现主义论争转向了关于现实主义的讨论,并迫使表现主义的辩护者们站在他划定的战场、用他的表述形式为表现主义辩护,他们对他的恼怒也是可以理解的〔布莱希特对他的敌意在这些文本中尤为生动地展现出来〕。另一方面,这样一种横加干涉与其他各种事情一起使卢卡奇成为20世纪马克思主义的核心人物——特别是他毕生对在任何革命政治中文学与文化的重要性的坚持。他在此的奠基性贡献是发展了一套中介(mediation)理论,去揭示从前看起来是纯粹形式性的审美现象中的政治性和意识形态性的内容。最著名的一个例证就是他从物化的角度对自然主义静态描写的"解码"。② 然而同时,正是这种研究思路——它本身暗含着对传统的内容分析的批评和否定——使得布莱希特将卢卡奇的方法描述为"形式主义的":布莱希特这里所说的形式主义,是指卢卡奇对于从艺术作品的纯粹形式属性中推断政治与意识形态立场这种可能性,有一种毫无根据的自信。这种指责来自布莱希特作为戏剧家的经验,他在这种实践中建构了一种表演的美学和一种对艺术作品的观点,而它们都基于一种与卢卡奇特定的研究对象——小说——的个

---

① 这里的"大胆"是一种讽刺。在莱辛时代,斯宾诺莎被门德尔松等人视为无用的"死狗"一样的存在;在马克思的时代,激进分子们也同样将黑格尔视为无用的、过时的存在。在20世纪70年代,卢卡奇也面临着同样的命运。——译注

② 集中见于《叙述还是描写?》("Narrate or Describe?"),收入卢卡奇:《作家与批评家》(*Writer and Critic*, London, 1970)。

人性阅读与资产阶级大众的个人化特质截然相反的条件与情境。那么，布莱希特因此就可以被列入如今反对"中介"这一特定概念的阵营吗？我们可能最好将布莱希特对卢卡奇的形式主义的攻击〔连同布莱希特的口号"朴拙①地思考"〕放在一个不那么哲学的，而是更具实践性的层面上，视为一种疗救性的警告，它针对的是在所有此类意识形态分析中存在的唯心主义的永恒诱惑，以及知识分子对不再需要任何外部检验的诸种方法的专业性癖好。于是这里出现了**两种**唯心主义：一种是常见于宗教、形而上学或文学领域的；另一种则是在马克思主义内部潜藏的、无意识的唯心主义危险，它深深地内在于这个以脑力劳动与体力劳动的分工为突出特征的世界关于"科学"本身的理想之中。知识分子与科学家对这种危险再怎么警惕也不为过。与此同时，卢卡奇关于中介的论述，尽管有时略显粗浅，但也可以被解读为一个当下意识形态分析领域最有趣的工作的先驱——今天的意识形态分析工作吸收了心理分析和符号学的成果，试图建构一个"文本"的模型，将文本视作一个复杂的、象征性的意识形态操作。对"形式主义"——它与卢卡奇的实践有着显而易见的关联——的批评由此也许可以广泛地延伸到今天的研究和思考中。

对"形式主义"的指责只是布莱希特对卢卡奇立场进行攻击的一个方面；它必然和相应的结果就是对卢卡奇使用这一方法得出的意识形态判断的不满。最主要的例证就是卢卡奇当时对于

---

① 德语为 Plumpes，表示一种天然的、粗略的状态。在布莱希特的语境下，意在强调不过度陷入知识分子式的、精致的、思辨性的思路，因此译为"朴拙"。——译注

表现主义和社会民主党〔特别是德国独立社民党,USPD〕内部思潮——更不用说法西斯主义——之间的关联的控诉,这引发了德国流亡作家内部关于现实主义的辩论,布洛赫专门撰文对此进行了细致的驳斥。当然,没有什么比给文本和思想对象迅速贴上阶级标签〔通常是"小资产阶级"的标签〕更能损害马克思主义的声誉了;即使是最坚定的卢卡奇捍卫者也不会否认,在卢卡奇诸多可发展的观点中,这一方面——集中体现在那篇尖锐而粗暴的《理性的毁灭》的后记中——是最不值得恢复其声誉的。但是,对阶级划分的滥用不应导向过度的反应和对阶级划分的轻易摒弃。事实上,如果没有将社会阶级作为"最终决定因素"(ultimately determining instance)的观念,意识形态分析是无法想象的。卢卡奇分析的真正错误不在于过于频繁而轻率地提及社会阶级,而恰恰是未能完整而连续地感知阶级对意识形态的作用这种关联。一个恰当的例子便是卢卡奇更加"臭名昭著"的基本概念之一:颓废。他经常将其与法西斯主义联系起来,但他更坚持颓废与一般的现代(主义)艺术与文学的联系。"颓废"的概念之于美学领域就相当于"虚假意识"之于传统的意识形态分析领域,二者有着相同的缺陷——一种常见的假设是,在文化和社会领域中,一种纯粹错误的东西是可能存在的。换言之,二者暗示了存在着没有内容的艺术作品或哲学体系,于是它们也就因为没能把握住时代的"严肃"议题——事实上是使人们的注意力从这些议题上移开了——而被谴责。在20世纪二三十年代的政治艺术图解中,这种需要受到谴责的、空虚的颓废标志便是富人们的香槟酒杯和大礼帽;他们游手好闲,日日流连于夜总会。但即便是斯科特·菲茨杰拉德和德里厄·拉罗谢尔也比这复杂得多,而从我们当下的有利视角来看,除去更加复杂的心理分析工具〔特别是压抑和**否认**(Verneinung)的概念〕,就算是那些希望延续卢卡奇对现代主义的敌对意见的人也一定会坚持这种观点:即使是在那些看起来与社会内容毫无关联的现代主义作品中,也存在着被压抑的社会内容。那么,现代主义就不再显得那么逃避社会内容——对于我们这些注定生活在历史中并直面无法调和的社会性(即使最明显的私人经验也具有这种社会性)的人来说,逃避是无论如何都不可能的——相反,现代主义通过可以被精确辨认出来的特殊设计和置换技巧,将这些经验组织、容纳进来,并用形式自身使它们隔绝在视野之外。如果是这样,那么卢卡奇对"颓废"艺术整体上的摒弃就应该让位于对它们所掩盖的社会和政治内容的质询。

卢卡奇关于艺术与意识形态之关系的观点的根本缺陷当然可以在他的政治行动中找到最终解释。他那些通常被称为"斯大林主义"的政治观点,如果更仔细地考察,可以被分成两个相当独立的问题。对他与官僚机器合谋并实施了某种文学恐怖主义〔特别是针对政治现代主义者,比如"无产者文化"(Proletkult)的诸多团体〕的指控,被他20世纪三四十年代时在莫斯科对"日丹诺夫主义"①的抵抗所推翻——卢卡奇对那种社会主义现实主义的形式的厌恶程度丝毫不亚于对西方现代主义的厌恶,但显然他无法那么自由地去公开攻击前者。"自然主义"正是那时他指称这一

---

① 指1946年由苏共中央书记安德烈·日丹诺夫制定的文化政策,要求艺术家、作家和知识分子在创作作品时和党保持一致,加强了苏联政府对艺术的领导,而未能遵守苏联政府规定的艺术家则遭到了压迫。这一文化政策在苏联占主导地位,其影响一直持续到1953年斯大林去世。——译注

形式的贬义代号。他识别出在现代主义的象征技巧和摄像式的自然主义的"坏的直接性"之间具有结构的和历史的一致性,这确实是他最深刻而辩证的洞见之一。至于他一直以来的党派身份问题,他称之为他的"历史入场券",那么多与他同时代但持对抗姿态的马克思主义者的悲剧命运和未能兑现的天赋,如柯尔施和赖希,恰恰有力地证明了卢卡奇这一选择的相对合理性——当然,在这一点上,布莱希特也是如此。一个更为严重的问题来自他美学理论中的"人民阵线主义",它预示了现代派的主观主义和过度客观性的自然主义之间一种形式上的中间状态,这一点就像亚里士多德式的(大多数经验主义者的)调和策略一样,从未引起太多知识界的兴奋,即使是卢卡奇最忠实的拥护者也并未对此表现出多大热情。就革命力量和资产阶级进步分子的政治结盟而言,倒是斯大林后来认可了卢卡奇在1928—1929年的《勃鲁姆提纲》①中提倡的这一政策,它预见了匈牙利反对法西斯专政的、第一阶段的民主革命,这是先于所有社会主义革命的一次革命。但恰恰是这个反法西斯与反资本主义策略之间的区别在今天变得难以为继,其作为一种政治纲领也越来越失去直接的吸引力,尤其是在"自由世界"的广阔领地中——在那里军事专制和"紧急状

---

① 《勃鲁姆提纲》("Blum Theses")指1928年卢卡奇为匈牙利共产党准备召开的第二次代表大会起草的政治提纲,呼吁通过类似于20世纪30年代兴起的人民阵线的策略推翻匈牙利霍尔蒂海军上将的反革命政权,主张建立无产阶级和农民的"民主专政",作为通向无产阶级专政的过渡阶段。这一提纲在当时受到共产国际的公开斥责,卢卡奇也由此从活跃的政治活动转向理论工作。——译注

态"成为常态,甚至扩张到使真正的社会革命成为现实可能的程度。从我们今天的视角来看,纳粹主义有着充满非凡魅力的领袖,并在最广泛的意义上以其特有的方式利用了新出现的通信技术〔包括交通运输工具、高速公路、广播和电视〕,看起来展现了一个不太可能重现的、在过渡期中特殊的结合;而重复性日常的折磨和镇压内乱的技术的制度化则与曾经区别于法西斯主义的那种代议制民主完美契合。在跨国公司的霸权和它们的"世界体系"之下,一种进步的资产阶级文化存在的可能性成了一个问题——这种怀疑显然直击了卢卡奇美学理论的基础。

最后,我们这个时代所关心的事物,似乎会揭示出卢卡奇著作中某种文学专制的阴影,它多少与布莱希特所抨击的那种试图规定某种生产类型的做法有着本质区别。对于当下的新论争而言,卢卡奇更多的是作为某种特殊的批评方法的拥护者而非某种特殊的艺术风格的拥护者而成为焦点——在当下的论争环境下,他的崇拜者和反对者都将他的工作视为陈旧的内容分析的里程碑。有些讽刺的是,《历史与阶级意识》的作者的名字被转化成了某种信号,就像更早期的马克思主义美学中别林斯基和车尔尼雪夫斯基的名字所释放出的信号那样。卢卡奇自己的批评实践实际上在很大程度上是以类型分析为导向的,致力于研究不同形式的文学话语的中介,所以认为他是在支持一种幼稚的模仿理论——那种理论鼓励我们像看待"真实"世界一样去讨论小说中的事件和人物——那显然是错误的。另一方面,由于他的批评实践暗示了某种完整的、不成问题的"对于现实的再现"的终极可能性,卢卡奇式的现实主义可以说支援和慰藉了文学的档案研究和社会学研究,显然这类方法对更晚近的那种将叙事文本视为一种能指的自由游戏的分析方法是抱有敌意的。而这两种明显无法调和的立场或许正是阐释过程中两个截然相异但同样不可或缺的时刻——首先对小说的再现或其密度怀有某种天真的"信念",然后将那种经验"括起来",从而去考察其中所有语言与它们声称去再现的事物之间的必然距离,即两者之间的替换和错位。无论如何,显然只要卢卡奇在这场方法论斗争中被用作一个战斗口号〔或是一个虚构出来的怪物〕,他的工作就不太可能从整体上获得一个慎重的评估。

与此同时,布莱希特,就当下人们关心的问题而言,肯定是更容易被重新解释的一个,在这些问题上,他似乎以一种未经中介的声音直接对我们说话。他对卢卡奇形式主义的攻击,只是他对现实主义总体上更加复杂也更加有趣的立场的一个方面,就现实主义问题而言,去了解他的立场中一些今天看起来有些过时了的观点应该也无伤大雅。特别是,布莱希特的美学和他对现实主义问题的界定方式,是与科学观念紧紧联系在一起的,但这个科学观念并不等同于当代马克思主义中更为科学化的潮流〔比如阿尔都塞和科莱蒂的工作〕。对于后者来说,科学是一个认识论的观念和一种抽象知识的形式,而对马克思主义"科学"的追求是与近来科学的历史编纂学的发展密切相关的——比如柯瓦雷、巴什拉和库恩等学者的成果。然而对于布莱希特,"科学"不是一个知识和认识论的问题,而是一个纯粹的实验和实践的问题,几乎可以说就是一种手工体力活动。他的"科学"更多指的就是类似于大众机械、技术、家庭化学实验设备、像伽利略之类的人所做的铸补工作的理想样态,而非科学话语中的某种"知识型"(epistemes)或"范式"。布莱希特这种特殊的关于科学的视角使他能够取消体力与脑力活动的分隔,以及由此产生的最基本的劳动分工〔尤其是工人与知识分子之间的分隔〕:它将认识世界重新与改造世界结合在一起,同时将生产的观念与实践的理想结合在一起。"科学"与实践性的、以改造为导向的活动的重新结合——它对布莱希特-本雅明的媒介分析不无影响,我们很快就会看到这一点——将"认识"世界的过程转化成一种自发产生愉悦的源泉;而这正是合理地建构布莱希特美学思想的第一步。它将"现实主义"艺术恢复到游戏原则和真正的审美愉悦的意义上来,而卢卡奇相对更加被动和更具认知导向的美学理论,曾经试图用正确反映世界这样的严峻任务去取代它。古老的艺术教化理论的困境〔去教化**还是**去娱乐?〕也由此被克服,在一个科学既是实验也是游戏的世界中,认识和实践都是生产的形式,也能以自身的形式发挥激励作用,这样一来,教化的艺术就可以被想象为一种学习和愉悦不再彼此割裂的状态。确实,在布莱希特的美学中,现实主义的观念不仅仅是一个艺术和形式的范畴,它更支配了艺术作品与现实自身的关系,展现了一种对现实的特殊姿态。现实主义的精神指示了一种积极的、富于好奇心的、实验性的、颠覆性的——一言以蔽之,**科学的**——面对社会制度和物质世界的态度;因而"现实主义的"艺术作品也就是鼓励和传播这种态度的作品,而不能只是一种扁平的、效仿的方法,或仅仅遵从模仿的条条框框。事实上,"现实主义"的艺术作品是"现实的"和实验性的态度得以在其中进行尝试的作品,这不仅仅要体现在人物角色和他们的虚构现实之间,也同样要体现在观众和作品自身之间,尤其重要的,还要体现在作家和他的材料与技术之间。"现实主义"实践的这三个维度无疑推翻了传统的模仿式作品中纯粹的再现概念。

布莱希特所谓的科学也因此在更宽泛的意义上成为非异化生产的某种形象(figure)。布洛赫会称其为一个乌托邦标志,它标志着重新统一并令人愉悦的实践让这个世界超越了异化和劳动分工的历史阶段。要想评价布莱希特思想的原创性,我们可以把他提出的科学的形象与更为传统的,尤其是资产阶级文学中的艺术形象和艺术家——他们在传统上被认为具有这种乌托邦功能——放在一起进行比较。同时,我们也必须要问,布莱希特的科学观念作为一种形象,在今天是否仍然对我们有效,或者说,它自身是否并未反省它出现在人们称之为第二次工业革命的较为原始的阶段。从这个角度看,布莱希特对"科学"的好感与列宁对共产主义"苏维埃政权加电气化"的定义,或迭戈·里维拉富丽堂皇的洛克菲勒中心壁画①〔在墨西哥城的艺术宫重新漆绘了一幅〕是一致的,其中,在微观世界与宏观世界的交会处,苏维埃新人巨大的双手握住并推动了创造的杠杆。

在布莱希特的思想中,除了他对卢卡奇形式主义的批评和他在教化式的艺术作品中将科学与美学相结合的观念,还有第三条值得关注的脉络,在很多方面它的影响最为深远,那就是**陌生化**(*Verfremdung*)这一基本概念。所谓的"陌生化效果"最常被征用于

---

① 指迭戈·里维拉为纽约洛克菲勒中心创作的壁画《十字路口的人》,主旨为"十字路口的人对未来充满希望和远见,将选择更好的未来",通过画面来表达资本主义和社会主义的对比。但因其画面内容出现莫斯科五一游行和列宁的头像,与洛克菲勒遵循的意识形态不符,最终被下令撤除。现在藏于墨西哥城艺术宫的作品是根据艺术家的妻子弗里达·卡罗拍摄的照片而进行的二次创作。在画面的中心,一个工人正控制机器。——译注

支持今天的政治现代主义理论,比如戴格尔圈的理论。① 陌生化的实践——让舞台呈现出这样一种现象,即那些曾经看起来自然的、永恒不变的东西,现在被赫然揭露为历史的,因此也就成为变革的对象——长久以来似乎为过去很多深陷煽动性说教死路的政治艺术提供了一个出口。同时,它也从革命政治的目的出发,成功地重新挪用了现代主义的支配性意识形态,并把它重新奠定在唯物主义的基础上〔俄国形式主义者的"陌生化",庞德的"日日新",历史上所有的现代主义流派都在强调艺术的天职在于改变和刷新感受力〕。今天,传统的现实主义——卢卡奇所捍卫的那种经典,还有社会主义现实主义这种陈旧的政治艺术——常常被吸纳进一种经典的关于"再现"的意识形态和一种"封闭形式"的实践中;与此同时,甚至连资产阶级的现代主义〔克里斯蒂娃那里的典范是洛特雷阿蒙和马拉美〕也被认为是革命性的,仅仅因为它们质疑了更为陈旧的形式上的价值观及其实践,并将自身打造为一个开放的"文本"。无论对这种政治现代主义的美学持有何种反对意见——我们将会保留其中一个基本的反对意见,以便我们去讨论阿多诺的相似观点——将它与布莱希特联系在一起看起来是最困难的。这不仅是因为这位《论抽象画》②的作

---

① 一个极具说服力同时又是自我批判的关于布莱希特式现代主义的论述,见柯林·麦凯布:《现实主义与电影:关于布莱希特若干论题的笔记》("Realism and the Cinema: notes on some Brechtian theses"),《银幕》,第 15 卷第 2 期(1974 年夏),第 7—27 页。

② "你说你是个共产主义者,人们要改变不再适合他们生存的世界……然而你在现实中却是个统治阶级的文化奴仆,让物质的事物变得无法识别,这在你而言可能是一种狡猾的策略,因为斗争关心的正是这些事物,而最需

者①和卢卡奇一样对纯粹的形式实验充满敌意:它可以被当作历史的或代际的巧合,或认为这不过说明了布莱希特个人品位的局限性。更严肃的问题在于,他对卢卡奇文学分析中的形式主义的抨击,对政治现代主义者们的意识形态判断这种极为不同的尝试依然具有约束力:他们依然根据"封闭文本还是开放文本"、"自然性"、抹除了作品生产过程的痕迹等这样的纯粹形式特征来进行意识形态判断〔革命的或是资产阶级的〕。例如,毫无疑问,对"自然"的信念是意识形态的,而大多数资产阶级艺术都致力于贯彻这种信念,不仅以其内容,也通过对其形式的体验来贯彻这种信念。然而在不同的历史条件下,自然的观念也曾经是一个具有真正革命性功能的颠覆性概念,只有对具体的历史和文化情势的分析才能告诉我们,在晚期资本主义的"后自然"世界,自然的范畴是否无法再次获得批判性的能量。

现在,我们需要对资本主义及其文化自布莱希特和卢卡奇的时代以来——在那时,他们给出了各自关于马克思主义美学和马克思主义的现实主义观念的答案——所发生的根本性变化作出一个评估了。之前提及的纳粹主义的过渡性特征——卢卡奇的诸多基本立场都带上了那个时代的特征——同样也对布莱希特的立场有着影响。在这里,我们必须强调布莱希特的美学与他和本雅明共同提出的媒介及其革命性可能的分析之间不可分割的

要你的主人们为之负责的,正是充满了事物的世界。"布莱希特:《论抽象画》(*Über gegenstandslose Malerei*),《文学与艺术论文集(二)》(*Schriften zur Literatur und Kunst* II, Frankfurt, 1967),第68—69页。

① 指布莱希特。——译注

关系，其中最为人所熟知的便是本雅明的著名论文《技术再生产时代的艺术作品》。① 布莱希特和本雅明还未感受到在大众观众/媒介文化与少数"精英"的现代主义之间严酷的二选一所带来的巨大压力和约束；而当我们今天思考美学问题时，已经深陷这种二元对立的状况之中无从逃避。相反，他们预见了一种对通信技术的革命性应用，可以让那些在艺术技巧中最突出的进步成果——比如"蒙太奇"之类的效果，我们今天一说起它就几乎只会联想到现代主义——立刻为政治动员和教化目的所用。因此，布莱希特的"现实主义"概念要涵盖这个方面才算完整，即艺术家有能力去运用最复杂的现代技术向最广大范围的公众发声。如果说纳粹主义自身是对媒介出现的较早期、因而也是相对原始的阶段的回应，那么本雅明用于攻击纳粹主义的文化策略也是如此，尤其是他关于艺术的革命性取决于它在技巧上〔和技术上〕的"先进"程度这一论断。在当今媒介社会日益发展的"总体系统"（total system）中，我们遗憾地无法再分享这种乐观。然而，如果没有了这一点，一个独特的政治现代主义的规划就无法区别于其他类型的规划——现代主义的特点之一就在于它意识到了公众的不在场。

---

① 参看《启迪》。还可参看《作为生产者的作家》，见《理解布莱希特》。关于激进的媒介理论的进一步发展，参看哈贝马斯：《公共领域的结构转型》（Strukturwandel del Öffentlichkeit, Neuwied, 1962）；恩岑斯贝尔格：《意识工业》（Consciousness Industry, New York, 1974）；奥斯卡·内各特、亚历山大·克鲁格：《公共领域与经验》（Öffentlichkeit und Erfahrung, Frankfurt, 1973）。

换言之，我们自己的处境与20世纪30年代的一个根本不同，就在于晚期垄断资本主义最终浮现出一种充分成熟而确定的形式，它被称为消费社会或后工业社会。这是阿多诺在二战后的两篇论文中所反思的历史阶段，其重点与本书收录的那些二战前的材料有明显的不同。我们回想一下就很容易确认，由于他们各自的政治实践，卢卡奇**和**布莱希特**都**被阿多诺否定了，阿多诺的这种批评因此被视为反共的典型案例，现在这已经因冷战结束而显得过时。而与当下语境更为相关的，是法兰克福学派的"总体系统"的假设，它表达了阿多诺和霍克海默所感受到的：这个世界被日益严密地组织进一张由媒介技术、跨国公司和国际官僚机构控制组成的密不透风的网络。① 无论"总体系统"的观念有多少理论价值——在我看来，在它没有完全脱离政治的地方，它鼓励了一种反对马克思主义自身的无政府主义的复兴，也可以被用于为恐怖主义辩护——我们至少会同意阿多诺的看法，即在文化领域，无处不在的系统连同它的"文化工业"或〔恩岑斯贝尔格的变体〕"意识工业"，给一切更早的、更简单的反抗性艺术制造了一种极不适宜的环境，无论它是卢卡奇提出的，还是布莱希特创造的，或是本雅明和布洛赫以各自的方式所赞美的。这个系统有力量去收编、平息即使是最具潜在危险性的政治艺术形式，将其转化为文化商品〔看吧，如果需要更进一步的证明，那生机勃勃的"布莱希特产业"自身就是可怕的例子！〕。另一方面，也不能说阿多诺对这一论争的令人惊异的"解决方案"更令人满意——他提出

---

① 关于这个立场，在法国更新的变体——比如让·鲍德里亚——扩大了这个模型去涵盖这个新的反乌托邦协约中的"社会主义阵营"。

将高峰现代主义自身的古典阶段视为最"纯正的"(genuine)政治艺术的原型〔"这不是政治艺术的年代,但政治已经转移到了自律艺术的领域,这个看上去政治已经销声匿迹的地方,恰恰是政治最突出的地方"〕,并提名贝克特为我们这个时代最具真正革命性的艺术家。诚然,阿多诺最卓越的一些分析——比如,他在《现代音乐的哲学》中关于勋伯格和十二音系统的讨论——记录了他的主张,即最伟大的现代艺术,即使表面上是最"不政治"或"反政治"的,也实际上竖起了一面镜子,映照出晚期资本主义的"总体系统"。然而回过头看,在如今这个政治和历史的低迷让对立双方都陷入苦恼,并且使得实践自此变得不可想象的时期,这似乎又成了对卢卡奇式美学"反映论"最出乎意料的复兴。而对于现代主义意识形态这次新的、最终却再一次陷入反政治的复兴来说,最致命的不是阿多诺对卢卡奇的攻击中的含糊修辞,或是他在阅读布莱希特时的党派偏见[1],而恰恰是在消费社会中现代主义自身的命运。现代主义在20世纪早期曾是反抗性的、反社会的现象,在今天却成了商品生产中的主流风格,以及商品生产自身愈发快速、愈发高要求的再生产机制中不可或缺的组成部分。勋伯格在好莱坞的学生用他们的先进技巧去创作电影音乐,最新

---

[1] 一个具有开创性的关于阿多诺阅读《高加索灰阑记》的马克思主义式的纠正,参看达科·苏文《布莱希特〈高加索灰阑记〉与马克思式的比喻:像打开历史一样打开戏剧学》("Brecht's *Caucasian Chalk Circle* and Marxist Figuration: Open Dramaturgy as Open History"),该文收入诺曼·鲁迪克(Norman Rudick)编《批评的武器》(*The Weapons of Criticism*, California, Palo Alto, 1976)。

的美国绘画流派的杰作被用来装饰知名保险公司和跨国银行富丽堂皇的新大厦〔这些新建筑也是最有才华的、最"先进的"现代建筑师的作品〕，这种种现象也不过是一种情形的外在症候：一种曾经被认为不甚光彩的"感官艺术"已经找到了其社会的和经济的功能，即在当今的消费社会中，提供一种必要的风格更迭。

与我们主题相关的当代状况的最后一个方面，是在社会主义自身内部自大约四十年前表现主义论争发表于《言论》后发生的种种变化。如果在资本主义条件下政治艺术的核心问题在于同化收编，那么在社会主义框架下最重要的问题之一必定依然是布洛赫称之为**遗产**（*Erbe*）的问题：在未来将要形成一种单一的国际性的文化的情况下，如何运用过去的世界文化；在致力于建设社会主义的社会里，如何处理各种各样文化遗产的位置和影响。布洛赫的问题构想很明显是对卢卡奇狭隘的论辩——这一论辩只局限于欧洲资产阶级传统的现实主义小说家——的一次策略性转化，他扩大了论战的框架，使得各种各样的艺术都得以被包括进来，无论是通俗艺术还是农民艺术、前资本主义艺术还是"原始"艺术。这需要在特定语境下来理解：布洛赫正在进行某种意义深远的尝试，他试图为马克思主义重新发明乌托邦的概念，并试图将这一概念从马克思和恩格斯对圣西门、欧文和傅立叶等人的"乌托邦社会主义"的正确批评中解放出来。布洛赫的乌托邦原则旨在震动社会主义思想，将它从狭隘的自我定义中松绑，那种明确的定义本质上反而延伸了资本主义自身的范畴，无论通过否定还是接纳的方式〔像工业化、中心化、进步、技术甚至生产这样的术语，都倾向于将它们自身的社会局限性和既有选项强加于使用它们的人身上〕。在卢卡奇的文化思考那里，他强调了资产阶级秩序和从其中发展而来的社会秩序的连续性,而在这些地方,布洛赫则认为更有必要从彻底的差异性方面——从与资本主义这个特定的过去更加绝对的断裂的方面,或者从更新和恢复某种更加古老的社会形式的真理性(truth)的方面——去思考"向社会主义过渡"这一问题。确实,更新的马克思主义人类学研究提醒我们——从我们的"总体系统"内部出发——更古老的部落社会和前资本主义社会与资本主义社会之间有着根本性的差异;在这个对非常久远的过去的兴趣似乎不太能再引发令人感伤的、民粹的神话的历史时刻——在 19 世纪末 20 世纪初,马克思主义还不得不与这种神话斗争——对前资本主义社会的回忆现在可能成为布洛赫的乌托邦法则以及对未来进行发明的重要元素。从政治上讲,在社会主义过渡时期,马克思主义关于"无产阶级专政"的必要性的经典观点——也就是收回那些试图复辟旧秩序的既得利益者的实际权力——当然没有变得过时。但是一旦我们把它与文化革命——其中包含了对所有阶级的集体再教育——的必要性放在一起思考时,它就可能会在概念上发生转化。从这个角度来看,卢卡奇对伟大的资产阶级小说家的强调看起来是最不足以应对这一任务的,但是,那些伟大的现代主义作品里的反资产阶级锋芒同样也显得不合时宜。于是,布洛赫关于"遗产"的思考,关于历史上被压抑的文化差异的思考,关于发明一个完全不同的未来的乌托邦法则的思考,将在现实主义与现代主义之争逐渐隐退到我们身后之时第一次获得它应有的承认。

但显然在西方,或许在其他地方也是一样——这样一个乌托邦时刻还在远处。在我们现在的文化状况下,如果说有什么的话,现实主义和现代主义两种选项都让我们觉得难以忍受:现实主义是因其形式而复活了某种社会生活更加古老的经验〔经典的市中心,传统的城乡对立〕,但它在这个消费社会已经开始衰败的未来中将不复存在;现代主义则是因为在实践中证明了其矛盾性较之于现实主义更为尖锐。在今天,不断求新的美学——它已经被加冕为批判性的和形式上的主流意识形态——必须极力以更快的速度旋转其自身的坐标轴来更新自己:现代主义依然在追求现代,但它试图变成后现代主义。因此今天,在抽象艺术自身成了一种令人厌倦的惯例之后,我们正在目睹一场意料之中的形象艺术的回归,但这次的形象艺术——所谓的超级现实主义或照相写实主义——其实不是对事物本身的再现,而是对事物的照片的再现:这样一种再现的艺术,正是真正"关于"艺术本身的艺术!与此同时,在文学中,在对无情节的小说或诗化小说的厌倦中,错综复杂的剧情得以回归,但它并不是通过对剧情的再发现,而是通过对更古老的叙事的拼贴和对传统叙事声音的非人格化模仿达成的,就像阿多诺在《现代音乐的哲学》中批判的斯特拉文斯基对古典乐的拼贴一样。

在这些情况下,确实会有一种疑问浮出水面:是否现代主义的终极更新,对现在自律化的、感官革命的美学传统的终极辩证颠覆,可能不就是……现实主义自身!当现代主义及其相伴的"陌生化"技巧已经成了使消费者与资本主义和解的主流风格,碎片化的习惯自身就需要被"陌生化",并被一种更加总体化的观察现象的方式所纠正。① 在某种出乎意料的结局里,可能是卢卡

---

① 例如斯坦利·阿洛诺维茨关于电影的具有启发性的评论。"不像日本和欧洲电影制作人所作出的重要努力那样,使镜头直接集中于动作,允许

奇——尽管在20世纪30年代他可能是错的——在今天给予了我们某种暂时性的定论。不过这个特殊的卢卡奇，如果是可以想象的，应该是那个将现实主义的概念用《历史与阶级意识》的范畴——特别是关于"物化"和"总体性"的范畴——重新改写了的卢卡奇。不同于人们更加熟悉的异化概念——一个与活动的过程特别是劳动的过程相关的概念〔将工人与他的劳动、他的产品、他的同事，最终与他的"类本质"相分离〕，物化是一个影响到我们与社会总体性之间的认知关系的过程。这是测绘功能的某种疾病，它使个人主体投射并塑造出自身嵌入集体的图景。晚期资本主义的物化——将人的关系转化为物的关系的表象——使社会变得不透明；这正是神秘化的源泉，意识形态建基其上，统治和剥削也因此变得正当。由于社会"总体"的基本结构是一系列阶级关系——一种敌对的结构，即各个社会阶级都是通过这种敌意和与其他阶级的对立来定义自己的——物化就必须掩盖这一结构

场景'自己'呈现出来，美国电影的特征是快速的摄影技巧和犀利的剪辑，其效果是将动作分割成一两分钟长的片段，就像电视生产中流行的那种样式。美国那些电影观众在看电视的经验里习惯了戏剧呈现的行动被商业广告中断，于是就慢慢变得无法忍受更长和更慢的动作。因此，电影生产的流行模式就依赖于从更加粗鲁的商业文化形式中得来的戏剧性时刻(dramatic time)的概念。那些使动作和人物服从于这种戏剧性时刻概念的电影制作人，显示出一种内在于技术的政治，它比'反动的'内容更为隐蔽。如果从这个角度来看，像霍华德·霍克斯这种拒绝让艺术让位于分割时间要求的电影制作人，对于独裁主义就比自由主义或左翼电影制作人更具有反抗性，后两者关心人道主义的电影内容，却服从于彻底将观众降格为旁观者的技术。"阿洛诺维茨：《虚假的承诺》(False Promises, New York, 1973)，第116—117页。

的阶级特质,而与之相伴的不仅仅是失范,还有对社会阶级的本质乃至存在越来越深的困惑,而这些都能够在今天所有"先进"的资本主义国家中得到充分的观察。如果这个判断是正确的,阶级意识的强化就不仅仅是一个民粹主义或工团主义对单个阶级的弘扬,而是去强制性地重新打开将社会作为总体进行感知的通道,去重新发明认识和感知的各种可能性,它们使社会现象再一次变得透明,并显现为不同阶级**之间**的斗争的时刻。

在这些条件下,一种新的现实主义的功能就非常清晰了:去抵抗消费社会中的物化力量,去重新发明总体性的范畴——这一范畴遭受了如今存在于生活和社会组织的各个层面中的碎片化状态的系统性破坏,只有它才可以在逐渐成形的"世界体系"中投射出阶级之间的结构性关系和其他国家的阶级斗争。这样一个现实主义的概念将会吸收它的辩证对立概念——现代主义的概念——中最具体的那个要求:它强调在一个经验已经固化为大量习惯和自动反应的世界里,对感知进行猛烈的更新。而新的美学所要破坏的习惯,也不再是那些传统现代主义术语视为主题的东西——"去神圣化"或"非人化"的理性,通常意义上的大众社会、工业城市或技术;而是作为商品体系和晚期资本主义的物化结构的功能。

其他现实主义的概念,其他政治美学的类型,显然仍是可能的。现实主义与现代主义之争教导我们,必须在它们被召唤出来发挥作用的历史和社会局势中去判断它们。对过去发生的关键斗争持一种有倾向性的态度并不意味着站队或试图调和无法和解的差异。在这些已经平息但依然致命的思想论争中,基本的矛盾是历史自身和那些试图把握现实的概念装置之间的矛盾,但后者仅仅在其自身内部复制了它们之间的不和谐,并呈现为思想之谜,一个难题。我们必须把握的正是这个难题;它在自身的结构之中包含了我们尚未越过的历史症结。它当然无法告诉我们,我们想要的现实主义的概念应该是什么;但与之相关的研究让我们无法不感到,去重新发明一个现实主义的概念,是我们的应有之义。

索引

(数字为本书页边码)

ABC of Communism(**Bukharin**),《共产主义 ABC》(布哈林),131

Adorno, Gretel,格雷特尔·阿多诺(或译费利齐塔斯),111 及注,131,141

Adorno, Theodor,西奥多·阿多诺,13,65-66,67,100-109,110-133,142-150,151-176,177-195,196-197,206,208-209,211

Die Aktion,《行动》,169 注

L'Ame Du Vin(**Baudelaire**),《酒魂》(波德莱尔),129,137

Andersen, Hans Christian,汉斯·克里斯蒂安·安徒生,131 注

Anna Karenina(**Tolstoy**),《安娜·卡列尼娜》(托尔斯泰),161

Arcades(**Benjamin**),拱廊街(本雅明),100,115-120

Aristotle,亚里士多德,149,158

Aronowitz, Stanley,斯坦利·阿洛诺维茨,211 注

Art Nouveau,新艺术运动,118,136,170 注

Arturo Ui(**Brecht**),《阿图罗·魏》(布莱希特),92,147,157,184-185

A Survivor of Warsaw（Schoenberg），《一个华沙的幸存者》（勋伯格），189

Bachelard, Gaston, 加斯东·巴什拉, 204
Bahr, Hermann, 赫尔曼·巴尔, 49
Bakunin, Mikhail, 米哈伊尔·巴枯宁, 196
Balazs, Bela, 贝拉·巴拉兹, 12
Ballad of the Dead Soldier（Brecht），《死兵的传说》（布莱希特），152
Balzac, Honoré de, 奥诺雷·德·巴尔扎克, 21, 35, 46, 49, 56, 61, 62-63, 74, 76-79, 82, 132, 145, 149, 163
Barthes, Roland, 罗兰·巴尔特, 198
Bateau Ivre（Rimbaud），《醉舟》（兰波），86-87
Baudelaire, Charles, 夏尔·波德莱尔, 66 及注, 119, 134-135, 137, 140, 158, 188
Baudrillard, Jean, 让·鲍德里亚, 208 注
The Beaver Coat（Hauptmann），《海狸皮大衣》（霍普特曼），40
Becher, Johannes, 约翰尼斯·贝歇尔, 16 注, 18, 25, 52, 86-87
Beckett, Samuel, 塞缪尔·贝克特, 67, 144, 146, 156, 161, 166, 182, 190-191, 209
Being and Nothingness（Sartre），《存在与虚无》（萨特），182
Being and Time（Heidegger），《存在与时间》（海德格尔），164
Belinsky, Vissarion Grigoryevich, 维萨里昂·格里戈里耶维奇·别林斯基, 203
Benjamin, Walter, 瓦尔特·本雅明, 10 注, 61, 62, 64, 65 及注,

66 及注,86-99,100-109,110-133,134-141,142,144,156, 158,195,196,204,207-208

Benn, **Gottfried**, 戈特弗里德·贝恩,12,16 及注,40-41,42,43, 146,156,169-170

Bentley, **Eric**, 埃利克·本特利,58 注

Berg, **Alban**, 阿尔班·贝尔格,120

Bergson, **Henri**, 亨利·柏格森,171

Berlin Alexanderplatz(**Döblin**),《柏林,亚历山大广场》(德布林), 69 注

Berliner Kindheit im Neunzechnhundert(**Benjamin**),《柏林童年》 (本雅明),117 及注

Bernstein, **Henry**, 亨利·伯恩斯坦,50

Der Blaue Reiter(The Blue Rider), 蓝骑士,12,13 注,16 及注, 23,24,52

Bloch, **Ernst**, 恩斯特·布洛赫,9-15,16-27,29,30-31,34-36, 40-43,44-59,62,142,196,201,208,209-211

Borchardt, **Rudolf**, 鲁道夫·博尔夏特,122 及注,165

Borkenau, **Franz**, 弗兰茨·柏克瑙,173

Brahms, **Johannes**, 约翰内斯·勃拉姆斯,118

Brecht, **Bertolt**, 贝托尔特·布莱希特,11,12,15,23 注,26,56 注,58 及注,59,60-67,68-85,86-99,102,114,126,142, 144,146-150,152,157,179,182-193,196-197,199-209

Bredel, **Willi**, 维利·布莱德尔,11,60 及注,62

Breton, **André**, 安德烈·布勒东,197

Breughel, **Pieter**, 彼得·勃鲁盖尔,70

Brill, Hans, 汉斯·布里尔, 139

The Brothers Karamazov (**Dostoevsky**),《卡拉马佐夫兄弟》(陀思妥耶夫斯基), 88

Die Brücke, 桥社, 12, 16 注

Buddenbrooks (**Thomas Mann**),《布登勃洛克家族：一个家族的衰落》(托马斯·曼), 53

Bukharin, Nikolai, 尼古拉·布哈林, 131, 186 及注

The Business Affairs of Herr Julius Caesar (**Brecht**),《尤里乌斯·恺撒先生的事业》(布莱希特), 70

Cahiers du Cinema,《电影手册》, 108

Capital (**Marx**),《资本论》(马克思), 96, 155

The Caucasian Chalk Circle (**Brecht**),《高加索灰阑记》(布莱希特), 67, 149, 188, 209 注

Cervantes, Saavedra Miguel de, 米格尔·德·塞万提斯, 28, 56

Cézanne, Paul, 保罗·塞尚, 21, 45 注

Chagall, Marc, 马克·夏加尔, 18

Chaplin, Charles, 查理·卓别林, 106, 107, 123, 184

Charles Baudelaire-A lyric poet in the era of high capitalism (**Benjamin**),《波德莱尔：发达资本主义时代的抒情诗人》(本雅明), 100-101, 103-106, 110-120, 126-133, 134-138

Charpentier, Marc-Antoine, 马克-安东尼·夏庞蒂埃, 130, 137

Chernyshevsky, Nikolai Gavrilovich, 尼古拉·加夫里诺维奇·车尔尼雪夫斯基, 203

Childrens' Songs (**Brecht**),《儿歌》(布莱希特), 98

Chopin, Frédéric, 弗雷德里克·肖邦, 93

Le Cid (Corneille), 《熙德》(高乃依), 94

La Comédie Humaine (Balzac), 《人间喜剧》(巴尔扎克), 163

Confucius, 孔子, 65 注, 87

Crime and Punishment (Dostoyevsky), 《罪与罚》(陀思妥耶夫斯基), 93

Cubism, 立体主义, 25

Cuvier, Georges, 乔治·居维叶, 55 及注

The Cultivation of the Millet (Brecht), 《种子的培育》(布莱希特), 148 注

Dadaism, 达达主义, 126, 183

Alighieri, Dante, 但丁·阿利吉耶里, 94

Daumer, G.F., 格·弗·道梅尔, 155–156 及 156 注

Delauney, Robert, 罗伯特·德劳内, 45 注

De Man, Paul, 保罗·德曼, 198 注

Derain, André, 安德烈·德兰, 124 注

The Destruction of Reason (Lukács), 《理性的毁灭》(卢卡奇), 152

Dickens, Charles, 查尔斯·狄更斯, 36, 163

Dilthey, Wilhelm, 威廉·狄尔泰, 105

Dimitrov, Georgi, 格奥尔基·季米特洛夫, 28

Dix, Otto, 奥托·迪克斯, 18, 26

Döblin, Alfred, 阿尔弗雷德·德布林, 12, 58 及注, 59, 69

Don Carlos (Schiller), 《唐·卡罗》(席勒), 54

Don Quixote(Cervantes),《堂吉诃德》(塞万提斯),28,47

Dos Passos, John,约翰·多斯·帕索斯,69 注,77

Dostigayevand Others(Gorky),《托斯契加耶夫等人》(高尔基),47

Dostoyevsky, Fyodor Mikhailovich, 费奥多尔·米哈伊洛维奇·陀思妥耶夫斯基,9,65,88,93,164

Drieu la Rochelle, Pierre,皮埃尔·德里厄·拉罗谢尔,202

Dudow, Slatan,斯莱坦·杜多夫,148

Durkheim, Émile, 埃米尔·涂尔干,181

Education before Verdun(Zweig),《格里斯查中士之案》(茨威格),47

Edward II(Brecht),《爱德华二世》(布莱希特),94

Ehrenstein, Albert, 阿尔伯特·艾伦斯坦,18

Einbahnstrasse(Benjamin),《单向街》(本雅明),121

Eisler, Johannes(Eisler, Hanns), 汉斯·艾斯勒,12,29,54,55,56 注,62

Elective Affinities(Goethe),《亲和力》(歌德),97, 122 及注, 131, 137

Eliot, T.S.,托马斯·斯特尔那斯·艾略特,162

Engels, Friedrich, 弗里德里希·恩格斯,87, 96, 155, 163, 186,210

Enzensberger, Hans-Magnus,汉斯-马格努斯·恩岑斯贝尔格, 188,207 注,208

Erbschaft dieser Zeit(Bloch),《这个时代的遗产》(布洛赫),

10, 30

Erpenbeck, Fritz, 弗里茨·埃尔彭贝克, 11

Exhibition of Degenerate Art, Munich（1937）, 堕落艺术展览, 慕尼黑（1937）, 17 注

L'Existentialisme est un Humanisme（**Sartre**）,《存在主义是一种人道主义》（萨特）, 194 注

Faust（**Goethe**）,《浮士德》（歌德）, 24, 136 及注

Feuchtwanger, Leon, 利翁·福伊希特万格, 11, 58, 59, 62

Feuerbach, Ludwig, 路德维希·费尔巴哈, 21, 155

Fichte, Johann Gottlieb, 约翰·戈特利布·费希特, 49

Fin de Partie（**Beckett**）,《终局》（贝克特）, 161

The Finest Legends of Woynok the Brigand（**Seghers**）,《盗贼沃伊诺克的最佳传奇》（西格斯）, 97

Fischer, Peter, 彼得·费希尔, 29

Fitzgerald, Scott, 斯科特·菲茨杰拉德, 202

Flaubert, Gustave, 居斯塔夫·福楼拜, 140, 162, 171

Fontane, Theodor, 特奥多尔·冯塔纳, 53

Galileo Galilei（**Brecht**）,《伽利略传》（布莱希特）, 67

Gallas, Helga, 赫尔格·加拉斯, 61 注, 199 注

Der Geist der Utopie（**Bloch**）,《乌托邦精神》（布洛赫）, 9

Genealogy of Morals（**Nietzsche**）,《道德的谱系》（尼采）, 131

Gentile, Giovanni, 乔瓦尼·秦梯利, 182

George, Stefan, 斯特凡·格奥尔格, 192

Gide, André, 安德烈·纪德, 69, 77, 78, 123

Godard, Jean-Luc, 让-吕克·戈达尔, 67, 197

Goebbels, Joseph, 约瑟夫·戈培尔, 17 注

Goering, Reinhard, 莱因哈德·戈林, 74 注

Goethe, Johann Wolfgang von, 约翰·沃尔夫冈·冯·歌德, 21, 24, 41-42, 97, 131, 136 注, 171 及注, 176

Gombrich, Ernst, 恩斯特·贡布里希, 198

The Good Soldier Schweik (Hasek), 《好兵帅克》(哈谢克), 73, 76, 93

The Good Woman of Szechuan (Brecht), 《四川好人》(布莱希特), 148, 183

Gorky, Maxim, 马克西姆·高尔基, 29, 46-47, 49, 53, 54, 56, 58

The Great Dictator (Chaplin), 《大独裁者》(卓别林), 184-185

"The Greatness and the Decline of Expressionism" (Lukács), 《表现主义的伟大和衰亡》(卢卡奇), 17

Grimmelshausen, Hans Jacob Christoffel von, 汉斯·雅各布·克里斯托夫·冯·格里美豪森, 55 及注, 56, 186

Grosz, Georg, 格奥尔格·格罗兹, 18, 26

Grundrisse (Marx), 《政治经济学批判大纲》(马克思), 155 及注

Grünewald, Matthias, 马蒂亚斯·格吕内瓦尔德, 23

Habermas, Jürgen, 尤尔根·哈贝马斯, 207 注

Hamlet (Shakespeare), 《哈姆雷特》(莎士比亚), 114

Harzreise im Winter (Goethe), 《冬游哈尔茨山》(歌德), 24

Hašek, Jaroslav, 雅罗斯拉夫·哈谢克, 73, 93

Hasenclever, Walter, 沃尔特·哈森克勒费尔, 18

Hauptmann, Gerhart, 格哈特·霍普特曼, 39-40, 87

Haussmann, Georgs-Eugène, 乔治-欧仁·豪斯曼, 113, 120

Hawks, Howard, 霍华德·霍克斯, 212 注

Heartfield, John, 约翰·哈特菲尔德, 26

Hebbel, Friedrich, 弗里德里希·黑贝尔, 132

Hegel, Georg Wilhelm Friedrich, 格奥尔格·威廉·弗里德里希·黑格尔, 9, 10, 21, 38, 45, 151 注, 153, 158, 162, 164, 168, 173, 176, 181, 185, 188, 200

Heidegger, Martin, 马丁·海德格尔, 156, 158, 164, 169

Heine, Heinrich, 海因里希·海涅, 21-22, 96, 116

Herbst-Blumine (Jean Paul), 《秋日繁花》(让·保尔), 132

Hesse, Hermann, 赫尔曼·黑塞, 18

Heym, Georg, 格奥尔格·海姆, 12, 16 注, 18

Hilferding, Rudolf, 鲁道夫·希法亭, 50

Hiller, Kurt, 库尔特·希勒, 18, 20 注

Historical Novel (Lukács), 《历史小说》(卢卡奇), 14

History and Class Consciousness (Lukács), 《历史与阶级意识》(卢卡奇), 50, 151, 203, 212

History of the Jewish Wars (Feuchtwanger), 《犹太人的战争》(福伊希特万格), 58

Hitler, Adolf, 阿道夫·希特勒, 17, 25, 92, 179, 184

Hoffmann, E. T. A., E. T. A. 霍夫曼, 138

Hofmannsthal, Hugo Von, 胡戈·冯·霍夫曼斯塔尔, 122 注

Homer, 荷马, 21, 56 注

Horkheimer, Max, 马克斯·霍克海默, 101, 106, 113, 123, 125 – 128 各处, 130, 139, 142, 161, 208

Hugo, Victor, 维克多·雨果, 128, 132, 138

Huis Clos（Sartre）,《间隔》(萨特), 179

Husserl, Edmund, 埃德蒙德·胡塞尔, 169

Ibsen, Henrik, 亨里克·易卜生, 118

Illuminations（Benjamin）,《启迪》, 100, 207 注

Impressionism, 印象主义, 21, 29, 43

The Inferno（Dante）,《地狱篇》(但丁), 94

The Informer（Brecht）,《告密者》(布莱希特), 58 及注

Internationale Literatur,《国际文学》, 10, 17, 61

Jean Christophe（Rolland）,《约翰·克利斯朵夫》(罗兰), 42 及注

Jean Paul, 让·保尔, 132 – 133, 135

Les Jeux sont Faits（Sartre）,《戏演完了》(萨特), 182

Joyce, James, 詹姆斯·乔伊斯, 34, 35 – 36, 42, 44, 57, 65, 69 及注, 73, 156, 159, 162, 166, 171

Die Jugend des Konigs Henri Quatre（Heinrich Mann）,《国王亨利四世的青年时期》(亨利希·曼), 47 注

Jung, Carl, 卡尔·荣格, 102 – 103, 105, 113

Jünger, Ernst, 恩斯特·荣格尔, 23 注, 156

Kafka, Franz, 弗朗茨·卡夫卡, 65, 88 – 91, 102, 114, 124, 144,

146,149,154,156,161,165,166,191,194

Kaiser, Georg, 格奥尔格·凯泽,12,74 及注

Kameraden der Menschheit（Friends of Mankind），《人类的朋友》,24

Kandinsky, Wassily, 瓦西里·康定斯基,16 注,18,24 注,45 注

Kant, Immanuel, 伊曼努尔·康德,165 注, 190

Karamora（Gorky），《长腿蚊》(高尔基),47

Kassner, Rudolf, 鲁道夫·卡斯纳,151

Kästner, Erich, 埃里希·卡斯特纳,23 注

Kautsky, Karl, 卡尔·考茨基,50

Keller, Gottfried, 戈特弗里德·凯勒,56,152

Kierkegaard, Søren Aabye, 索伦·奥贝·克尔凯郭尔,9,118,165

Kierkegaard: Konstruktion des Aesthetischen（Adorno），《克尔凯郭尔：审美物的建构》(阿多诺),112 及注,115,117-118,119,136-137

Klages, Ludwig, 路德维格·克拉格斯,105, 113 及注,169

Klee, Paul, 保罗·克利,18,194-195

Klim Samgin（Gorky），《克里姆·萨姆金的一生》(高尔基),47

Klimt, Gustav, 古斯塔夫·克里姆特,170 注

Kluge, Alexander, 亚历山大·克鲁格,207 注

Kokoschka, Oskar, 奥斯卡·柯科施卡,18,170 注

Korsch, Karl, 卡尔·柯尔施,202

Koyré, Alexandre, 亚历山大·柯瓦雷,204

Kracauer, Siegfried, 齐格弗里德·克拉考尔,123 及注

Kraus, Karl, 卡尔·克劳斯, 12, 90, 116

Kroger, Tonio, 托尼奥·克勒格尔, 57 注

Kuhle Wampe, 《库勒·旺贝》, 60 注, 148

Kuhn, Thomas, 托马斯·库恩, 204

Kun, Bela, 库恩·贝拉, 96

Kunst und Macht（Benn）, 《艺术与权力》（贝恩）, 41

Kurella, Alfred（pseudonym: Bernhard Ziegler）, 阿尔弗雷德·库莱拉（笔名：贝恩哈德·齐格勒）, 11, 12, 16 及注, 17, 18, 21, 23, 25, 26, 52, 61, 95, 96

Lafargue, Paul, 保罗·拉法格, 46

Lao Tzu, 老子, 89

Lask, Emil, 埃米尔·拉斯克, 151 注

Lasker-Schuler, Else, 埃尔莎·拉斯克-许勒, 16 注、18

The Last Days of Mankind（Kraus）, 《人类最后的日子》（克劳斯）, 12

Lautréamont, Comte de, 洛特雷阿蒙, 206

L'Éducation Sentimentale（Flaubert）, 《情感教育》（福楼拜）, 171

"The Legend of the Origin of the Book of Tao Te Ch'ing on Lao-Tzu's Journey into Exile"（Brecht）, 《老子流亡途中撰写〈道德经〉的传说》（布莱希特）, 188

Lenin, Vladimir Ilyich, 弗拉基米尔·伊里奇·列宁, 33, 39, 55, 87, 107, 122, 196, 205

Leonhard, Rudolf, 鲁道尔夫·莱昂哈德, 18, 40, 45-46

Leschnitzer, 莱施尼策, 12, 17

Letters from the Underworld（**Dostoyevsky**），《地下室手记》（陀思妥耶夫斯基），164

Linkskurve,《左翼阵线》, 60, 61, 199 注

Die Literarische Welt,《文学世界》, 127

Literary History and Literary Modernity（**De Man**），《文学史与文学现代性》（德曼），198 注

London, **Jack**, 杰克·伦敦, 184

Louise（**Charpentier**），《路易斯》（夏庞蒂埃），130

Lowenthal, **Leo**, 利奥·洛文塔尔, 131

Löwy, **Michael**, 迈克尔·洛威, 144 注

Lucinde（**Schlegel**），《卢琴德》（施莱格尔），165 注

Lukács, **Georg**, 格奥尔格·卢卡奇, 9–15, 17, 18–23, 28–59, 60–66, 68–85, 95, 96, 97, 116, 142–150, 151–176, 196–212

Lukács and Stalinism（**Lowy**），《卢卡奇和斯大林主义》（洛威），144 注

Luxemburg, **Rosa**, 罗莎·卢森堡, 196

McCabe, **Colin**, 柯林·麦凯布, 206 注

Macke, **August**, 奥古斯特·麦克, 16 注

Maeterlinck, **Maurice**, 莫里斯·梅特林克, 118

The Magic Mountain（**Thomas Mann**），《魔山》（托马斯·曼），35, 146, 171

Mahagonny（**Brecht**），《马哈哥尼城的兴衰》（布莱希特），183

Mahler, **Gustav**, 古斯塔夫·马勒, 139

Mallarmé, Stephane, 斯特凡·马拉美, 65, 118, 121, 122, 206

Man of the Crowd (**Poe**),《人群中的人》(爱伦·坡), 119, 137

Manet, Édouard, 爱德华·马奈, 116

Mann, Heinrich, 亨利希·曼, 20, 29, 37, 47, 56, 58

Mann, Thomas, 托马斯·曼, 29, 30, 34, 35-36, 37, 53, 54, 56, 57, 58, 65, 144, 146, 170, 171-172, 193

Marc, Franz, 弗兰茨·马克, 16 注, 18

Marcuse, Herbert, 赫伯特·马尔库塞, 180, 197

Marx, Karl, 卡尔·马克思, 21, 32, 38, 45, 87, 96, 105, 107, 155, 163, 186, 196, 200, 210

Die Massnahme (*The Measures Taken*) (**Brecht**),《措施》(布莱希特), 83 注, 148, 182, 186, 187

The Master Builder (**Ibsen**),《建筑大师》(易卜生), 118

Maupassant, Guy de, 居伊·德·莫泊桑, 119

Mayakovsky, Vladimir Vladimirovich, 弗拉基米尔·弗拉基米罗维奇·马雅可夫斯基, 52

The Meaning of Contemporary Realism (**Lukács**),《当代现实主义的意义》(卢卡奇), 143, 146, 152-176

Menschkeitsdämmerung (*Dawn of Mankind*),《人类的黎明》, 12, 16 及注, 24

Me-ti Buch der Wendungen (**Brecht**),《墨子/易经》(布莱希特), 65 注

Michaelis, Karin, 卡琳·米卡艾利斯, 88

Mo Ti, 墨翟, 65 注

Modern Times (**Chaplin**),《摩登时代》(卓别林), 124

Moments Musicaux (**Adorno**),《音乐瞬间》(阿多诺),120 注

Die Monat,《月份》,143

Montherlant, Henry de,亨利·德·蒙泰朗,161

Mörike, Eduard,爱德华·莫里克,22

Morts sans Sépulture (**Sartre**),《死无葬身之地》(萨特),188

The Mother (**Brecht**),《母亲》(布莱希特),182

Mother Courage (**Brecht**),《大胆妈妈和她的孩子们》(布莱希特),67,147,186-187

Müller, Adam,亚当·穆勒,38

Munzenberg, Willi,威利·明岑贝格,61 注

Musil, Robert,罗伯特·穆齐尔,144,161,169

Negt, Oskar,奥斯卡·内各特,207 注

Neher, Carola,卡罗拉·奈尔,86

Neo-classicism,新古典主义,20,21,23,24,26,30

Neue Deutsche Beiträge,《新德国文萃》,122 注

Die Neue Rundschau,《新评论》,146

Neue Sachlichkeit (**Neo-Objectivity**),新客观主义,23 及注,69 注

Neue Weltbühne,《新世界舞台》,29

Neumann, Heinz,海因茨·纳曼,61 注

The Next Village (**Kafka**),《下一个村庄》(卡夫卡),90-91

Nietzsche, Friedrich,弗里德里希·尼采,44,131,152

Nolde, Emil,埃米尔·诺尔德,18

Nordic decorative art,北欧日耳曼装饰艺术,24

Noske, Gustav,古斯塔夫·诺斯克,50-52

Nouveau roman, 新小说, 197

Nouvelle vague, 新浪潮, 197

La Nuit（Maupassant），《夜晚》（莫泊桑），119

Oblomov（Goncharov），《奥勃洛莫夫》（冈察洛夫），47

Offenbach, Jacques, 雅克·奥芬巴赫, 111

Ottwalt, Ernst, 恩斯特·奥特瓦尔德, 60 及注, 95, 148

Owen, Robert, 罗伯特·欧文, 210

Pandora（Goethe），《潘多拉》（歌德），24

The Peasant and his Ox（Brecht），《农民致他的牛》（布莱希特），96

Péguy, Charles, 查尔斯·佩吉, 128, 137

The Philosophy of Modern Music（Adorno），《现代音乐的哲学》（阿多诺），167, 209, 211

Picard, Louis-Benoit, 路易-伯努瓦·皮卡德, 30

Picasso, Pablo, 巴勃罗·毕加索, 26, 178, 189-190

Pièces Condamnées（Baudelaire），《禁诗》（波德莱尔），119

Pinthus, Kurt, 库尔特·品图斯, 16 注, 18, 30

Piscator, Erwin, 艾尔温·皮斯卡托, 83

Poe, Edgar Allan, 埃德加·爱伦·坡, 119, 135

Poems from Exile（Brecht），《流亡期诗集》（布莱希特），98

Pound, Ezra, 埃兹拉·庞德, 206

Probleme des Realismus（Lukács），《现实主义问题》（卢卡奇），56 注

Professor Unrat(Heinrich Mann),《垃圾教授》(亨利希・曼),47

Proust, Marcel,马塞尔・普鲁斯特,65,102,119,127,156,157-158,160

Puntila(Brecht),《潘第拉先生和他的男仆马狄》(布莱希特),67

Raabe, Wilhelm,威廉・拉伯,152

Reich, Wilhelm,威廉・赖希,202

The Religion of the New Age(Daumer),《新时代的宗教》(道梅尔),155

Retour de l'URSS(Gide),《从苏联归来》(纪德),77 注

Rickert, Heinrich,海因里希・李凯尔特,102,151 注

Rilke, Rainer Maria,莱纳・玛利亚・里尔克,124,170

Rimbaud, Arthur,阿蒂尔・兰波,86-87

Rivera, Diego,迭戈・里维拉,205-206

Rolland, Romain,罗曼・罗兰,29,37,42 注,53,54

Rosenberg, Alfred,阿尔弗雷德・罗森堡,24,169

Rubiner, Ludwig,路德维希・卢宾勒,18

St. Joan of the Stockyards(Brecht),《屠宰场里的圣约翰娜》(布莱希特),147,148,182,183-184

Saint-Simon,圣西门,210

Sartre, Jean-Paul,让-保罗・萨特,146-147,177-186,188,190,194,197

Schickele, René,热内・席克勒,18

Schiller, Friedrich,弗里德里希・席勒,35 注,54,182,192

Schlegel, Friedrich, 弗里德里希·施莱格尔, 165

Schonberg, Arnold, 阿诺尔德·勋伯格, 18, 102, 121, 123, 124, 146, 189, 209

Schopenhauer, Arthur, 亚瑟·叔本华, 10, 160, 169

Schriften zur Kunst und Literatur (Brecht),《艺术与文学论文集》(布莱希特), 62

Sedlmayr, Hans, 汉斯·塞德麦尔, 167 注

Seghers, Anna, 安娜·西格斯, 97

Sergeant Grischa (Zweig),《格里斯查中士之案》(茨威格), 47

Shakespeare, William, 威廉·莎士比亚, 56, 98

Shaw, George Bernard, 萧伯纳, 148

Simmel, Georg, 格奥尔格·齐美尔, 9, 104 注, 129 及注, 151

Simplizissimus (*The Adventures of a Simpleton*) (Grimmelshausen),《痴儿西木传》(格里美豪森), 55 及注

Sons (Feuchtwanger),《儿子们》(福伊希特万格), 58

Soul and Form (Lukács),《心灵与形式》(卢卡奇), 151

Stadler, Ernst, 恩斯特·施塔德勒, 12, 16 注

Stalin, Joseph, 约瑟夫·斯大林, 76, 94, 96, 142, 144, 152, 203

Steffin, Gretl, 格列特·斯特芬, 95

Sternberg, Leo, 列奥·施坦伯格, 74 及注

Storm and Stress movement,"狂飙突进"运动, 23

Stramm, August, 奥古斯特·斯特朗姆, 12

Stravinsky, Igor, 伊戈尔·斯特拉文斯基, 211

Streicher, Julius, 尤利乌斯·施特莱彻, 21

Der Sturm,《风暴》, 12

Surrealism, 超现实主义, 29, 34, 35, 36, 37, 41, 42-43, 46, 48, 49, 127, 197

Suvin, Darko, 达科·苏文, 209 注

Tableaux Parisiens (Baudelaire), 《巴黎图景》(波德莱尔), 158

Tel Quel group, 戴格尔圈, 197, 206

Tentation de Saint-Antoine (Flaubert), 《圣安东尼的诱惑》(福楼拜), 140

Thackeray, William Makepeace, 威廉·梅克比斯·萨克雷, 119

The Theory of the Novel (Lukács), 《小说理论》(卢卡奇), 42, 49, 151, 152-153

The Threepenny Novel (Brecht), 《三毛钱小说》(布莱希特), 92, 147-148

The Threepenny Opera (Brecht), 《三毛钱歌剧》(布莱希特), 67, 84

Toller, Ernst, 恩斯特·托勒尔, 12, 74 及注

Tolstoy, Leo, 列夫·托尔斯泰, 36, 56, 61, 62-63, 73, 74, 76-77, 82, 161, 171

Trakl, Georg, 格奥尔格·特拉克尔, 12, 16 注, 18

Treatise on the Theatre as a Moral Institution (Schiller), 《论作为一种道德机构的剧院》(席勒), 192

Tretyakov, Sergei, 谢尔盖·特列季亚科夫, 60, 78, 88-89, 95

The Trial (Kafka), 《审判》(卡夫卡), 90-91

Trotsky, Leon, 列夫·托洛茨基, 96

Tucholsky, Kurt, 库尔特·图霍尔斯基, 73 及注

Ulysses（Joyce），《尤利西斯》（乔伊斯），73

Understanding Brecht（Benjamin），《理解布莱希特》（本雅明），100

The Unnameable（Beckett），《无法称呼的人》（贝克特），191

Der Untertan（Heinrich Mann），《臣仆》（亨利希·曼），47

Der Ursprung des DeutschenTrauerspiels（Benjamin），《德意志悲苦剧的起源》（本雅明），112 及注

Valentin, Karl, 卡尔·瓦伦丁，94

Valéry, Paul, 保罗·瓦莱里，102，122

Verlust der Mitte（Sedlmayr），《中心之殇》（塞德麦尔），167 注

Versuch über Wagner（Adorno），《试论瓦格纳》（阿多诺），129 注

Virgil, 维吉尔，94

Vlaminck, Maurice de, 莫利斯·德·弗拉曼克，124

Vogeler, Heinrich, 亨利希·福格勒，41

Die Vollendung des Konigs Henri Quatre（Heinrich Mann），《国王亨利四世的成熟时期》（亨利希·曼），47 注

Voltaire, 伏尔泰，75，181

Wagner, Richard, 理查德·瓦格纳，118，119，129，130

Waiting for Godot（Beckett），《等待戈多》（贝克特），67

Walden, Herwarth, 赫尔瓦特·瓦尔登，12，44

Wallensteins Tod（Schiller），《华伦斯坦之死》（席勒），35 注

Wanderers Sturmlied（Goethe），《漫游者的风暴之歌》(歌德），24
Wangenheim, Gustav von, 古斯塔夫·冯·瓦根海姆, 12, 41, 46
Wassermann, Jakob, 雅各布·瓦塞尔曼, 30
The Weavers（Hauptmann），《织工》(霍普特曼），40
Weber, Max, 马克斯·韦伯, 9, 151 注
Wedekind, Frank, 弗兰克·魏德金德, 118
Die Weltbühne,《世界舞台》,73 注
Werfel, Franz, 弗朗茨·韦尔弗, 12, 16 注, 18, 19
What is Literature?（Sartre），《什么是文学?》(萨特），146, 177, 178 注, 186 注, 190 注, 192 注, 197
Wildenbruch, Ernst von, 恩斯特·冯·维尔登布卢赫, 25 及注
Wilhelm II, 威廉二世, 194
Winckelmann, Johann Joachim, 约翰·约阿辛·温克尔曼, 21, 26
Wolfe, Thomas, 托马斯·沃尔夫, 158
The Work of Art in the Age of Mechanical Reproduction（Benjamin），《技术再生产时代的艺术作品》(本雅明），106, 120-126, 140, 207
Das Wort,《言论》, 11, 28, 56 注, 58, 62, 94, 97, 209
Writer and Critic（Lukács），《作家与批评家》(卢卡奇），200 注

Zeitschrift für Sozialforschung,《社会研究杂志》, 101, 106, 120 注
Die Zerstörung der Vernunft（Lukács），《理性的毁灭》(卢卡奇），201
Ziegler, Bernhard see Kurella, Alfred 贝恩哈德·齐格勒, 见阿

尔弗雷德·库莱拉词条

Ziel-Jahrbucher,《目标年鉴》,20 及注

Zinoviev, Grigory, 格里戈里·季诺维也夫,186 及注

Zola, Emile, 埃米尔·左拉,25 注,174

Zur Metakritik der Erkenntnistheorie. Studien über Husserl und die phänomenologischen Antinomien（**Adorno**）,《认识论的元批判:胡塞尔和现象学二律背反研究》(阿多诺),120

Zweig, Arnold, 阿诺德·茨威格,47

Zweig, Stefan, 斯蒂芬·茨威格,18

译后记

这本书是从英文翻译过来的，英著原名是 *Aesthetics and Politics*，1977 年由英国《新左翼评论》杂志和新左出版社辑录、翻译并出版。书中收录了布洛赫、卢卡奇、布莱希特、本雅明、阿多诺就美学与政治问题讨论的重要文章。原书主体共四个部分，分别为：写于 20 世纪 30 年代的（1）布洛赫和卢卡奇关于表现主义的争论；（2）布莱希特四篇反驳卢卡奇的小文章及本雅明所录与布莱希特的谈话；（3）阿多诺和本雅明关于本雅明"拱廊街计划"、波德莱尔研究、技术再生产时代艺术的研究的四封通信；（4）写于 20 世纪 50 年代的阿多诺批判卢卡奇、布莱希特的两篇长论文。出版社编辑给每组讨论都加了篇幅不短的背景介绍与理论说明，并请詹姆逊作了长篇总结，作为书的第五部分。该文集出版后即成为英、美大学课堂在文学研究、文艺批评、艺术学理论等领域展开教学与研讨的基础读物，而该文集所辑文章自 20 世纪八九十年代以来，也以各种形式陆续被翻译、介绍进中文世界。不过，这次翻译了包括各部分介绍及詹姆逊结论在内的所有文本，所以是这个论文集以它原本样子获得的一次完整的展现。译稿中的文论一、文论三、文论四部分由谢俊翻译，文论二和詹姆逊的结语由李轶男翻译，并请张旭东老师另作中文版序。整个翻译过程历时多年,在这个过程里我们也着实花费了很多心血,希望能呈现给读者一个完整、准确并尽量清楚的理论经典。

现在大功告成,我们感到欣慰与快乐,不过在这个译后记部分我们决定要尽量克制,不去谈论随着翻译展开必然会触发的诸多理论思考,也不对全书再作整体性描述和评价。这个决定有两方面的原因,一方面是由于本书的设计已安排了为数不少的介绍、总结、序言,这些导引性文字想必会对读者理解本书有所助益。不过作为译者,我们也想提醒读者们注意,这些引导未必全部准确,引导者们自然是这个专业领域的大师,但一旦要对理论家作立场分析和判定,特别是把论争者区分为持对立观点的两方,就必然要损害这些纠缠在一起的复杂文本所蕴含的丰富能量。所以读者最好只将这些导引文字当作用后即可拆掉的脚手架,而不宜视为能够提纲挈领的金科玉律。

这也和我们决定的第二个原因有关。我们希望在后记中继续坚守我们在整个翻译过程中一直坚持的"节制"原则,即尽最大可能做到不删增原文信息,甚至不随意调换原文句式,希望理论家的思想能尽可能地被原原本本地呈现。所以,我们保留了英文版的所有注释与文中插入的说明,英文版的插入文字我们用"〔〕"标识出来,同时几乎不再在文中插入我们自己的补充。但在一些地方,不加注释确实会给大多数读者带来阅读上的阻碍,于是我们在较有把握的情况下,会试图以注释的方式加入自己的解释,这些注释我们都标明"译注",由以与英文版注释作区分,仅供读者参考。英文版中的刊名、书名、重要机构名,我们都在第一次出现时标明外文原名,以供读者查寻。一些重要的专业术语或难以准确翻译的概念,我们保留了外文原词,并用"( )"标出。比较难以处理的是一些英文人名：理论家们会在论述里随意谈到大量人名，有时候只提姓，有时候只提名，有时候用一些别有意味的缩写——如卢卡奇带着鄙夷和嘲讽地用"艾斯勒们"这个称谓来指称与音乐家汉斯·艾斯勒美学立场接近的人，而这种羞辱性的做法也引起了布莱希特的反击——显然在这些时候翻译成中规中矩、带着名姓的译名就会破坏文意，而只保留各式缩写形式则会让读者对一些名、姓感到糊涂，加括弧加注释的方法在一些场合也会阻断整个文意的畅通，所以我们决定按照原文形式翻译、不加英文注释，统一以索引的方式来解决这个问题。最后，因为有两位译者，所以我们尽量统一了全书重要词汇的译名译法，但译法有时候也涉及精细却重要的理论分歧，比如 popular art 一词在李轶男翻译布莱希特文章时译成"通俗艺术"，而在谢俊翻译布洛赫与卢卡奇文章时译成"大众艺术"，这不仅涉及理论家们对重要美学概念的争论，也涉及两位译者在理论观点上的分歧，所以在这些比较罕见的场合，我们保留了译法的不统一，并在注释中陈述了相应的考虑。

这些做法说明我们是以比较认真负责的态度对待这个著作的翻译的，但西方理论论著的翻译要做到精准确实难度很大，所以为方便读者对照查阅，我们用边码方式在本书中标明了英文版的页码。一般而言，翻译中的错误有两个方面的原因：一是由译者态度不谨慎导致的错译、漏译，我们尽量把这方面的错误降到最低；第二个原因则是准备上的不足，包括语言、文献、理论上的准备。本书的两位译者对西方马克思主义的理论传统是比较熟悉的，但我们在德语能力上受到限制，这导致我们未能对照理论家的德语原文校勘英文文本，对原文文献出处方面的增补工作也未做好。这自然会导致一些问题，希望将来能有机会重新修订这个译本，当然我们也欢迎更有竞争力的译本出现，以与这个版本进行切磋、较量。另外，各位专家、读者如发现有误译之处，还望能来函指正，我们将万分感激。

在德语方面我们的一个补救措施是请社科院文学所的汪尧翀老师做了全书德文人名、书刊名、期刊名的勘正工作。汪老师是用德语作批判理论研究的专家，既热情又认真，我们由衷地对他的工作表示感谢。而这引出了我们需要感激的一长串名字：首先要感谢的是四位为这个译稿问世付出了极大心血的主编和编辑老师：北京出版集团的王忠波老师、秦裕老师，"精神译丛"主编、陕西师范大学的陈越老师和西北大学出版社的任洁老师。我们还要感谢在学术上给予我们关键指导并为我们撰写序言的张旭东老师，以及在译稿不断打磨过程里为我们做了辛勤的校对工作的师友们：上海科技大学的邹羽老师、美国布兰代斯大学的王璞老师、美国耶鲁大学的初金一老师、浙江大学的邢程老师、上海大学的朱羽老师、中国社科院的刘卓老师、清华大学的陈湘静老师和人民大学的陈思老师。此外还有一些师长和同行对这个译本作过贡献，这里不再一一列举，向大家一并致谢！如果这个译本能为中国人文学术和理论思考的发展作出点滴贡献，我们会甚感欣慰，也希望这个译稿能不断得到读者们的批评指正，让我们共同以平实和朴素的态度推动中国学术和思想的进步。

谢俊、李轶男

2021 年 8 月 20 日于北京

图书在版编目(CIP)数据

美学与政治 / (德) 西奥多 · 阿多诺等著;谢俊,李轶男译. -- 西安:西北大学出版社,2024.11(2025.5重印)
(精神译丛 / 徐晔,陈越主编). -- ISBN 978-7-5604-5524-2

Ⅰ.B83;D0-02

中国国家版本馆 CIP 数据核字第 2024TP5276 号

美学与政治

[德]西奥多·阿多诺 [德]瓦尔特·本雅明 [德]恩斯特·布洛赫
[德]贝托尔特·布莱希特 [匈]格奥尔格·卢卡奇 著
谢俊 李轶男 译

出版发行:西北大学出版社
地　　址:西安市太白北路 229 号
邮　　编:710069
电　　话:029-88302590
经　　销:全国新华书店
印　　装:陕西博文印务有限责任公司
开　　本:889 毫米×1194 毫米　1/32
印　　张:12.375
字　　数:290 千
版　　次:2024 年 11 月第 1 版　2025 年 5 月第 2 次印刷
书　　号:ISBN 978-7-5604-5524-2
定　　价:98.00 元

本版图书如有印装质量问题,请拨打电话 029-88302966 予以调换。

本书根据英国 Verso 出版社出版的 *Aesthetics and Politics*(1980)译出。

精神译丛（加*者为已出品种）

第一辑

*从莱布尼茨出发的逻辑学的形而上学始基	海德格尔
*德国观念论与当前哲学的困境	海德格尔
*正常与病态	康吉莱姆
*孟德斯鸠：政治与历史	阿尔都塞
*论再生产	阿尔都塞
*斯宾诺莎与政治	巴利巴尔
*词语的肉身：书写的政治	朗西埃
*歧义：政治与哲学	朗西埃
*例外状态（重译本）	阿甘本
*来临中的共同体	阿甘本

第二辑

*海德格尔——贫困时代的思想家	洛维特
*政治与历史：从马基雅维利到马克思	阿尔都塞
*怎么办？	阿尔都塞
*赠予死亡	德里达
*恶的透明性：关于诸多极端现象的随笔	鲍德里亚
*权利的时代	博比奥
*民主的未来	博比奥
帝国与民族：1985—2005年重要作品	查特吉
*政治社会的世系：后殖民民主研究	查特吉
*民族与美学	柄谷行人

第三辑

*哲学史：从托马斯·阿奎那到康德	海德格尔
布莱希特论集	本雅明
*论拉辛	巴尔特
马基雅维利的孤独	阿尔都塞
写给非哲学家的哲学入门	阿尔都塞
*康德的批判哲学	德勒兹
*无知的教师：智力解放五讲	朗西埃
*野蛮的反常：巴鲁赫·斯宾诺莎那里的权力与力量	奈格里
*狄俄尼索斯的劳动：对国家—形式的批判	哈特 奈格里
免疫体：对生命的保护与否定	埃斯波西托

第四辑

*古代哲学的基本概念	海德格尔
黑格尔《精神现象学》的发生与结构（上卷）	伊波利特
卢梭讲稿	阿尔都塞
*野兽与主权者（第一卷）	德里达
*野兽与主权者（第二卷）	德里达
*黑格尔或斯宾诺莎	马舍雷
第三人称：生命政治与非人哲学	埃斯波西托
二：政治神学机制与思想的位置	埃斯波西托
*领导权与社会主义战略：走向激进的民主政治	拉克劳 穆夫
德勒兹：哲学学徒期	哈特

第五辑

*基督教的绝对性与宗教史	特洛尔奇
黑格尔《精神现象学》的发生与结构（下卷）	伊波利特
哲学与政治文集（第一卷）	阿尔都塞
*疯癫，语言，文学	福柯
*与斯宾诺莎同行：斯宾诺莎主义学说及其历史研究	马舍雷
事物的自然：斯宾诺莎《伦理学》第一部分导读	马舍雷
*感性生活：斯宾诺莎《伦理学》第三部分导读	马舍雷
拉帕里斯的真理：语言学、符号学与哲学	佩舍
速度与政治：论竞速学	维利里奥
潜能政治学：意大利当代思想	维尔诺 哈特（编）

第六辑

生命科学史中的意识形态与合理性	康吉莱姆
哲学与政治文集（第二卷）	阿尔都塞
心灵的现实性：斯宾诺莎《伦理学》第二部分导读	马舍雷
人的状况：斯宾诺莎《伦理学》第四部分导读	马舍雷
帕斯卡尔和波−罗亚尔	马兰
非哲学原理	拉吕埃勒
*连线大脑里的黑格尔	齐泽克
性与失败的绝对	齐泽克
*探究（一）	柄谷行人
*探究（二）	柄谷行人

第七辑

*论批判理论：霍克海默文集（一）	霍克海默
*美学与政治	阿多诺 本雅明等
历史论集	阿尔都塞
斯宾诺莎哲学中的个体与共同体	马特龙
解放之途：斯宾诺莎《伦理学》第五部分导读	马舍雷
黑格尔与卡尔·施米特：在思辨与实证之间的政治	科维纲
十九世纪爱尔兰的学者和反叛者	伊格尔顿
炼狱中的哈姆雷特	格林布拉特
*活力物质："物"的政治生态学	本内特
葛兰西时刻：哲学、领导权与马克思主义	托马斯

第八辑

哲学与时代：霍克海默文集（二）	霍克海默
哲学和科学家的自发哲学（1967）	阿尔都塞
模型的概念	巴迪乌
文学生产理论	马舍雷
马克思1845：《关于费尔巴哈的提纲》解读	马舍雷
艺术的历程·遥远的自由：论契诃夫	朗西埃
狱中札记（笔记本版，第一卷）	葛兰西
第一哲学，最后的哲学：形而上学与科学之间的西方知识	阿甘本
谢林之后的诸自然哲学	格兰特
摹仿，表现，构成：阿多诺《美学理论》研讨班	詹姆逊